K线蕴含涨停玄机，形态预示财富未来！

李凤雷◎编著

（第二版）

从零开始学

K线

新手一学就会的K线实战招数，高手都在使用的股市赚钱技巧。

经济管理出版社

ECONOMY & MANAGEMENT PUBLISHING HOUSE

图书在版编目（CIP）数据

从零开始学 K 线/李凤雷编著. —2 版. —北京：经济管理出版社，2013.11（2015.6 重印）
ISBN 978-7-5096-2803-4

Ⅰ. ①从… Ⅱ. ①李… Ⅲ. ①股票交易—基本知识 Ⅳ. ①F830.91

中国版本图书馆 CIP 数据核字（2013）第 271323 号

组稿编辑：勇　生
责任编辑：勇　生
责任印制：黄章平
责任校对：蒋　方

出版发行：经济管理出版社
　　　　　（北京市海淀区北蜂窝 8 号中雅大厦 A 座 11 层　100038）
网　　址：www. E-mp. com. cn
电　　话：(010) 51915602
印　　刷：三河市延风印装厂
经　　销：新华书店
开　　本：720mm×1000mm/16
印　　张：16.25
字　　数：248 千字
版　　次：2014 年 1 月第 2 版　　2015 年 6 月第 5 次印刷
书　　号：ISBN 978-7-5096-2803-4
定　　价：38.00 元

前　言

在介入股市后，最先纳入我们视野的就是 K 线，无论要了解股市或个股的历史运行情况，还是要分析它们的未来走势，我们都不可避免地要接触到 K 线。K 线既是一种记录价格走势的工具，也是我们分析多空双方力量转变情况、把握价格后期走势的一种重要技术分析方法；无论是对于新入市的新股民，还是对于已有一定炒股经验的老股民来说，学习 K 线都是炒股的一门必修课。本书中，我们将由浅入深、循序渐进地讲解关于 K 线的方方面面的知识与技巧。

K 线的表面特征只是记录价格走势的一种工具，然而，它却也是市场多空双方力量对比转变情况的外在体现。无论是单独的一根 K 线，还是两三根 K 线的组合形态，如果我们想要从中解读出有用的信息，甚至是可靠的信息，就需要通过其正确地分析出市场多空双方力量的转变情况。相同的 K 线形态有可能演绎出完全不同的后期走势，能否通过其形态来正确解读出市场多空双方力量对比情况是最为关键的要素。本书中，我们不仅介绍各种 K 线形态（包括单日 K 线形态、双日 K 线形态、三日及多日 K 线形态、顶部与底部的 K 线形态、中继整理 K 线形态等），还详尽地分析这些 K 线形态所隐含的市场含义、主力运作信息及如何利用这些形态展开实盘操作等技巧性内容，这些都将有利于读者快速提升对 K 线形态的分析能力，从而在变幻莫测的股票市场中把握住稍纵即逝的机会。

如果我们想要全面、深刻地了解市场的运行，仅凭掌握 K 线形态是远远不够的，形态只是一种表象，虽然在大多数时候，这种表象可以真实地反映它所应蕴涵的市场含义，但有的时候，表象也会骗人。这时，我们就要辅以其他因素来综合解读 K 线形态了，在众多分析 K 线形态的辅助因素中，成交量与趋势运行状态这两项显得尤为重要。

对于成交量来说，股市有谚语"量在价先"，"成交量是股票的元气，而股价是成交量的反映罢了，成交量的变化，是股价变化的前兆"。成交量最简单、最直接地反映出了市场的供需情况，它是价格上涨的原动力，也是价格反转的重要信号。

对于趋势运行状态来说，趋势是价格的总体推进方向，把握趋势就等于把握了价格运行的大方向，在价格总体向上推进的上升趋势中，即使我们买的点位不那么准确，也是完全可以通过持股待涨的方式来实现获利的；反之，在价格总体向下推动的下跌趋势中，只有买到阶段性的低点才能从反弹行情中获利，而且这种短线的博取反弹操作充满了风险和不确定性，稍一迟疑就会错失买进或卖出的机会，如果买的点位不够精确，则还很有可能出现短期套牢的境况。

成交量与趋势运行状态这两项要素，本书中都将以单独的篇章进行深入地讲解，以期帮助读者更进一步学习 K 线。

为了方便读者自学，使那些没有股票基础知识的读者也可以快速上手，本书在编排时遵循了由零开始、层层深入的原则，并在最前面的章节中介绍了股票软件操作方面的基础知识，力图可以帮助读者在最短的时间内了解 K 线、掌握 K 线、精通 K 线。

本书在编写过程中，得到了陈金生、蒋峰、伍友生、李顺安、姜微、韩华、张翠云、黄皇华、武振、梁小明、石娟、王媛媛、王天宝、俞慧霞、伍四徕、薛莎莎、伍建新、伍顺发、伍国华等多人的大力支持，在此一并致谢！

目　录

第一章　炒股先要识K线

K线既是一种记录价格走势的工具，也是我们分析多空双方力量转变情况、把握价格后期走势的一种重要技术分析方法，无论是对于新入市的新股民，还是对于已有一定炒股经验的老股民来说，学习K线都是炒股的一门必修课。本章中，我们从基本的内容讲起，力图帮助读者快速了解K线、看懂K线。

第一节　K线的起源

K线也称为蜡烛图、日本线、阴阳烛、棒线、酒井线等，它是一种记录价格变动的图线，据说最早起源于18世纪日本德川幕府时代的米市。当时的日本正处于稳定、和平，农业生产日益发展的时期，商业活动在宽松的环境下逐渐发达起来，而米市则成为一种交易旺盛的场所，人们不仅交易当前已有的现货大米，而且还对未来收获的大米（称为"空米"）提前买卖。因而，为了能够更好地了解米价的走势情况、分析预测其后期走势，详尽地记录米价的波动情况、走势就显得极为重要，正是基于这一需求，记录米价波动情况的"K线"应运而生。

K线图形状颇似一根根蜡烛，且用阴阳两种颜色来表示上涨或下跌，具有直观、立体感强、携带信息量大的特点，它充分展示了东方人所擅长的形象思维特点。1990年，美国人史蒂夫·尼森以《阴线阳线》一书向西方金融界引进"日本K线图"，从而引起了西方金融界的轰动，由于K线图形似蜡烛，因而在英文中称之为"candle"（蜡烛），这一单词的前面发"k"的音，因而，我们将其称为 K 线图。由于 K 线可以直观、清晰、形象地体现出价格在每一天的波动情况，因而，它后来被广泛地应用于证券市场中，成为一种重要的记录和研究价格走势的工具。

第二节　K线的构成

每一根 K 线都可以通过四个价位信息绘制出来（即开盘价、收盘价、最低价、最高价），在表现形态上，K 线是一条柱状的线条，它由上影线、实体、下影线三部分构成。我们首先来看看什么是开盘价、收盘价、最低价、最高价。

一、开盘价、收盘价、最低价、最高价

开盘价：开盘价就是每个交易日的最初成交价，也可以称之为每个交易日的起始价。

对于国内的沪深 A 股市场（即国内广大普通投资者所参与的股票市场，也是我们常说的股市）来说，除去法定的节假日外，每周一至周五为交易日，每个交易日都有固定的可进行买卖交易的时间段，每个交易日的上午 9:15~9:25 为集合竞价时间段、9:30~11:30 及下午 13:00~15:00 为连续竞价时间段。集合竞价时间段将产生开盘价，9:30 正式开盘后，就以这一价位作为全天交易的起始价。

依据开盘价与昨日收盘价的相差情况，我们可以把开盘分为高开、平开、低开三种，高开是指当日的开盘价高于上一交易日的收盘价，平开是指当日的开盘价等于上一交易日的收盘价，低开是指当日的开盘价低于上一交易日的收盘价。

收盘价：收盘价就是每个交易日的最后成交价，也可以称之为每个交易日的结束价。

在计算每个交易日的收盘价时，上证 A 股与深证 A 股是不同的，上证 A 股（即以数字"6"开头的股票）以每个交易日最后 1 分钟内的所有交易的

加权平均价计算得出，而深证 A 股（即以数字"0"或"3"开头的股票）是以最后 3 分钟内的竞价方式产生的。

最高价、最低价：最高价是指当日的盘中最高成交价格，最低价则是指当日盘中成交的最低价格。

二、实体与影线

依据价格的当日涨跌情况，我们可以把单根 K 线统分为两种：阳线与阴线。阳线是指收盘价高于开盘价的 K 线，多用红颜色来表示；阴线是指收盘价低于开盘价，多用绿色或黑色来表示。无论阴线还是阳线，每一根 K 线都是由上影线、实体、下影线三部分构成的。图 1-1 为单根 K 线形态示意图，从图中，我们可以一目了然地看清阳线与阴线的构成方式，阳线的收盘价位于开盘价上方（这说明收盘价高于开盘价），而阴线的收盘价则位于开盘价的下方（这说明收盘价低于开盘价），正是由于开盘价与收盘价之间的位置关系不同，才使得阳线可以表明价格的上涨，而阴线则可以表明价格的下跌。

开盘价与收盘价之间的矩形部分称为实体，阳线的实体为阳实体，阴线的实体为阴实体。对于阳实体来说，它的上沿位置就是收盘价、下沿位置则是开盘价；对于阴实体来说，它的上沿位置是开盘价、下沿位置则为收盘价。上影线的最高点为当日的最高成交价，下影线的最低点则为当日的最低成交价。

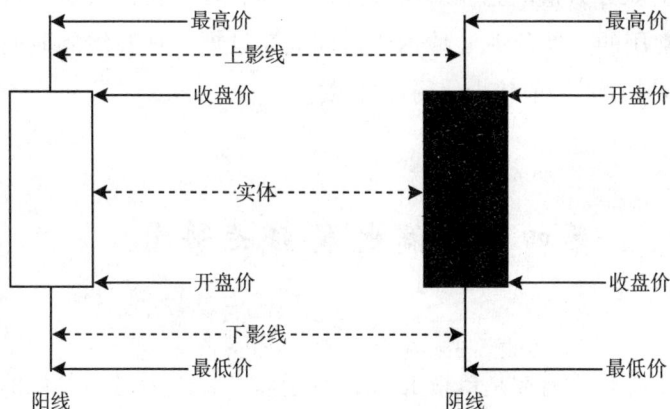

图 1-1 单根 K 线形态示意图

第三节　选择 K 线周期

在第二节中，我们所讲解的单独的一根 K 线都是以一个交易日作为时间周期的，这种 K 线也称为日 K 线，即 K 线所反映的时间周期为"日"。一般来说，以"日"为时间周期的 K 线最为常用，因而，在本书随后的讲解中，如不单独提及，则默认所说的"K 线"均指代"日 K 线"。但是在实盘操作中，除了这种最常用的日 K 线外，我们还可以依据 K 线所选时间周期的不同，而将 K 线分为分钟 K 线、小时 K 线、周 K 线、月 K 线等。

对于日 K 线来说，它是以每个交易日的开盘价、收盘价、最高价、最低价来绘制的，分钟 K 线、小时 K 线、周 K 线、月 K 线的绘制方式是与日 K 线如出一辙的。例如：对于周 K 线来说，它以每个交易周为时间周期，并以周一的开盘价、周五的收盘价、全周的最高价、全周的最低价来绘制的；而月 K 线则是以当月的第一个交易日的开盘价、最后一个交易日的收盘价、全月的最高价、全月的最低价来绘制的。

在这些不同时间周期的 K 线中，日 K 线可以清晰、直观、细致地显示出价格的历史走势情况，所以，它是最常用的；此外，周 K 线由于可以较好地反映出多空双方力量的总体对比情况，因而，在分析价格运行的大趋势时，是极为常用的。像分钟 K 线由于时间周期过短、月 K 线则时间周期过长，在实盘操作中，一般较少使用。

第四节　调出 K 线走势图

上面我们所介绍的都是单根 K 线，对于以"日"为时间单位的单根 K 线来说，一根 K 线记录的仅仅是一天内的价格变动情况，只有把每根 K 线依据时间顺序排列起来，才能清晰地反映出价格的历史走势情况。

一、调出指数的 K 线走势图

K 线走势图也称为 K 线图、价格走势图，它是以时间为横轴、以价格为纵轴，把每一根 K 线依次排列在这个坐标系中，通过这种方式得到的走势图即为 K 线走势图。在看盘时，我们可以重点关注指数的 K 线走势图和个股的 K 线走势图。

所谓指数，就是反映某一范围内全体股票平均走势情况的指示性数字，例如：反映在上海证券交易所上市的全体股票平均走势的上证指数，反映在深圳证券交易所上市的全体股票平均走势的深证成指，这两个指数都可以看作是反映股市整体走势的指数。一般来说，由于上海证券交易所上市的股票其股本规模更大、行业地位更为突出，因而，我们用上证指数来近似地指代国内股市的走向，平常我们所说的大盘指数就是指上证指数。

对于上证指数走势图来说，我们通过在键盘上按功能键 F3 调出它；也可以使用数字快捷键"03"调出它。其操作过程如下：在键盘上输入数字"03"，随后可以在股票软件的右下角处看到一个键盘精灵窗口，如图 1-2 所示，在精灵窗口中会列出与我们所键入内容相符的条目，单击回车键即可打开上证指数的走势图（注：走势图分为两种，一种是 K 线走势图，它反映了价格的历史走势情况，每根 K 线代表一个交易日的价格走势；另一种是盘中分时图，它以分钟为单位，实时地反映了当日的价格运行情况，通过键盘上的功能键 F5，我们可以在这两个走势图中来回切换）。

图 1-2　键盘精灵窗口示意图

图 1-3 为上证指数 2010 年 3 月 30 日至 2010 年 7 月 5 日期间的 K 线走势图，通过这张 K 线走势图，我们可以清晰地看到指数的历史走势情况，在每根 K 线的下方，还有一个柱形图与之相对应，对于指数来说，这一柱形代表着成交额（例如：上证指数每个交易日的成交额，就是这一交易日全部上证股票的成交额之和）。我们通过小键盘区的上下方向键，可以放大或缩小 K 线图所显示的时间范围。

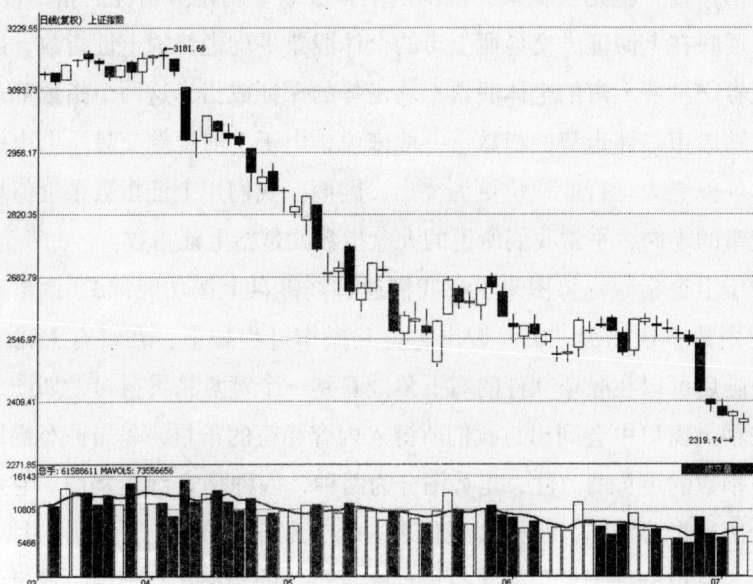

图 1-3　上证指数 K 线走势图

在 K 线走势图界面，通过键盘上的功能键 F5，我们可以切换到它的盘中分时图界面，如图 1-4 为上证指数 2010 年 7 月 5 日的盘中分时走势图，它以分钟为单位、实时地反映了指数的盘中运行情况，在指数的分时图窗口中，分时线下方的柱形为分时量，每一根柱形的长短反映了这一分钟的成交额。此外，值得我们注意的是，在分时图窗口中，其分时线是有两条的，这两条分时线的走势虽然在绝大多数情况下相同，但由于其代表的市场含义并不相同，因而，在市场走势较为极端时，我们可以看到它们会出现明显的分化。

其中的一条分时线为上证综合指数的分时线，这条分时线所代表的指数也就是我们常说的上证指数、大盘指数，它采用了加权平均法，即在计算指

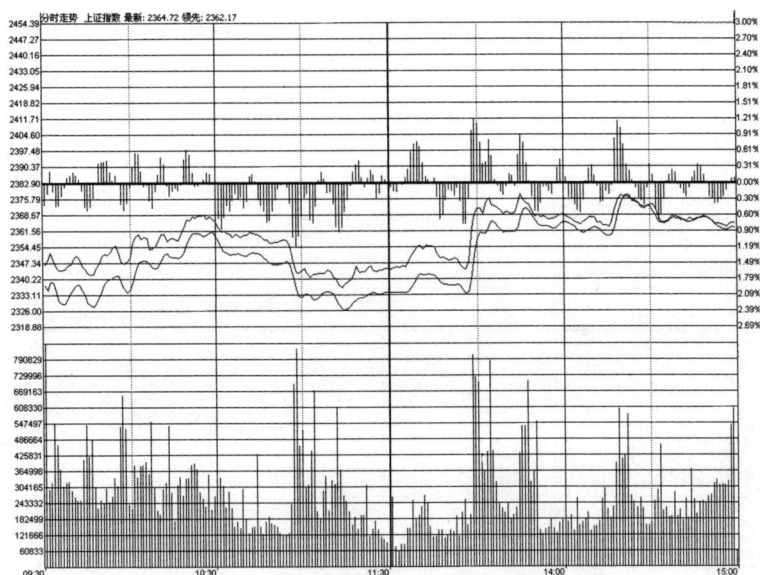

图1-4 上证指数 2010 年 7 月 5 日分时走势图

数数值时，是以股本大小来作为其权重的，这种计算方法不仅考虑到了股票的价格，还同样考虑到了股票的股本规模大小。因而，盘子越大的个股对它的影响力也会越大，当中国石油、工商银行等大盘股出现明显的异动走势时，我们可以看到这条指数曲线也多会随之同步异动。

另一条分时线为上证领先指数的分时线，它的计算方法采用算术平均法，即在计算指数时，只考虑股票的价格，而不考虑股票的股本规模。由于中小盘股的价格往往更高，因而，我们可以认为这一指数更近似地代表着中小盘股的整体走势。

由于在绝大多数时候，大盘股与中小盘股往往呈齐涨共跌的态势，因而，我们可以看到这两条分时线的走势也是极为相近的；但有的时候，大盘股的走势却会与中小盘股走势出现明显的分化，此时，透过这两条曲线运行形态的差异，我们就可以对市场的运行情况有一个更为准确的把握。

图1-5为上证指数 2009 年 12 月 4 日分时走势图，如图所示，我们可以看到当日盘中的上证综合指数与上证领先指数出现了明显的分化，而当日的股市实际情况也确实如此。当日，那些身处高位的中小盘股大多出现了明显的下跌，而前期滞涨的大盘权重股，则只是在盘中出现了一定震荡，并没有出现明显的下跌，可以说，股票市场中不同个股之间的这种分歧通过上证综

合指数与上证领先指数之间的形态差异，一览无余地展现在我们面前。

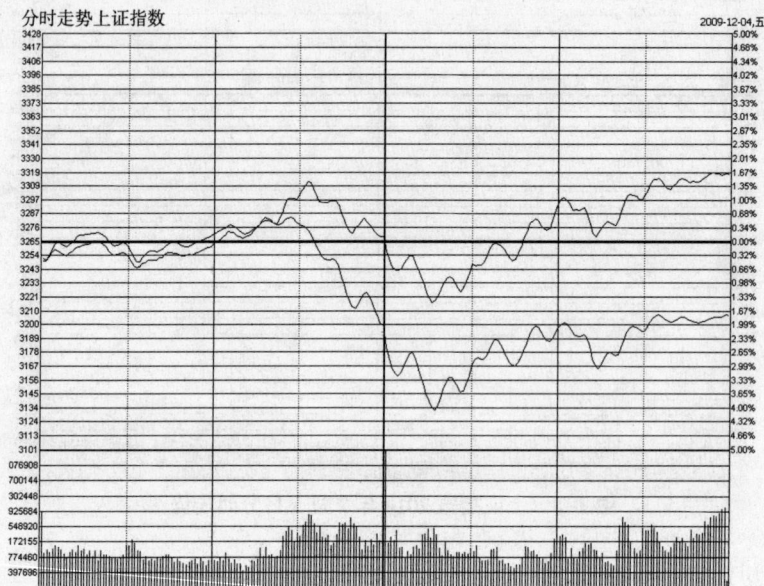

分时走势上证指数   2009-12-04,五

图 1-5　上证指数 2009 年 12 月 4 日分时走势图

二、调出个股的 K 线走势图

个股的走势图也分为两种，一种是个股的 K 线走势图，另一种是个股盘中分时图，通过键盘上的功能键 F5，我们可以在同一只个股的这两个图之间来回地切换。理解了大盘指数的 K 线走势图，对于个股的 K 线走势图就更好把握了。如果说指数的 K 线走势图反映了指数点位的历史变动情况的话，那么，个股的 K 线走势图就反映了个股股价的历史变动情况。

调出个股走势图的方法主要有三种，一是通过输入股票代码的方式调出；二是通过输入股票名称首字母的方式调出；三是在行情报价界面直接双击相应的股票的方式调出。下面我们结合实例来看看。

通过股票代码的方式调出，其操作过程如下，例如：对于中国石化这只股票，它的股票代码是"600028"，我们可以在键盘上输入"600028"，随后，可以看到一个键盘精灵窗口，如图 1-6 所示，单击回车键，即可进入中国石化的走势图。

通过股票名称首字母的方式调出，其操作过程如下，例如：对于中国石化这只股票，它的股票名称首字母为"ZGSH"，我们可以在键盘上输入"ZGSH"，随后，可以看到一个键盘精灵窗口，如图 1-7 所示，这一窗口中会显示所有以"ZGSH"这四个字母开头的各项条目，通过小键盘区的上下键选择我们所要打开的股票，单击回车键，即可进入中国石化的走势图。

图 1-6　"600028"键盘精灵窗口　　　图 1-7　"ZGSH"键盘精灵窗口

　　通过在股票行情报价界面中调出，其操作过程如下：首先，我们可以打开上证 A 股行情报价界面（快捷键为"61"），或是深证 A 股行情报价界面（快捷键为"63"），或是沪深全体 A 股的行情报价界面（快捷键为"60"），图 1-8 至图 1-10 为这三种行情报价界面的键盘精灵窗口，随后，单击回车键即可进入行情报价界面（注：行情报价界面，也常称为涨幅排行榜，这是因为"涨幅"这一数据是所有行情数据中最为重要的）。

图 1-8　"61"键盘精灵窗口　　图 1-9　"63"键盘精灵窗口　　图 1-10　"60"键盘精灵窗口

　　图 1-11 为 2010 年 7 月 5 日的沪深 A 股行情报价界面截图，可以看到，每列均为一种行情数据，我们可以通过单击相应的表项名名称，例如：单击"涨幅"，来依据此项对全体个股进行排列，这时的行情报价界面，我们也可

以将其称之为"涨幅排行榜"。如果我们依据"量比"这一行情数据对全体个股进行排序，则这一行情报价界面就可以称之为"量比排行榜"，行情报价界面是我们实时观察股市中异动个股的一个索引窗口。在这一界面下，通过双击相应的股票名称，我们就可以打开某一只股票的走势图。

	代码	名称	涨幅↓	涨速%	震幅%	量比	市净率	市盈(动)
1	600654	飞乐股份	+10.05	+0.00	10.06	4.81	3.67	95.23
2	002314	雅致股份	+10.02	+0.00	12.58	3.32	2.71	40.45
3	000413	宝 石A	+10.01	+0.00	13.31	1.36	16.98	亏损
4	600233	大杨创世	+10.01	+0.00	13.73	2.05	3.15	25.96
5	600623	双钱股份	+10.00	+0.00	11.91	3.30	5.71	14.32
6	000037	深南电A	+9.98	+0.00	10.40	2.63	1.83	亏损
7	600679	金山开发	+9.95	+0.00	5.18	3.18	4.68	亏损
8	600291	西水股份	+9.84	+0.00	10.66	3.04	1.10	亏损
9	600135	乐凯胶片	+9.82	+0.11	10.58	3.32	3.04	2802.53
10	000518	四环生物	+9.50	+0.18	12.48	1.74	7.97	599.29
11	000524	东方宾馆	+9.39	-0.18	11.92	3.69	4.81	亏损
12	600703	三安光电	+8.88	-0.05	9.47	1.33	14.74	44.15
13	000810	华润锦华	+8.28	-0.08	12.71	2.90	3.93	28.71
14	002126	银轮股份	+7.66	-0.04	14.78	2.77	4.15	21.46
15	000523	广州浪奇	+7.64	+0.00	12.25	2.19	3.81	242.13
16	002363	隆基机械	+7.38	+0.00	10.29	2.30	2.65	42.30
17	002097	山河智能	+7.27	+0.05	10.62	1.87	3.87	23.53

图 1-11　沪深 A 股涨幅排行榜示意图

如图 1-12 为我们所调出的三安光电（600703）2010 年 3 月 17 日至 2010 年 7 月 5 日期间的 K 线走势图，它向我们清晰呈现了此股的历史走势轨迹，通过小键盘区的上下方向键，我们可以放大或缩小 K 线图所显示的时间范围。在每一根 K 线的下方还有一个代表着当日成交量大小的柱形与之一一对应。通过功能键 F5，我们可以在此股的 K 线走势图与当日的盘中分时图之间来回地切换，如图 1-13 为此股 2010 年 7 月 5 日的盘中分时走势图，盘中分时图有两曲线，一条为分时线，波动速度较快，它代表着股价的实时运行情况；另一条为均价线，波动速度较缓，代表着当日市场平均的持仓成本。

图 1-12　三安光电 K 线走势图

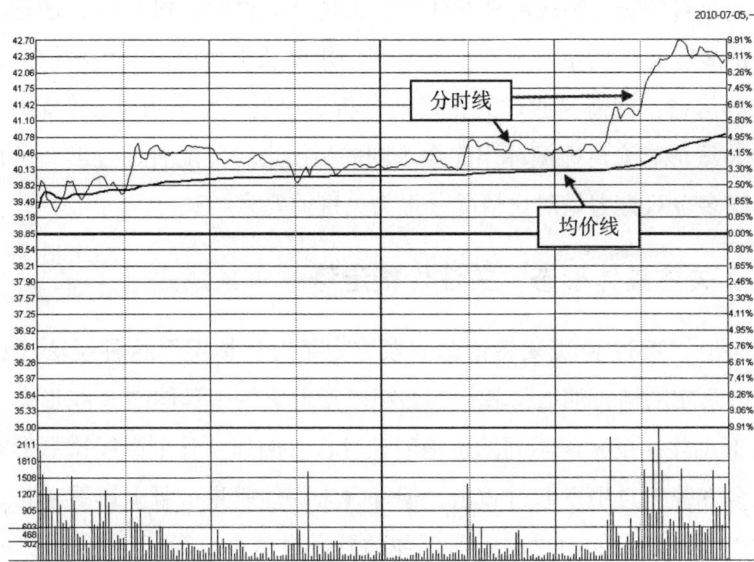

图 1-13　三安光电 2010 年 7 月 5 日分时走势图

第五节　如何运用 K 线

经过前面的讲解，相信读者已经对 K 线有了一个初步的认识，而且，也能够利用 K 线图读懂价格走势了，那么，K 线图除了直观地记录价格走势这种功用外，还有什么作用呢？我们又应如何利用 K 线走势、K 线形态来分析预测价格走势图呢？本节中，我们先概略地介绍一下使用 K 线时的注意要点，在后面的章节中，我们会在结合实例的基础上详细介绍这些内容。

一、运用 K 线，解读多空力量转变为第一要素

K 线的表面特征只是记录价格走势的一种工具，然而，它却也是市场多空双方力量对比转变情况的外在体现。无论是单独的一根 K 线，还是两三根 K 线或是多根 K 线的组合形态，如果我们想要从中解读出有用的信息，甚至是可靠的信息，就需要通过其正确地分析出市场多空双方力量的转变情况。相同的 K 线形态有可能演绎出完全不同的后期走势，能否通过形态来正确解读出市场多空双方力量对比情况是最为关键的要素。

二、关注具体形态，关注价格走势

如果说"透过 K 线来解读多空双方力量对比情况"这种说法还比较抽象、难以落实的话，那么，我们不妨把注意力集中于具体的 K 线形态。不同的 K 线形态往往反映出不同的价格波动过程，例如：长上影线这一形态，就反映了多方曾于盘中发起过攻击，但却并未保住胜果，且上影线越长，则多方的攻击力度越大，但攻击后所保住的胜果也越少；而长下影线这一形态，则反映了空方曾于盘中发起过攻击，但同样也未保住胜果，且下影线越长，则空方的盘中攻击力度越大，但所保住的胜果也越少。可以说，透过一些典型的 K 线形态，我们是可以大致了解个股的股价波动情况的，而股价的这种波动过程就是多空双方交锋过程的再现，它同时也体现了多空双方的交锋结果。

　　除了单根的 K 线形态外，可以表现多空双方交锋情况的还有两根、三根及多根的 K 线组合形态，因而，透过 K 线形态，我们是可以大致了解多空双方力量转变的，这就是我们为什么要学习 K 线形态的原因所在。但是，形态毕竟只是固定的产物，细心的读者会发现，相同的 K 线形态完全有可能出现在两个具有截然不同性质的点位上，例如：长上影线既有可能出现在一波涨势后的相对高位区，也有可能出现在一波跌势后的相对低位区；同样一个"W"形的双重底组合形态，既可以出现在深幅下跌后的底部区，也同样可以出现在持续上涨后的顶部区。如此说来，形态分析是不是没有意义了呢？答案当然是否定的，片面地追求形态只是一种唯心主义观点，它无法统筹兼顾；正确的做法是，在关注 K 线形态的同时，我们还应结合价格的走势情况来辅助地验证这一形态所蕴涵的市场含义，只有当两者相互验证时，我们才能用这一形态的典型市场含义来预测价格的后期走势。

　　图 1-14 为深南电 A（000037）2009 年 9 月 24 日至 2010 年 2 月 2 日期间走势图，如图所示，此股在持续上涨后的相对高位区出现了一个长上影线的单根 K 线形态，结合此股的前期价格走势，我们可以判断出，这是多方盘中攻击无功而返的表现，是多方拉升个股受阻的表现，因而，这一形态体现出了市场抛压正在增强，是一波回调走势即将出现的信号。

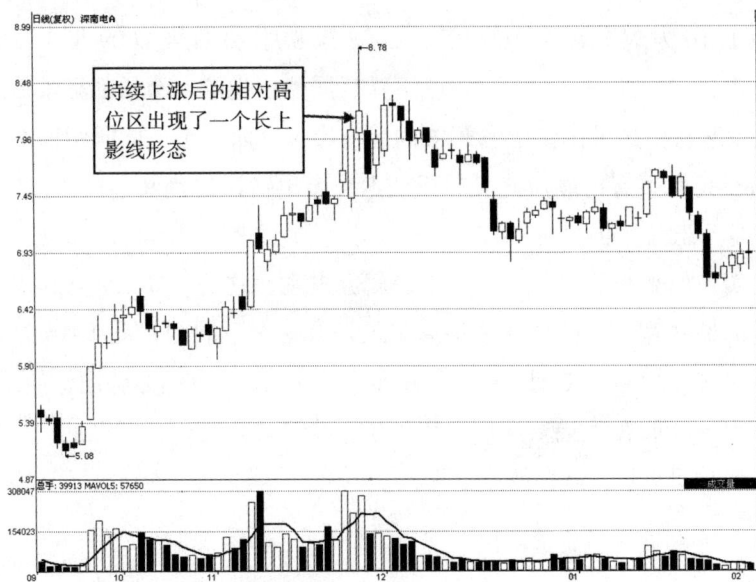

图 1-14　深南电 A 持续上涨后的相对高位区长上影线形态示意图

图 1-15 为熊猫烟花（600599）2009 年 5 月 20 日至 2009 年 8 月 3 日期间走势图，如图所示，此股在前期处于窄幅盘整走势中，近期并未出现明显的上涨，股价处于中长期的相对低位区，因而，这一长上影线的出现更代表的是多方有意发起攻击，而不是预示着此股将在抛盘打压下出现回调。

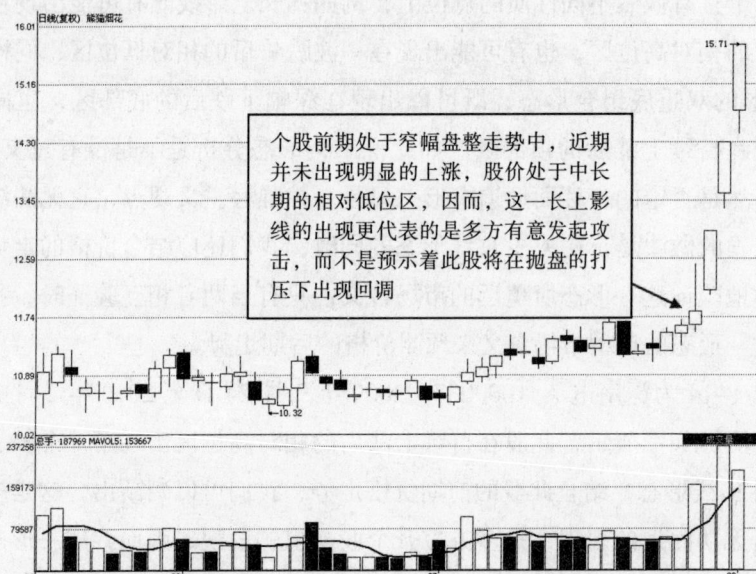

个股前期处于窄幅盘整走势中，近期并未出现明显的上涨，股价处于中长期的相对低位区，因而，这一长上影线的出现更代表的是多方有意发起攻击，而不是预示着此股将在抛盘的打压下出现回调

图 1-15　熊猫烟花低位窄幅盘整突破区的上影线形态示意图

图 1-16 为南宁糖业（000911）2008 年 8 月 20 日至 2009 年 1 月 5 日期间走势图，如图所示，此股在深幅下跌后居然出现了一个顶部区常见的双重顶 "M" 形态，如果仅仅考虑 K 线的运行形态，而不考虑此股的前期累计跌幅的话，我们很有可能对此股的后期走势做出错误的判断。图 1-17 标示了此股在这一低位区的 "M" 形态后的走势。

其实，如果我们仔细分析一下，就会发现，这一 "M" 形态其实与顶部区常见的那些宽幅震荡的双重顶形态还是有很大不同的，图 1-18 为大秦铁路（601006）2006 年 8 月 28 日至 2008 年 3 月 18 日期间走势图，如图所示，可以看到，此股在大幅上涨后也出现了一个 "M" 形态，但是这一 "M" 形态的持续时间更长、震荡幅度也更大。

图1-16　南宁糖业深幅下跌后低位区的"M"形态示意图

图1-17　南宁糖业低位区"M"形态出现后的走势图

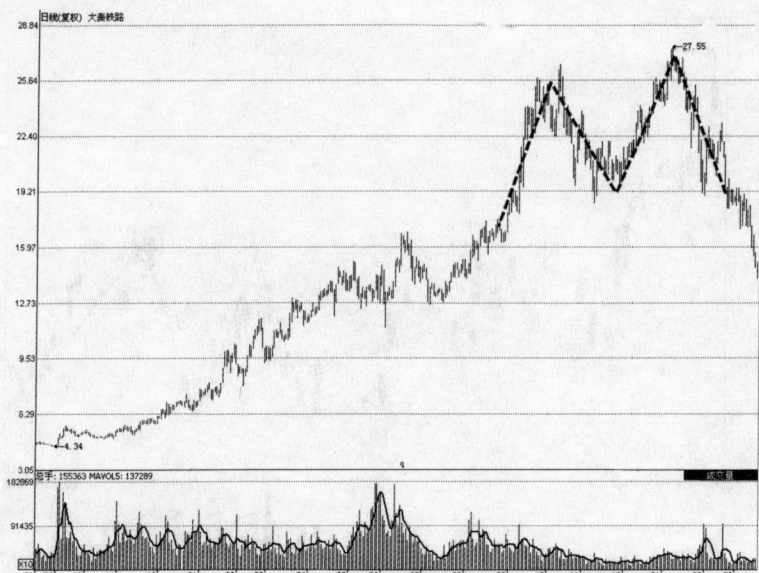

图 1-18　大秦铁路顶部区双重顶 "M" 形态示意图

三、解读形态，不忘成交量

美国著名的投资专家格兰维尔曾经说过，"成交量是股票的元气，而股价是成交量的反映罢了，成交量的变化，是股价变化的前兆"。成交量最简单、最直接地反映出了市场的供需情况，成交量是价格上涨的原动力，也是价格反转的重要信号。如果说价格走势是多空双方交锋结果的体现，那么，成交量就是多空双方交锋规模的体现。透过成交量的形态变化，我们可以更好地验证价格走势，当价格的发展方向与成交量的变化形态明显地背道而驰时，往往意味着原有的趋势即将结束，是我们应提前做好买卖准备的信号。

图 1-19 为中国神华（601088）2008 年 11 月 12 日至 2009 年 7 月 24 日期间走势图，图 1-20 为此股在 2008 年 11 月 12 日前的走势图。结合这两幅走势图，可以看到，此股深幅下跌后出现了较长时间的止跌企稳走势，并且在深幅下跌后的低位区出现了一个预示着底部出现的双重底 "W" 形态，但是，如果有量能来验证这一形态的话，那我们就可以得出更为准确的判断。如图 1-19 标注所示，可以看到，此股在 "W" 形态处出现了两波放量上涨走势，使得此股开始脱离这一低位区，而此时的放量正好体现了市场买盘充足的这一信息，再结合前期的价格走势、K 线的 W 底形态，我们就可以准确

地判断出当前正是此股深幅下跌后的底部反转区。

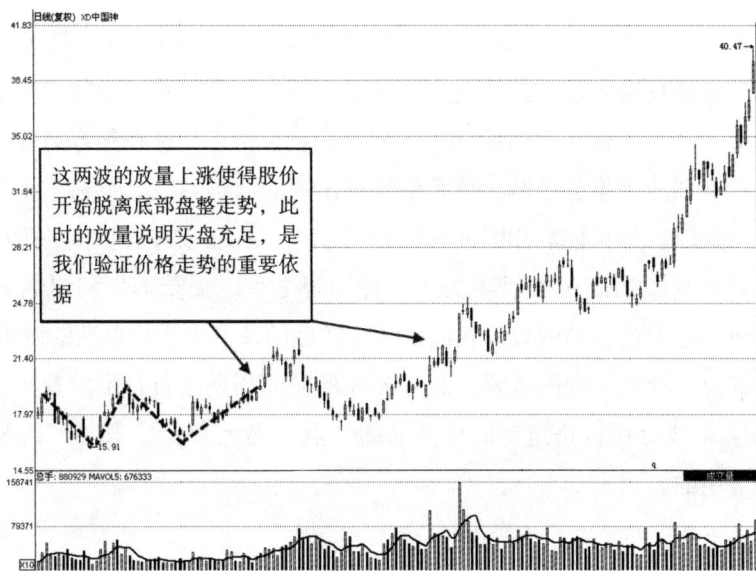

这两波的放量上涨使得股价开始脱离底部盘整走势，此时的放量说明买盘充足，是我们验证价格走势的重要依据

图 1-19 中国神华底部区放量上涨示意图

图 1-20 中国神华 2008 年 11 月 12 日前走势图

四、利用好不同周期的 K 线走势图

我们最为常用的 K 线周期是以"日"为时间单位的，这种日 K 线图可以及时清晰地反映出价格的历史走势情况。但在分析价格的整体趋势运行情况时，由于"日"这个时间周期过于短暂，且价格走势往往很容易在一日或几日内受到偶然因素的影响，使我们容易出现一叶障目、只见树木不见森林的情况。这时，如果能利用时间周期相对较长，且能较好反映市场阶段性多空力量对比情况的周 K 线就不失为一种明智之举。关于如何利用周 K 线来识别趋势、把握趋势的内容，我们将会在随后的章节中进行单独的讲解。

可以说，针对不同的需要，而对 K 线的时间周期进行特定设置，也是我们在利用 K 线分析价格走势时应注意的一点。据笔者经验来说，日 K 线图是最为常用的。

第二章　不可不知的六大 K 线理论

在股市中要想更好地运用 K 线形态展开实战，就应深刻地把握原理、打好基本功，本章节，我们将带读者逐一领略技术分析领域的基本理论，力求从根源上挖掘出技术分析的精髓。

第一节　技术分析的鼻祖——道氏理论

道氏理论（Dow Theory）首开技术分析的先河，它堪称技术分析领域中的鼻祖理论。道氏理论的雏形源于《华尔街日报》的记者、道琼斯公司的共同创立者查尔斯·亨利·道（1851~1902 年）的社论。查尔斯·道创立了道琼斯公司，并且创设了用于反映股市整体走向的道琼斯指数，最初的道琼斯股票价格平均指数是根据 11 种具有代表性的铁路公司的股票，采用算术平均法进行计算编制而成，用以反映股票市场中全体个股的平均走向。在道琼斯指数创立之前，投资者普遍认为股价的走势只取决于自身，与市场整体的运行情况无关，但是道琼斯指数的创设改变了人们的这一看法。查尔斯·道通过道琼斯指数来研究股市的整体运行情况，并以社论的形式发表了一份系统的研究成果，这些文章的主要内容是阐述股市整体的趋势运行规律。

道氏理论的形成经历了几十年，在查尔斯·道去世以后，威廉姆·皮特·汉密尔顿（William Peter Hamilton）和罗伯特·雷亚（Robert Rhea）继承了道氏理论，他们所著的《股市晴雨表》、《道氏理论》成为后人研究道氏理论的经典著作。现在我们所看到的道氏理论正是威廉姆·皮特·汉密尔顿与罗伯特·雷亚两人共同的研究结果。

道氏理论开创了技术分析的先河，为后续的技术分析理论提供了基础，最难能可贵的是，它指明了技术分析的研究方向，使杂乱无章且可靠性值得怀疑的技术分析方法不再是无源之水、无本之木，在道氏理论之后，很多实用的技术分析方法、技术分析理论也如雨后春笋般地破土而出。

一、道氏理论的前提假设

道氏理论是一个系统构造完备的理论，它的成立也是有假设条件支撑的，由于这三个假设条件的正确性是毋庸置疑的，因而，道氏理论的正确性也可以说是令人信赖的。这三个前提假设就是：

（1）主要趋势的运行方向不会受到人为操作的影响。虽然短期的股市走势可能会受到诸如消息面、政策面、心理面等多种因素的影响，但主要趋势的运行方向是无法人为操作的（注："主要趋势"也可简称为趋势，是证券市场的客观运行规律，在股市中是指价格的总体运行方向）。

（2）市场指数走势会包容消化一切场内外因素。道氏理论是用于阐述股市整体运行规律的理论，而指数正是反映股市运行的指示性数字。这一假设指出，无论是有政策面消息、经济面消息，还是领导人讲话、灾难性事件等因素影响，市场本身都会在第一时间对此加以评估，并以市场的实际走势来反映这些因素的影响。

（3）道氏理论是客观化的分析理论。这一假设指出市场的走势是不以人的意志为转移的，投资者只有客观地运行它，才能从股市中获取良好的收益，股市中绝大多数的投资者正因为总是主观地臆断市场的走势，而不顾眼前真实呈现出来的走势，才会出现亏损出局的情况。

二、道氏理论的主要内容

道氏理论主要阐述了股市的趋势运行规律，而且它对于趋势不同级别的划分也极其经典，下面我们就来了解一下道氏理论的主要内容。

1. 依据时间长短，股票市场的运行存在着三种级别的趋势

股票市场在运行过程中，可以依据级别的不同，将其分为：主要趋势（或称为基本趋势）、次等趋势和小趋势。

基本趋势是大规模的、中级以上的上下运动，通常持续一年或有可能数

年之久，并导致价格累计上涨或下跌 20% 以上。基本趋势可以依据其运行方向分为三种：即基本上升趋势（可简称为上升趋势）、基本下跌趋势（可简称为下跌趋势）、基本横盘震荡趋势（可简称为横盘震荡趋势），这三种趋势也是我们最经常讨论到的。我们可以利用"波峰"、"波谷"来理解这三种趋势，上升趋势就是一个价格逐浪走高的过程，此时，后期出现的波峰、波谷会相应地高于前期出现的波峰、波谷，即价格走势呈现出"一峰高于一峰、一谷高于一谷"的运动形态；反之，下跌趋势则是一个价格逐波走低的过程，此时，后期出现的波峰、波谷会相应地低于前期出现的波峰、波谷，即价格走势呈现出"一峰低于一峰、一谷低于一谷"的运动形态；横盘震荡趋势，是价格横向震荡的过程，也是一个波峰与波谷依次重叠的运动形态。

在主要趋势的行进过程中，还穿插着与主要趋势方向相反的次级回调趋势，它对主要趋势产生一定的牵制作用，其持续时间较短，多在几周之内。例如：上升趋势中出现了回调走势、下跌趋势中出现了反弹走势，都属于次级回调趋势。

第三级别的趋势称之为小趋势，又称短期趋势，一般是指小于 6 天并且基本没有超过 3 周的短期价格波动，多由一些偶然因素导致，从道氏理论的角度来看，短期趋势并无规律可循。

图 2-1 为主要趋势、次级回调趋势、短期趋势形态示意图，图中主要趋势的运行方向向上，是一个上升趋势；而像从数字 2 至数字 3、从数字 4 至数字 5 这两段走势是与主要趋势的运行方向相反的，其属于次级回调趋势；而像从 A 到 B 这样的时间极短的小幅度波动走势，则属于短期趋势。

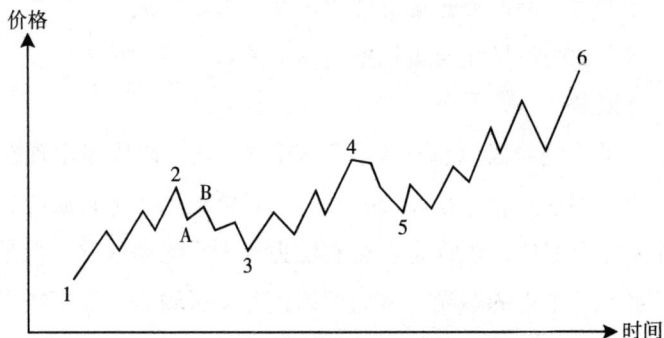

图 2-1　主要趋势、次级回调趋势、短期趋势形态示意图

如图 2-2 为上证指数 2006 年 7 月至 2010 年 5 月期间的趋势运行状态示意图，图中标注了在此期间出现的基本趋势运行情况，既有长期的上升趋势（牛市行情），也有长期的下跌趋势（熊市行情），当然还有长期的横向盘整趋势。通过该图可以看到，股市的走势就是以大起大落的形态呈现出来的，这恐怕也是股市的最大魅力之一，没有大幅度的下跌，何来大幅度的上涨，没有大幅度的上涨，我们还不如把钱存入银行，大起大落的走势方显出股市的赚钱效应，才能吸引投资者源源不断地入市买卖。

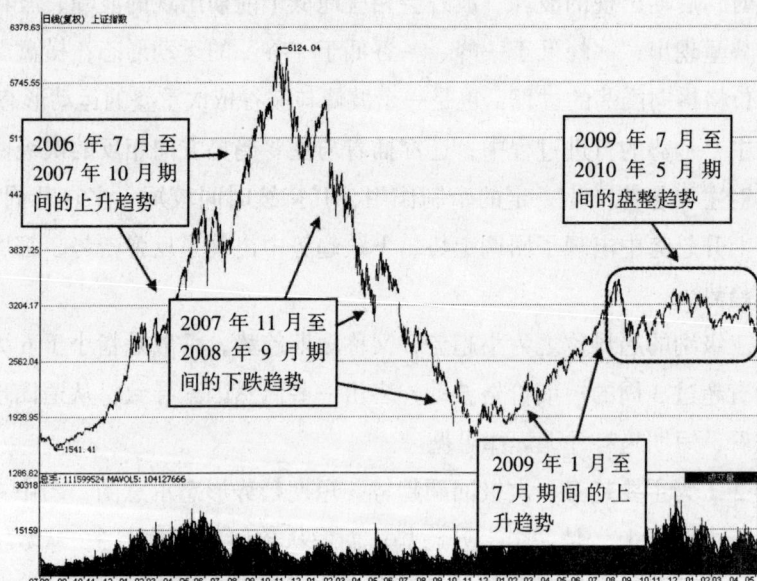

图 2-2　上证指数 2006 年 7 月至 2010 年 5 月期间的趋势运行状态示意图

2. 上升趋势与下跌趋势的运行过程各分为三个阶段

从多空双方的能量转化及市场推进演变来看，我们可以把上升趋势分为三个阶段，分别是：

第一阶段是建仓阶段（也称为吸筹阶段）：这一阶段多出现在市场大萧条之后，股市平均估值状态往往会处在一个较低的水平上；此时，也许宏观经济层面并未完全好转，也许企业盈利能力也未见大幅改善，但是有远见的投资者已经看到了未来的曙光，从而开始进行积极吸筹，股市的多方力量开始逐步汇聚，从而为随后上涨打下了坚实的基础。一般来说，多方能量汇聚的越快，则低位区的震荡筑底时间越短，对于多方能量的汇聚速度，我们可以从成交量形态着手分析。

　　第二阶段是持续上涨阶段：这一阶段宏观经济走势开始向好、企业盈利能力开始加强，市场人气又开始恢复，并且再度呈现出一片欣欣向荣的景象；股市对场外的投资者也具有明显的吸引力，越来越多的资金开始意识到股市的赚钱效应，并加入到这个市场中来，股市也在大量涌入的资金推动下实现了大幅、长期的上涨，直至场外买盘资金开始逐步变弱、无法再度推升股市为止。

　　第三阶段是狂热中见顶阶段：市场的持续上涨打消了最后一个怀疑者的顾虑，股市如脱缰野马般上涨，"买入即可赚钱"成为场内外投资者的共识。此时，很多对股市一无所知、不了解这个风险市场的人士也开始加入进来，也正是在这个时候，场外的买盘资金开始逐步地趋于枯竭，没有充足资金推动的股市虽然会在狂热的气氛中实现再创新高，但其顶部区却已隐现，如果投资者足够理性的话，就会发现这时的股市估值状已经严重地透支了企业的未来盈利情况，可以说，这是一个十足的泡沫区间。

　　上证指数在 2005 年 7 月至 2008 年 1 月期间所出现的上升趋势运行过程就正好与道氏理论所阐述的上升趋势运行过程相符，如图 2-3 所示，图中标

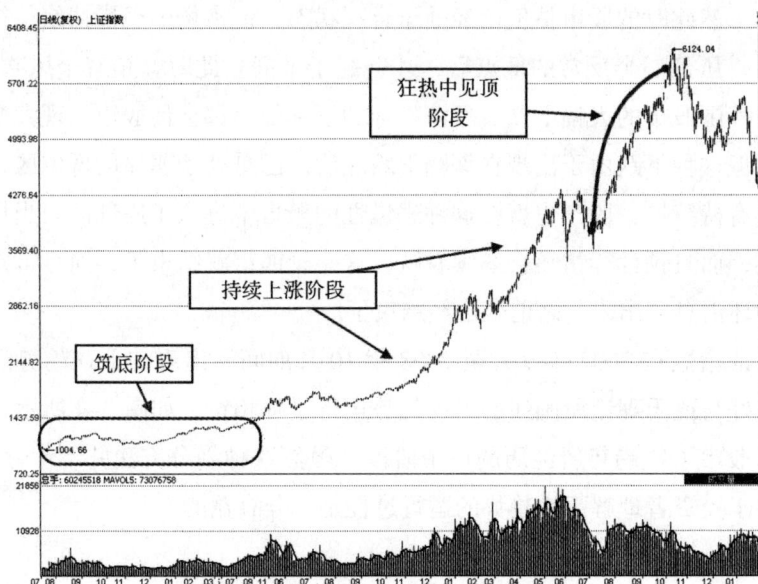

图 2-3　上证指数上升趋势三个阶段示意图

注了股市上升趋势所经历的三个阶段，虽然这种划分方法并不十分精确，但它对于投资者理解上升趋势的运行过程是十分有益的。

从多空双方的能量转化及市场推进演变来看，我们可以把下跌趋势分为三个阶段，分别是：

第一阶段是筑顶阶段（也称为出货阶段）：这一阶段实际开始时间是一轮上升趋势的末期，此时股市不仅处于明显的高估状态，而且场外买盘资金的介入速度越来越慢，股市难以再向前期一样实现上涨；但由于多空双方力量对比的转变总有一个过渡，因而，此时的空方并未完全占据主导地位，多空双方处于胶着状态。这时，有远见的投资者感到交易的利润已达至一个反常的高度，从而选择了逢高抛售，随着更多的持股者发现股市滞涨，从而选择卖出时，筑顶阶段就会结束，转而步入到正式的下跌通道之中。

第二阶段是持续下跌阶段：这一阶段空方占据了完全的主动，投资者惯有的"买涨不买跌"的操盘习惯使得股市无法吸引更多的买盘资金介入，并阻挡股市的下跌步伐。在这一阶段，往往也是企业盈利前景不容乐观，宏观经济走势令人担忧的阶段，大量的持股者会进行轮番抛售，从而使得价格跌势徒然加速，当交易量达到最高值时，价格也几乎是直线落至最低点。

第三阶段是恐慌中见底阶段：第二阶段的深幅下跌使得股市的恐慌气氛蔓延，虽然此时的股市估值已经处于合理状态，但市场的恐慌情绪往往只有把股市打压到一个反常的低点后，才会趋于平静。此时，稍有个风吹草动，例如：外围股市的大幅下跌、经济指标的下降等，都会使股市出现大幅度的下跌，但这种下跌由于出现在深幅下跌之后，已是处于明显的低位区，因而并不具有持续性，股市也就在这种恐慌性的抛售中进入了底部区。当坏消息被证实，而且预计行情还会继续看跌，这一轮熊市就结束了，而且常常是在所有的坏消息"出来"之前就已经结束了。

上证指数在 2007 年 9 月至 2008 年 10 月期间所出现的下跌趋势运行过程就正好与道氏理论所阐述的下跌趋势运行过程相符，如图 2-4 所示，图中标注了股市下跌趋势所经历的三个阶段，虽然这种划分方法并不十分精确，但它对于投资者理解下跌趋势的运行过程是十分有益的。

图 2-4 上证指数下跌趋势三个阶段示意图

3. 成交量可以验证趋势的运行

成交量对于股市的趋势运行情况可以起到验证作用，例如：在上升趋势出现时，由于上升趋势是一个买盘力量逐步增强的过程，因而，股市在持续上涨过程中，也多会出现典型的"量价齐升"形态，即随着价格走势的创出新高，成交量也同步创出新高；又比如：在下跌趋势中，由于买盘力量始终无法大量涌入，而卖盘的抛压又是以车轮式的方式出现，因而其整个运行过程往往呈现出典型的"缩量下行"形态。

虽然道氏理论在此提及了成交量的作用，但成交量毕竟只是一种辅助工具，当趋势的运行形态与成交量的形态出现矛盾时，还是应以价格走势为第一要素的。

图 2-5 为上证指数 2006 年 7 月至 2007 年 6 月期间走势图，在此期间，股市正处于上升趋势之中，如图标注所示，我们可以看到，随着指数点位的不断上涨，成交量也是不断放大的，两者呈现出了量价齐升的配合关系，而这正是上升趋势中的典型量能形态之一，透过成交量的形态，我们可以对上升趋势的运行有一个更为准确的把握。

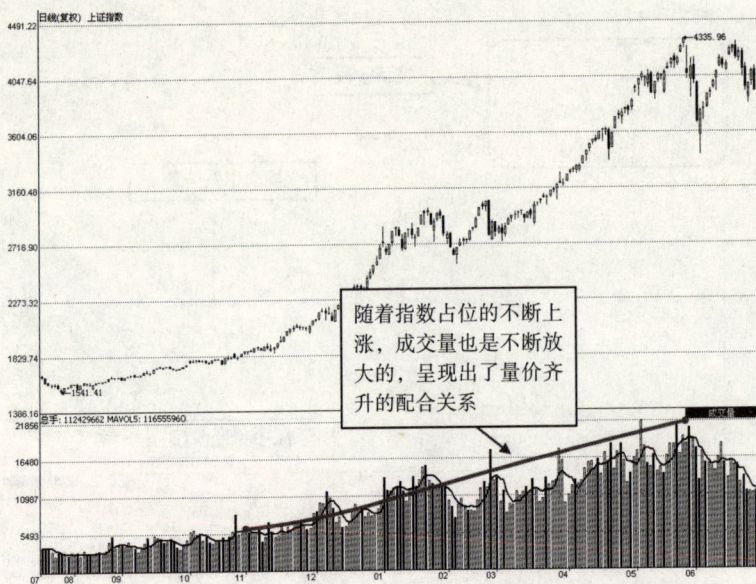

随着指数占位的不断上涨，成交量也是不断放大的，呈现出了量价齐升的配合关系

图 2-5　上证指数上升趋势中的"量价齐升"形态示意图

4. 基本趋势会持续运行下去，直至发出明确的反转信号为止

趋势一旦形成就具有极强的持续性，在上升或下跌趋势形成后，它就会一直运行下去，在价格趋势扭转之前提前判断趋势结束是非常困难的，所以不要希望成为市场的超人，不要去抓顶摸底，不要提前做预测，要跟随价格走势做出客观判断，只有当一轮趋势发出了明确的反转信号（或称为见底信号或见顶信号）时，才意味着这轮趋势已近尾声。那么，什么样的信号才算是反转信号，我们又如何才能发现它呢？其实，只要我们理性、客观地跟随市场、解读市场，在学习了技术分析知识之后，是可以准确地把握这种反转信号的，例如：熊市末期的"止跌企稳"形态、牛市末期的"量价背离"形态、典型的顶部与底部 K 线形态等，均是预示着趋势转向的明确信号，本书会在随后的章节中结合实例讲解它们。

图 2-6 为上证指数 2006 年 9 月至 2007 年 11 月期间走势图，如图标注所示，当股市步入到大幅度上涨之后的高位区后，虽然指数再度出现上涨并创出新高，但这一波上涨时的量能却明显小于前期主升浪时的量能，这种"量价背离"形态的出现预示着升势即将结束。

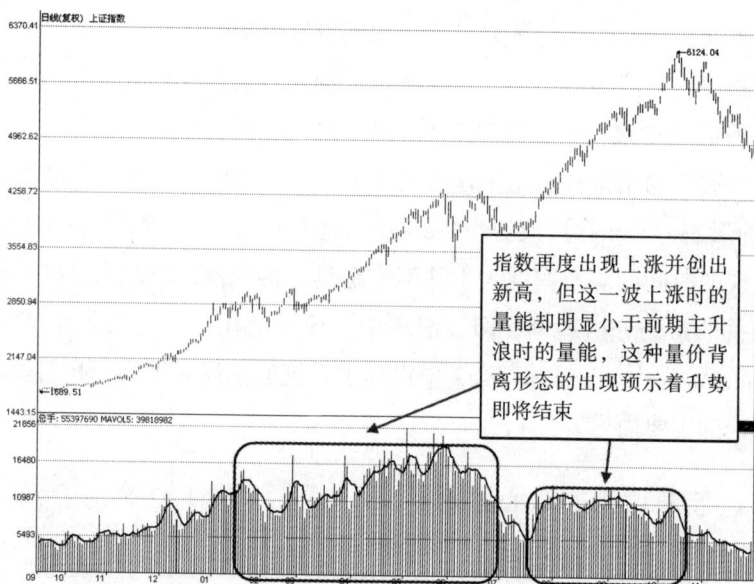

图 2-6　上证指数上升趋势见顶前的"量价背离"形态示意图

第二节　股市运行的规律——波浪理论

道氏理论开创了技术分析的先河，但是细心的读者可能会发现，道氏理论虽然阐述了股票市场的趋势运行规律，但是却没有指出趋势的具体运行方式。要知道，无论上升趋势，还是下跌趋势，其运行轨迹都是一波三折，而非一蹴而就的，了解趋势的运行方式至关重要，因为这直接关系到我们能否准确地识别趋势、把握趋势。这些问题正是波浪理论所要解决的，有一种说法很好地论证了道氏理论与波浪理论之间的层次关系："道氏理论告诉人们何谓大海，而波浪理论指导你如何在大海上冲浪。"波浪理论以大自然的波浪运动方式来阐述股市的趋势运动过程，以帮助投资者更好地把握趋势。

一、什么是波浪理论

波浪理论（Wave Principle）又称艾略特波段理论，是由美国证券分析家拉尔夫·纳尔逊·艾略特（Nalph Nelson Eilliott）在 1938 年提出的，艾略特以道琼斯工业指数平均作为研究对象，发现股票市场的波动与自然界的潮汐现象极其相似，一浪跟着一浪，周而复始。例如：上升趋势就是价格走势一浪高于一浪的运动过程，而下跌趋势则是价格走势一浪低于一浪的过程。而且，这些波浪的结构性形态呈现自然和谐。艾略特将市场上的价格趋势归纳为 13 种形态（Pattern）或波（Waves），这些形态在市场上不断重复出现，但是出现的时间间隔及幅度大小并不一定具有再现性，以此为基础，提出了一套相关的市场分析理论，即波浪理论。该理论在艾略特的著作《Nature's Law-The Science of the Universe》中得到了系统的论述，下面，我们就来介绍波浪理论的主要内容。

二、波浪理论的核心原则

波浪理论的核心内容就体现在它的四条核心原则上，可以概述如下：

（1）股票市场的上升趋势与下跌趋势将会交替出现。

（2）一个完整的上升与下跌趋势是通过"五升三降"的波浪式运行完成的，在这一波浪式运动过程中，推动浪和调整浪是价格波动两个最基本形态，推动浪具有明确的方向性，且角度往往较为倾斜，它与基本趋势的运行方向一致；调整浪则与基本趋势的运行方向相反。

（3）在一个"五升三降"的运行过程结束后，一个循环也宣告完成，股票市场的走势将进入下一个八浪循环走势中。

（4）时间的长短不会改变波浪的形态，因为市场仍会依照其基本形态发展。波浪可以拉长，也可以缩短，但其基本形态永恒不变。

三、运用波浪理论解析趋势运行过程

波浪理论用"五升三降"来揭示股票市场的趋势运行规律，这五升三降的八浪运动过程也是股票市场的一个完整循环过程，如图 2-7 为波浪理论"五升三降"的八浪运动过程示意图。

第 1 浪：第 1 浪多出现在筑底走势中，预示着上升趋势已然展开，但由于这时市场已经历了前期的大幅度下跌，股市的交投气氛并未完全活跃起来，因而，市场上的大多数投资者并不会马上就意识到上升趋势已经开始。此时，虽然多方已占有一定优势，但由于市场上的空头气氛以及习惯于空头

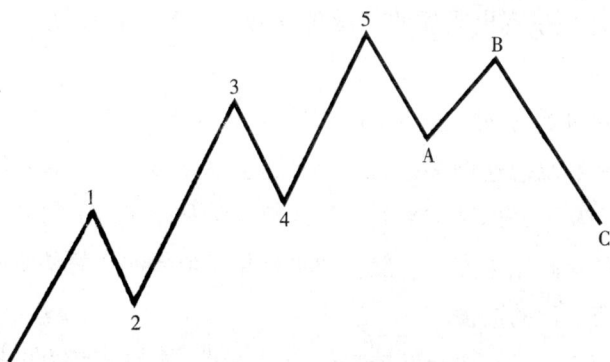

图2-7 波浪理论八浪运动过程示意图

市场操作的手法未变，而且买方力量并未完全占据主导地位，因此，在此类第1浪上升之后出现第2浪调整回落时，其回档的幅度往往很深。依据实际经验来看，第1浪的涨幅多是上升趋势中涨幅最小的一浪。由于第1浪是由较为充足的买盘资金推动实现的，因而，我们多可以看到较为明显的放量上涨的"量价配合"形态。

第2浪：第2浪出现在第1浪的上涨之后，既是对第1浪的修正，也是对市场最后一股空头力量的集中释放。第1浪的出现，让很多底部买入的短线投资者有了获利出局的机会，但这些投资者并不是坚定的多方，他们的存在会对上升趋势造成较大的阻碍，只有充分地释放掉这些获利抛压才有助于股价继续前行，而且，此时市场的做多动能尚未有效聚集，这就使得第2浪往往具有较大的杀伤力，在实际走势中调整幅度也较大。由于第2浪的出现并非源于大量的做空力量，而是源于少量涌出的市场获利浮筹，因而，在第2浪中，我们往往可以看到价跌量缩的量价配合关系。值得一提的是，在第2浪出现后，市场走势可能会呈现出一些诸如"头肩底"、"双重底"、"圆弧底"等经典的底部反转形态。

第3浪：第3浪是上升趋势的主升浪，在整个上升趋势中，第3浪也是属于最具有爆炸性的一浪，因为在这一浪中，股市的涨幅最大、持续时间也最长。在这一浪的运行过程中，股市的多头氛围被充分激发，买盘开始加速涌入，价格走势很有可能会在大量买盘的快速涌入下而出现跳空向上的缺口，这既是价格走势上涨加速的标志，也是市场买盘力量十分充足的表现。第3浪的运行轨迹，大多数都会发展成为一涨再涨的延升浪。在量价配合关系上，这一浪往往呈现出明显的"量价齐升"形态，这体现了买盘的加速涌入。

第4浪：第4浪是对主升浪的一次修正，主升得过快、幅度过大的上涨，导致市场获利盘急速增多，为了上升趋势继续推进，就需要消化掉一部分的获利抛压，从形态的结构来看，第4浪经常是以三角形的调整形态进行运行。第4浪的运行结束点，一般都较难预见。值得注意的是，第4浪的浪底不允许低于第1浪的浪顶。

第5浪：第5浪是整个上升趋势的最后一浪，也是买盘力量趋于枯竭的一浪，股市前期的持续大幅上涨，不仅累积了大量的获利抛压，而且也充分耗尽了市场的潜在买盘，没有充足的买盘推动，股市是无法实现继续上涨的。一般来说，这一浪多出现在市场的狂热阶段，与其说买盘力量的强大铸就了这一浪，还不如说是市场的非理性情绪导演了这一浪。在上涨幅度及持续时间上，这一浪往往与当前的市场环境密切相关，一般来说，其涨幅会大于第1浪、小于第3浪。在这一浪中，由于市场的买盘已趋于枯竭状态，因而，其往往会呈现出明显的"量价背离"形态。

第A浪：A浪的调整是紧随着第5浪而产生的，所以，市场上大多数人士会基于惯性思维而误认为这仍然只是一个短暂的调整走势，上升趋势仍未逆转，毫无防备之心。在具体识别这一浪时，我们可以根据其回调幅度、持续时间等要素来判断，由于此时已是空方力量开始占优，因而，这一浪的回调幅度往往会明显地大于前期的回调浪（如：第2浪和第4浪），并且，其持续时间也可能要相对较长。

第B浪：B浪是A浪过后的一个小反弹浪，它的出现让很多投资者误认为新一波的升势即将展开，其实，如果从这一浪上涨时的量能、力度等因素来分析，我们就会发现，市场的多方力量已大不如前，且难以再度推升股市继续上扬。如果此时投资者仍以牛市的追涨策略来参与这一浪的操作，则无疑将面临着巨大的风险，因而，这一浪也常常被称之为"多头陷阱"，许多人士在此惨遭套牢，这一浪与第A浪往往形成一些经典的顶部反转形态，例如："头肩顶"、"双重顶"、"圆弧顶"等。在量价配合关系中，这一浪的成交量往往会小于第5浪，这也是买盘力量趋于枯竭的再度体现。

第C浪：B浪的反弹无力使更多的持股者开始有了出局的意愿，而且市场的买盘也明显不足，这就造成了大幅度下跌的 C 浪出现，C 浪是下跌趋势的主跌浪，它的幅度与力度就相当于上升趋势中的主升浪第 3 浪一样，当然，C 浪的出现往往也是在基本面堪忧（如宏观经济前景不明、企业盈利能力下滑等）配合下完成的。

以上就是波浪理论对于一个完整趋势运行过程的划分，可以看出，波浪理论的八浪构成并不难理解，但在股市的实际走势中，由于大浪中有小浪、小浪中有细浪，因而投资者往往很难区分哪一波上涨对应于八浪循环中的哪一浪；为了可以更好地帮助投资者正确地识浪、数浪，艾略特还给出了几条基本的数浪规则，在介绍这些数浪规则前，先让我们结合国内 A 股市的趋势运行情况来实地感受一下波浪理论。

如图 2-8 为上证指数 2005 年 11 月至 2009 年 1 月期间走势图，股市在此期间完成了一轮牛熊交替的趋势循环走势，图中标注了与波浪理论相对应的各浪走势，读者可以结合前面对于各浪的讲解，来更进一步地理解此期间的股市运行。

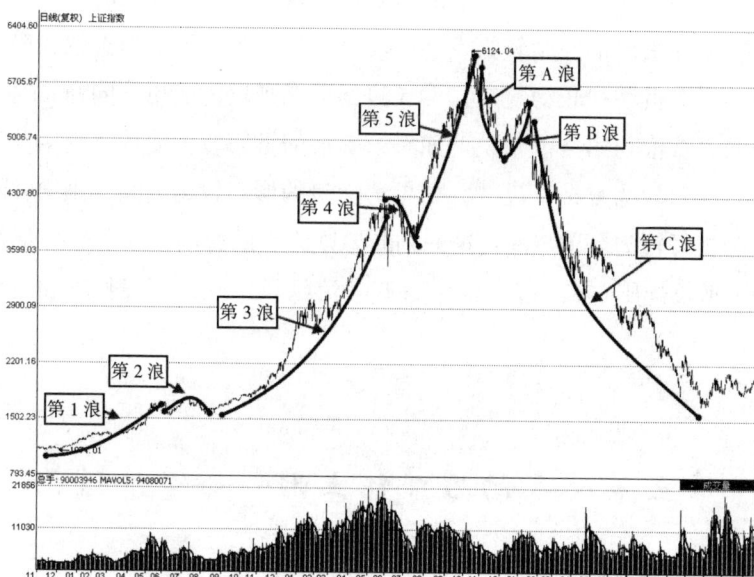

图 2-8　上证指数 2005 年 11 月至 2009 年 1 月八浪运动趋势运行示意图

四、四条数浪原则

波浪理论的八浪构成并不难理解，但在股市的实际走势中，由于大浪中有小浪、小浪中有细浪，因而投资者往往很难区分哪一波上涨对应于八浪循环中的哪一浪，为了可以更好地帮助投资者正确地识浪、数浪，艾略特给出了以下四条基本的数浪规则。

（1）第 3 浪不能是三个上升浪（第 1、3、5 浪）中最短的一个，而且，第 3 浪往往是这三个上升浪中最长的一个。这一规则可以帮助我们正确地识别出哪一浪才是标志着上升趋势主升阶段的第 3 浪，有助于我们正确分析出上升趋势的行进过程。

（2）第 4 浪的底部，不可以低于第 1 浪的顶部。这一规则可以帮助我们识别第 4 浪。

（3）浪形简单与复杂交替出现原则。在一个完整的八浪循环过程中，上升浪的浪形往往是以简单、复杂交替的规律呈现出来的，例如：对于上升浪第 1、3、5 浪来说，如果第 1 浪的形态较为复杂，则第 3 浪的形态就往往较为简单，第 5 浪的形态则较为复杂；反之，如果第 1 浪的形态较为简单，则第 3 浪的形态就往往较为复杂，第 5 浪的形态则较为简单。同样，对于属于调整浪的第 2 浪与第 4 浪来说，如果第 2 浪的形态较为简单，则第 4 浪的形态往往会相对较为复杂；反之，如果第 2 浪的形态较为复杂，则第 4 浪的形态往往会相对较为简单（注：这一判断原则为辅助原则，并不是必要条件）。

（4）延长规则。1、3、5 浪中只有一浪延长，其他两浪长度和运行时间相似。

第三节　有动力才能上涨——量价理论

量价理论最早见于格兰维尔所著的《股票市场指标》，格兰维尔认为："成交量是股市的元气与动力，成交量的变动，直接表现股市交易是否活跃，人气是否旺盛，而且体现了市场运作过程中供给与需求间的动态实况。没有成交量的发生，市场价格就不可能变动，也就无股价趋势可言，成交量的增加或萎缩都表现出一定的股价趋势。"基于这种认识，格兰维尔通过研究，系统地总结了八种量价配合关系，这八种量价配合关系就是经典的量价理论。

（1）量价齐升的量价配合关系，说明涨势仍将继续。这种量价配合关系是指在价格持续上涨的过程中，随着价格的逐步上涨不断创出新高，同期的成交量也呈现出不断放大的形态，即价格的上涨与成交量的放大呈现同步，这说明市场买盘充足，是充足的买盘推动了价格的上涨，因而，预示着涨势仍将延续。

图 2-9 为上证指数 2006 年 4 月 7 日至 2007 年 6 月 21 日期间走势图，如图所示，股市在此期间处于持续攀升的上升趋势中，并且随着指数的不断创出新高，成交量呈现出同步放大的形态，即价格的上涨与成交量的放大呈现同步性，这就是上升趋势中的典型"量价齐升"形态。

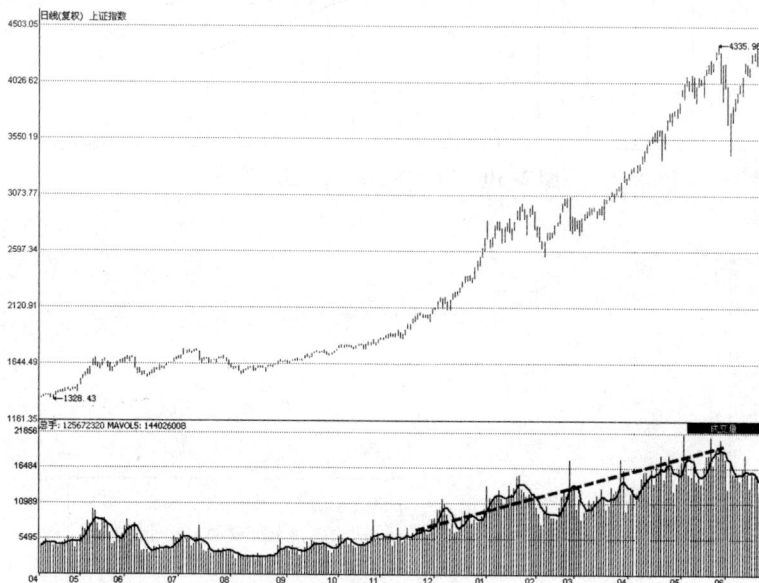

图 2-9　上证指数上升趋势中的"量价齐升"形态示意图

（2）量价背离的量价配合关系，说明涨势即将见顶。在这种量价配合关系中，虽然价格创出了新高，但是这一波上涨时的成交量却要明显地小于前期主升浪时的成交量，这说明价格的上涨并不是源于充足买盘的推动，当这种量价配合关系出现在持续上涨后的高位区时，多预示着买盘正趋于枯竭，是涨势见顶的信号。

图 2-10 为一个较为标准的"量价背离"形态示意图,图 2-11 为上证指数 2009 年 9 月 27 日至 2010 年 12 月 11 日期间走势图,如图标注所示,指数在后期再度创出了新高,但是同期的成交量却要明显地小于前期主升浪时的量能,这就是上升趋势末期的"量价背离"形态,预示着上升趋势的结束。

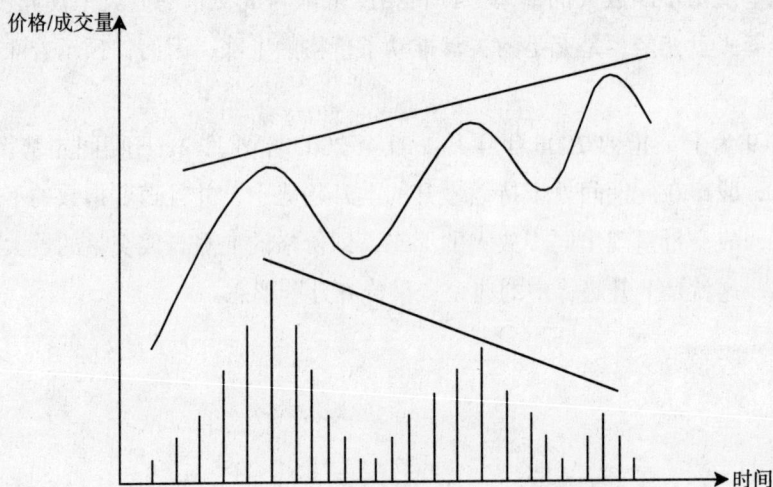

图 2-10 "量价背离"形态示意图

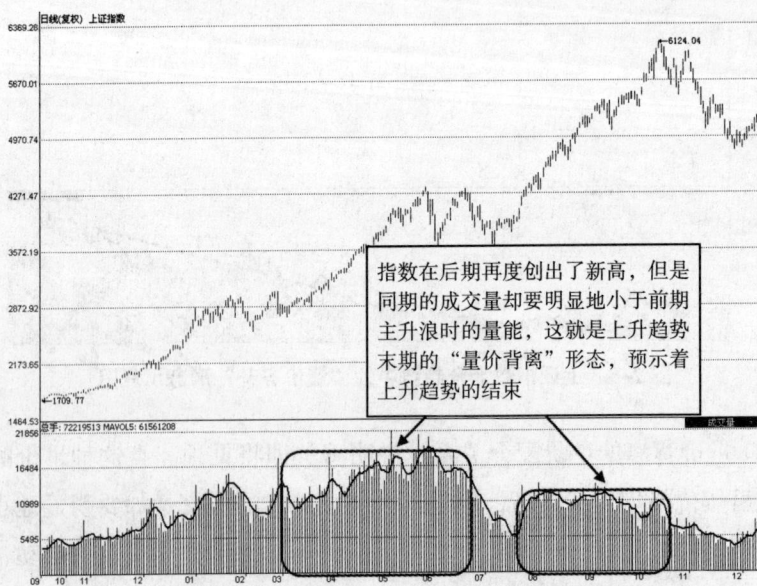

图 2-11 上证指数上升趋势末期的"量价背离"形态示意图

（3）在价格的一波上涨走势中，成交量逐渐减少，这说明价格上涨走势的动力不足，预示着阶段性的反转下跌走势即将展开（注：一般来说，这一量价配合关系较为少见）。

图 2-12 为美克股份（600337）2009 年 5 月 4 日至 9 月 2 日期间走势图，如图标注所示，此股在一波快速上涨中出现了价升缩减的量价配合关系，逐渐变小的成交量显然无法支撑逐步走高的价格，因而，这种量价配合关系预期了短期下跌走势的出现。

图 2-12　美克股份"价升量减"形态示意图

（4）先是稳健的价升量增，随后出现价格快速上涨、成交量大幅放出的井喷行情，这是对短期内多方力量的过度释放，预示着随后将有较大幅度的下跌行情出现。

图 2-13 为上海普天（600680）2009 年 9 月 10 日至 2010 年 5 月 10 日期间走势图，如图所示，此股在高位区的震荡走势中出现了两次较为明显的成交量大幅度放出、价格走势加速的井喷行情，在这两次井喷走势之后，此股均在随后出现了较大幅度的下跌走势。

（5）放量滞涨的量价配合关系，预示阶段性的顶部出现。在这种量价配合关系中，价格的前期走势往往为较为稳健的攀升，随后，当价格处于阶段性高位区后，出现成交量明显放大但价格上涨无力的形态，这表明此位置处的市场抛压极其沉重，是一波下跌回调走势即将出现的信号。

图 2-14 为华鲁恒升（600426）2008 年 10 月 24 日至 2009 年 3 月 2 日期间走势图，如图所示，此股在持续攀升途中的相对高位区出现了放量滞涨的

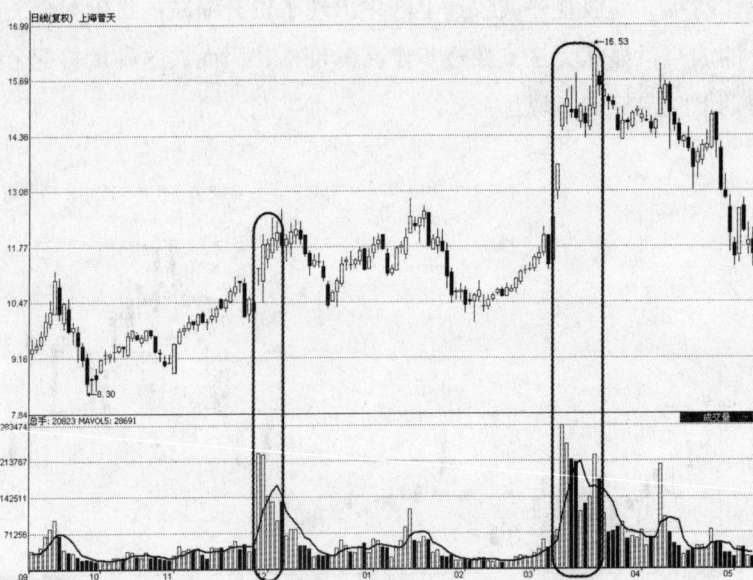

图 2-13　上海普天"量价井喷"形态示意图

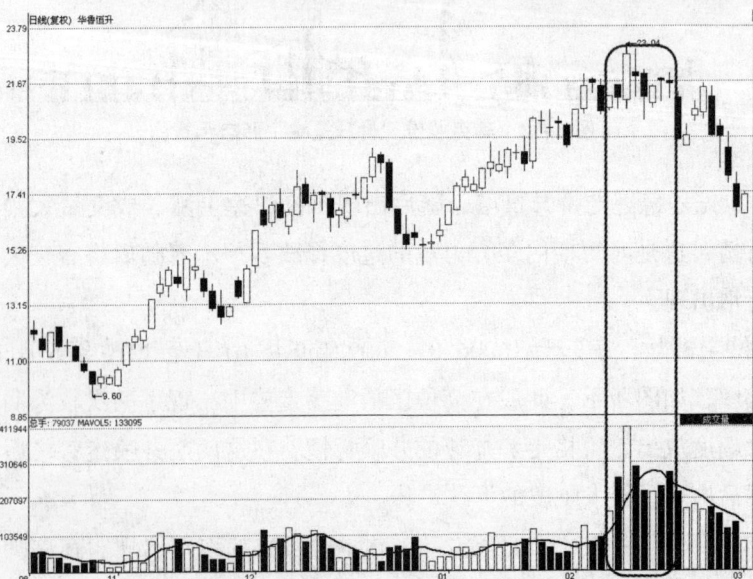

图 2-14　华鲁恒升"放量滞涨"形态示意图

量价配合关系，这种量价配合关系说明市场当前的抛压较重，是一波下跌回调走势即将展开的信号。

（6）长期的下跌后出现二次探底走势，在价格第二次探至前期的低点位时，若此时的成交量小于第一次探至这一低点时的成交量，则说明做空力量已近枯竭，是下跌行情即将结束的信号，也是价格走势将反转向上的信号（注：这种量价配合关系，也适合用于上升途中所出现的深幅回调走势，若个股在上升途中出现了深幅调整的震荡走势，在震荡过程中的第二次探至前期回调时的低点位时，若量能明显小于前一次回调至此位置时的量能，则预示着一波较有规模的反弹上涨走势即将出现）。

图 2-15 为北京城建（600266）2008 年 5 月 8 日至 2009 年 2 月 19 日期间走势图，如图所示，此股在深幅下跌后出现了二次探底走势，如图标注所示，在二次探底过程中，我们可以清晰地看到它在第二次探底时的量能要明显地小于第一次，这是市场做空力量趋于枯竭的信号，预示着底部的出现，也是行情由跌转升的信号。

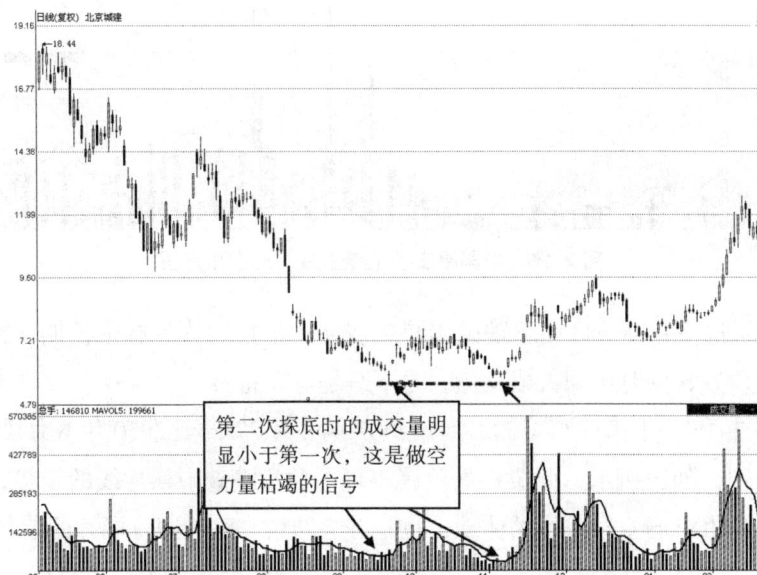

图 2-15　北京城建"二次探底缩量"形态示意图

（7）放量下跌的量价配合关系，若出现在深幅下跌后的低位区，预示着下跌行情的结束。首先是持续的下跌走势，随后出现价格快速下跌、成交量大幅放出的短期暴跌走势，这是对短期内空方力量的过度释放，预示着随后将有较大幅度的反弹上涨走势出现。如果这种量价配合关系出现在深幅下跌之后，则往往预示着空头市场结束。

图 2-16 为中国平安（601318）2008 年 7 月 10 日至 2008 年 12 月 19 日期间走势图，如图所示，此股在深幅下跌后的低位区出现了成交量大幅放大且下跌速度加快的走势，这是对空方力量的快速释放，预示着底部区即将出现。

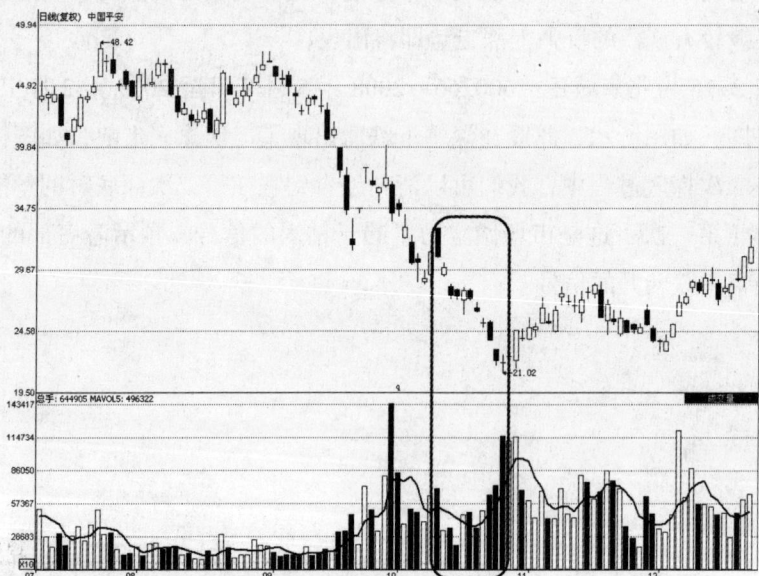

图 2-16 中国平安"放量下跌"形态示意图

（8）价格在高位区向下跌破趋势线或移动平均线等具有中长期支撑作用的关键位置，同时出现大成交量，是下跌趋势即将展开的信号。

图 2-17 为上海汽车（600104）2009 年 2 月 27 日至 2010 年 6 月 17 日期间走势图，如图所示，此股在高位区出现了放量跌破中期均线的走势，这是空方开始占市场主导地位的体现，也是升势结束、跌势即将展开的信号。

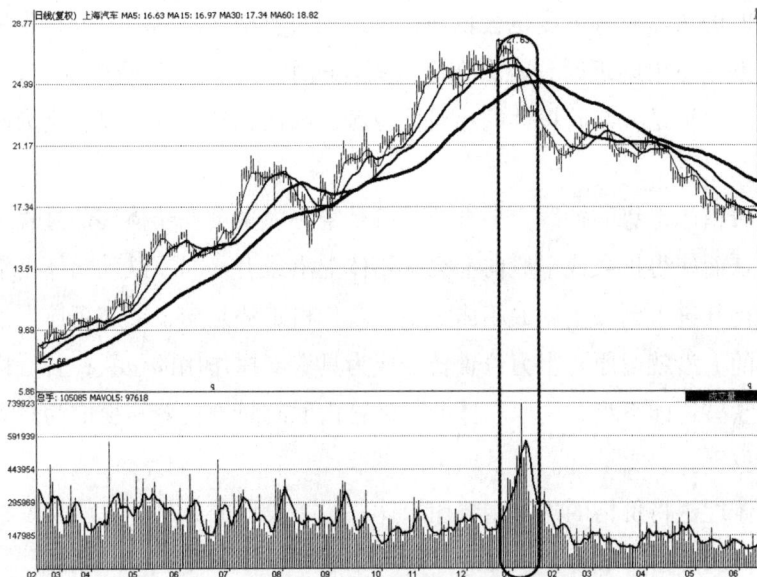

图 2-17　上海汽车高位区放量跌破中期均线示意图

第四节　对整体进行拆解——箱体理论

箱体理论是由达韦斯·尼古拉（Darvas Nicola）所提出的一种理论。达韦斯·尼古拉原是一名舞蹈家，他用跳舞挣来的 3000 美元开始从事股票投资交易，并在短短的 18 个月内净赚了 200 万美元；《时代》杂志对他做了特别报道，他把自己的交易理论、操作经验编撰成书，在短短 8 周的时间里就销售了近 20 万册。

一、什么是箱体理论

达韦斯·尼古拉认为指数或股价的局部运动是以单个"箱体"的方式呈现出来的，而整体走势则是以一个箱体接着一个箱体的方式呈现出来的。

箱体就是价格波动的一定范围，它有上沿和下沿，上沿对价格的上涨具有阻挡作用，当价格上涨至上沿附近时，就会在较多的获利抛压或是逢高卖盘的打压下出现下跌，而且，由于箱体上沿是一个阶段性的相对高位区，因而，这时的买盘介入力度也会较弱；下沿则对价格的下跌具有支撑作用，当价格下跌至下沿附近时，就会在逢低买盘的承接下而出现反弹上涨，而且，由于箱体下沿是一个阶段性的相对低位区，因而，这时的卖盘卖出力度也会较弱。

随着箱体走势的持续，多方力量或是空方力量会在箱体震荡过程中得到积聚，从而使得指数或个股向上突破箱体上沿或者是向下跌破箱体下沿，这就会使得其进入到一个新的箱体之中。若价格走势是向上突破箱体上沿，则原箱体的上沿就由原有阻力位置转变成为具有支撑作用的位置；若价格走势是向下跌破箱体下沿，则原箱体的下沿就由原有阻力位置转变成为具有支撑作用的位置。

箱体理论将价格的连续走势用箱体一段一段地分开来，也就是说将上升行情或下跌行情分成若干小行情，再研究这些小行情的高点和低点。

以上就是箱体理论的主要内容，我们可以将其总结如下：

（1）价格的局部走势是以箱体震荡的方式呈现出来的，这是价格走势中的一个胶着阶段。

（2）价格的整体走势是以旧箱体被突破或跌破，从而致使新箱体形成的方式呈现出来的，这体现的价格整体走势是具有明确方向性的。

在买卖操作中，很多投资者可能会误以为"箱体下沿处买入、箱体上沿处卖出"是箱体理论的交易准则，实则不然，当投资者对当前箱体震荡后的趋势选择方向无法判别时，就应静观其变。这时，箱体理论所给出的买入时机出现在价格有效地突破了原有箱体的上沿，从而进入到一个新的箱体时，这表示当前的价格走势处于上升趋势中，是我们追涨买股的时机；箱体理论所给出的卖出时机出现在价格有效地跌破了原有箱体的下沿，从而进入到一个新的箱体时，这表示当前的价格走势处于下跌趋势中，是我们离场的信号。

在实盘操作中，我们也可以结合前期的价格走势，来选择是否可以在箱体内部进行低吸高抛的短线操作，例如：如果前期的价格走势处于震荡上升走势中，且当前的箱体处于累积涨幅较小的区域，则我们完全可以在箱体内部进行箱体上沿卖出、下沿买入的波段操作；反之，若是前期的价格走势处于震荡下跌走势之中，且当前的箱体处于累计跌幅较小的区域，则此时是不宜进行箱体内低吸高抛的短线操作的。

二、箱体理论指导下的买卖实战

图 2-18 为航天机电（600151）2008 年 5 月 26 日至 2009 年 7 月 8 日期间走势图，如图所示，此股在深幅下跌后出现箱体震荡走势，对于这一箱体来说，我们将其称为"第一箱体"，第一箱体的震荡走势使得趋势的运行情况又变得扑朔迷离，我们此时难以判断下跌趋势是否会以这一箱体来结束，此时，静观其变不失为一个好的方法。随后，此股向上有效地突破了这一箱体，并且进入到了一个新的箱体（第二箱体）中，依据箱体理论的指导，我们知道这一箱体就是我们买股的时机，在实盘操作中，我们可以在第二箱体中的相对低点位实施买入，由于此时第一箱体的上沿对股价的回调具有明显的支撑作用，因而，当股价回调至第一箱体上沿的位置附近时，就是我们买入的好时机。

图 2-18　航天机电箱体震荡走势图

图 2-19 为领先科技（000669）2008 年 11 月 27 日至 2010 年 4 月 21 日期间走势图，如图所示，我们可以对此股在此期间所呈现出来的上升走势进行箱体式的分割，这对我们判断此股的后期走势、把握买卖时机都是极为有利的。如图标注所示，此股在上升途中出现了较长一段时间的盘整走势，这

使得此股构筑了一个新的箱体，这一箱体是上升途中的盘整型箱体，还是预示着趋势反转的顶部型箱体呢？我们可以静观其变，让价格的实际走势自己揭示。如图标注所示，此股随后出现了有效突破箱体上沿的情况，这说明，价格的选择方向是向上，且将向上进入到一个新的箱体中，因而，在实盘操作上，我们可以在此股随后再度回调至原箱体的上沿位置附近时，进行买入。

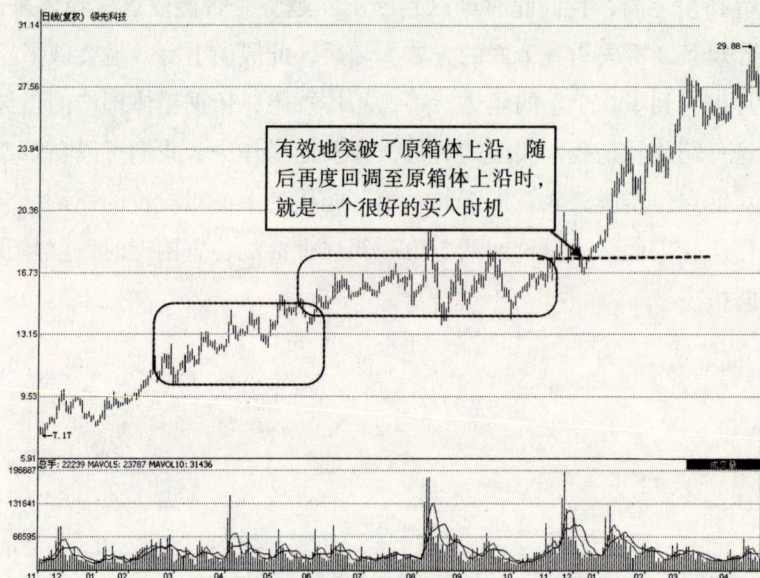

图 2-19　领先科技箱体震荡走势图

第五节　充满神秘的数字——黄金分割率理论

黄金分割率是一个神秘的数字，它与自然界的种种事物密切联系，很多人认为这只是一种巧合，但也有很多人认为这绝非巧合，而仅是一个未解之谜，那么，什么是黄金分割率呢？它在股市中又是如何体现的呢？

一、什么是黄金分割率

数学家法布兰斯在 13 世纪列出了一些奇异数字的组合，即：1、1、2、3、5、8、13、21、34、55、89、144、233……。任何一个数字都是前面两个数字的总和 2 = 1 + 1、3 = 2 + 1、5 = 3 + 2、8 = 5 + 3……，依此类推，求这些数字的任何两个连续的比例，如 55/89 = 0.618，89/144 = 0.618，144/233 = 0.618。0.618 这个数字与很多事物密切相关，它不仅仅体现在诸如绘画、雕塑、音乐、建筑等艺术领域，而且在管理、工程设计等方面也有着不可忽视的作用。例如：对于金字塔来说，金字塔有 5 个面，8 个边，总数为 13 个层面，金字塔的长度为 5813 寸（5-8-13），而高和底面百分比值是 0.618；对于向日葵而言，有人研究过向日葵，发现向日葵花有 89 个花瓣，55 个朝一方，34 个朝向另一方，而 34/55 = 0.618；五角星是非常美丽的，在五角星中可以找到的所有线段之间的长度关系都是符合黄金分割比的；正五边形对角线连满后出现的所有三角形，都是黄金分割三角形。

黄金分割又称黄金律，是指事物各部分间一定的数学比例关系，即将整体一分为二，较大部分与较小部分之比等于整体与较大部分之比，其比值为 1:0.618 或 1.618:1，即长段为全段的 0.618。黄金分割率是一个神奇的数字，人们把 0.618 及其倒数 1.618 称为黄金分割率。通过回顾金融市场的价格走势，人们发现，这个数字同样的神秘且有效。此外，在黄金分割率数值的基础上，以下两组数字也是值得关注的：（1）0.191、0.382、0.5、0.618、0.809。（2）1、1.382、1.5、1.618、2、2.382、2.618。

二、运用黄金分割率预测价格走势

黄金分割率在股市中的运用方法很简单，当一轮上涨行情或下跌行情的涨幅或跌幅达到黄金分割率数值时（如 0.382、0.618 等）将会受到阻挡，此时，原有的趋势运行状态将会出现回调甚至转势（注：在计算涨跌幅度时，是以价格近期走势中重要的峰位或底位，即重要的高点或低点为计算测量未来走势的基础）。

图 2-20 为上证指数 2008 年 12 月 9 日至 2009 年 8 月 31 日期间走势图，如图中标注所示，股市从 2070 点开始出现了持续的上涨走势，利用黄金分割率，我们可以计算出它的回调位置区应是：2070 ×（1 + 0.618）= 3340 点附近处，股市所出现的大幅回调位置区与我们计算的结果基本吻合。

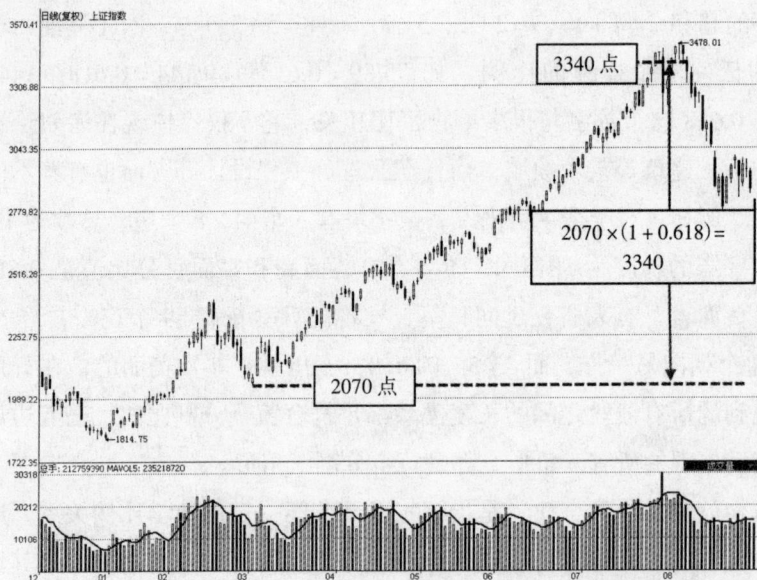

图 2-20　上证指数 2008 年 12 月至 2009 年 8 月底的走势图

第六节　必胜的交易之道——江恩理论

威廉·江恩是 20 世纪最著名的投资家之一，期货市场的传奇人物，他所创造的把时间与价格完美地结合起来的理论，至今仍为投资者及分析师所备加推崇。江恩相信股票、期货市场中也存在着宇宙中的自然规则，市场的价格运行趋势不是杂乱的。江恩理论是以研究测市为主的，江恩通过对数学、几何学、宗教、天文学的综合运用，建立起自己独特的分析方法和测市理论。此外，江恩基于自身的经验总结，还提出一套交易法则，这是江恩理论与其他技术理论的最大不同之处，因而，我们也可以认为江恩理论是一套关乎投资者买卖交易之道的理论。

一、造成损失的三大因素

1. 缺乏的关于市场的基本知识

股票市场是一个涉及知识较多、专业性较强的市场，既有关于经济运行情况、行业发展前景、上市公司盈利能力等基本面的知识，也有关于形态分析、量能分析等技术面的知识，此外，投资者在股市中还要面临着多种多样的消息，能否准确地解读这些消息将直接决定着一笔交易的成败。在股市若想取得成功，既需要我们有关于市场的专业知识，也需要有实践的知识，这是我们成功投资的重要前提。

2. 投资者不懂得止损出局

股票市场是一个风险较大的市场，股价的走势往往也充满着不确定性，没有人可以保证任何一笔交易都能够成功获利出局，保住本金的安全性才是最重要的。很多投资者遭受巨大损失就是因为没有设置合适的止损点，从而导致损失越来越大，这只会使投资者失去了未来再翻盘的机会。

3. 习惯于过度买卖

由于股票一买一卖很简单，而且每个交易日都有很多涨幅可观的个股出现，这使得投资者往往凭着感觉频繁操作，希冀可以在好运气的情况下碰到强势股，但这种频繁操作往往并不是建立在技术分析基础之上的，而且会显著地提升交易成本。正所谓"多买多错，不买不错"，短线和超短线要求有很高的操作技巧，大多数投资者并不具备这种能力，结果只能是在频繁的操作中亏损了本金、耗费了精力。

二、江恩循环理论

江恩理论认为，股票市场的走势是以循环的方式呈现出来的，较重要的循环周期有：

短期循环：1 小时、2 小时、4 小时、……18 小时、24 小时、3 周、7 周、13 周、15 周、3 个月、7 个月；

中期循环：1 年、2 年、3 年、5 年、7 年、10 年、13 年、15 年；

长期循环：20 年、30 年、45 年、49 年、60 年、82 年或 84 年、90 年、100 年。

10 年这一循环周期具有重要的意义，江恩认为，10 年可以再现市场的循环。例如：一个新的历史低点将出现在一个历史高点的 10 年之后，反之，一个新的历史高点将出现在一个历史低点的 10 年之后。同时，江恩指出，任何一个长期的升势或跌势都不可能不做调整地持续 3 年以上，其间必然有

3~6 个月的调整。因此，10 年循环的升势过程实际上是前 6 年中，每 3 年出现一个顶部，最后 4 年出现最后的顶部。

30 年循环周期是江恩分析的重要基础，因为 30 年共有 360 个月，这恰好是 360 度圆周循环，按江恩的价格带理论对其进行 1/8、2/8、3/8……7/8 等，正好可以得到江恩长期、中期和短期循环。

三、江恩回调法则

"回调"就是道氏理论中所指的次等趋势，与基本趋势的运行方向相反，它既可以是上涨趋势中的下跌回调走势，也可以是下跌趋势中的反弹上涨走势。

根据价格水平线的概念，江恩理论指出：50%、63%、100% 是价格总体走势中很有可能出现回调的位置，而 50% 和 63% 的位置是极为重要的位置。江恩认为：不论价格上涨或下降，最重要的价位是在 50% 的位置，在这个位置经常会发生价格的回调，如果在这个价位没有发生回调，那么，在 63% 的价位上就会出现回调。

图 2-21 为上证指数 2006 年 3 月 15 日至 2007 年 2 月 6 日期间走势图，

图 2-21　上证指数 2006 年 3 月到 2007 年 2 月初的回调走势图

如图所示，股市在此期间从 1550 点附近开始了一轮中长期上涨，直至涨幅接近 100%（达到 3000 点附近时）才出现了明显的回调，而这种 100% 的涨幅与江恩回调法则中的 100% 基本吻合。利用江恩的回调法则，我们可以较好地提前预知股市将出现回调的位置区间。

四、江恩波动法则

股票市场的走势往往是以大起大落的形态呈现出来的，仅从股票实际价值的角度，我们很难理解这种走势。江恩认为，这种大起大落的走势可以看作是市场"共振"的结果，当市场的内在波动频率与外来市场推动力量的频率产生倍数关系时，市场便会出现共振关系，令市场产生向上或向下的巨大作用。江恩理论认为以下六种情况将可能引发共振现象：

（1）当大多数投资者的买卖方向趋同时，会引发向上或向下的共振。

（2）当周期长短不一的均线交汇在一起时，会引发向上或向下的共振。

（3）当 K 线系统、均线系统、成交量 KDJ 指标、MACD 指标、布林线指标等多种技术指标均发出买入或卖出信号时，将引发技术性的共振。

（4）当货币政策、金融政策等多种政策密集出台时，将引发政策面的共振。

（5）当基本面趋向与技术面趋向相同时，将引发共振。

（6）当上市公司的盈利前景、当前业绩、重大投资者事项等因素对上市公司的影响方向趋同时，将引发这只个股的共振。

五、江恩理论的交易之道

如果说技术性的分析内容是江恩理论的铺垫的话，那交易之道则可以说明江恩理论的精髓。

（1）若本金数额允许，应将本金分成 10 份，每次买卖数额不应超过本金的 1/10，这样，每次所承担的风险最多只有 1/10。

（2）结合行情的运行方式，合理设定止损价位，在理性的前提下进行操作。

（3）要进行有目的的交易，而不应过于频繁的参与短线交易。因为多做多错，且过于频繁的交易会带来高额的佣金及税金，这些将会降低获利的机会。

（4）避免反胜为败。例如：在已获利的基础上，如看不准行情的发展方向，就应本着"落袋为安"的原则，以免因市势反转而导致损失（止盈位与止损位的设立同样重要）。

（5）不能进行逆市操作。市场并非在任何时候都有机会，该出手时出手，该持币时持币。不要想比市场更聪明，在市势不明朗的时候，宁可袖手旁观，也不贸然入市。

（6）犹豫不决，不宜入市。

（7）只参与活跃的交易品种，避免参与冷门品种。

（8）入市之后不可随意平仓，可利用逐步减仓或止盈价保障纸上利润。

（9）只可买卖两至三种品种。太多难以兼顾，太少则表示风险过于集中，两者均不适当。

（10）避免限价买卖，否则可能因小失大。

（11）当买卖行为较为顺利且累积利润可观的时候，可将部分资金调走，以备不时之需。

（12）只有在看准一波中级行情时，才宜着手买入，不可为蝇头小利而随便入市。

（13）不宜盲目补仓，第一注出现亏损，表示入市错误，如再强行增加持仓数量，谋求拉低成本，可能积小错而成大错。

（14）不能希冀买在起涨前夕，持股后，要有适当的耐心等待股票上涨。

（15）在多次的短线操作中，如果赔多赚少，则表明不在状态，或市场时机不好，应暂时离场观望。

（16）不可贪低而买入，亦不可因价位高而清仓出局，一切应以趋势的发展势头而定。

（17）在上升行情初期，可以做"金字塔式"的买入。

（18）若重仓买入个股，应设立好止损价位，一旦个股走势与预期相反，则要敢于认错，达到止损价位时应毫不犹豫地卖出以保全本金的安全。

（19）买卖得心应手的时候，不可随意增加仓位或是任意买卖，因为这个时候最易出错。

（20）不可盲目地预测市势的顶或底，应该遵循市场发展。

（21）不可轻信他人的意见，应有自己的一套分析方法，只有这样才能不断积累经验、不断提升投资功力。

（22）入市错误，出市错误固然不妙；入市正确而出市错误亦会减少获利的机会。两者均要避免。

第三章 读 K 线观趋势，把握价格走势大方向

"趋势"是指股市或个股的总体运动方向，主要分为三种：上升趋势、下跌趋势、横盘震荡趋势。可以说，趋势是技术分析领域的核心要素，识别趋势、把握趋势也是投资者应重点掌握的知识。在前面的道氏理论中，我们已经详细地讲解了关于趋势的理论知识，本章中，我们将结合切实可行的技术分析工具，来介绍如何识别趋势、把握趋势。

第一节 把握趋势才能轻松获利

把握趋势就等于把握了价格运行的大方向，在价格总体向上推进的上升趋势中，即使我们买的点位不那么准确，也是完全可以通过持股待涨的方式来实现获利的；反之，在价格总向下推动的下跌趋势中，只有买到阶段性的低点才能从反弹行情中获利，而且这种短线的博取反弹操作充满了风险和不确定性，稍一迟疑就会错失买进或卖出的机会，如果买的点位不够精确，则还很有可能出现短期套牢的境况。

国内股市是一个以做多机制为主要获利方式的市场，做多获利机制也称为低买高卖的获利机制，即投资者只能通过先在相对低点买入，随后再在相对高点卖出的方式，实现获利。如果在投资者买入后，股价不升反跌，则意味着亏损的出现。

与做多获利机制相反，有些期货市场中还存在着做空获利机制，即投资者可以通过先在相对高点卖出期货合约，随后再在相对低点买入平仓的方

式，实现获利。

虽然融资融券业务的推出，使得一小部分股票具备了做空机制，但由于融券成本太高且仅仅局限于极少数个股，因而，这是无法改变国内股市以做多的方式为主要获利机制这一格局的。在做多获利机制的背景下，只有股票上涨，我们才可能获利，而股票价格的走势又具有明显的趋势性，在上升趋势中，自然是涨多跌少，买股可以轻松获利；反之，在下跌趋势中，是跌多涨少，想要获利就显得极不容易。

图 3-1 为大秦铁路（601006）2006 年 8 月至 2007 年 9 月期间走势图，如图所示，此股在此期间处于上升趋势中，我们可以看到，在这长达一年多的时间中，此股的涨势是稳健的，如果我们尽早买入的话，即使我们买到了阶段性的高点也是没有问题的，因为，相对于持续的上涨而言，回调毕竟只是暂时的，且回调的幅度也是较小的。可以说，在上升趋势这种宽松有利的氛围中，通过买股来获利就显得轻松的多了。

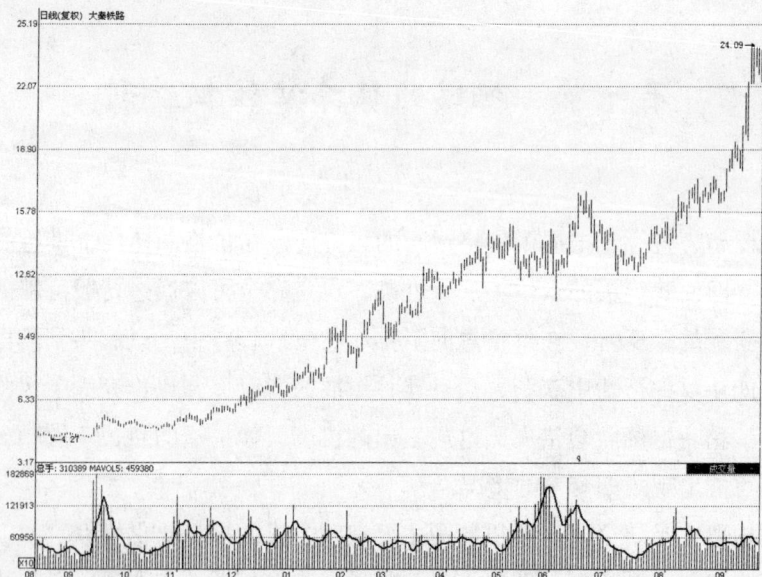

图 3-1　大秦铁路上升趋势示意图

图 3-2 为大秦铁路（601006）2007 年 12 月至 2008 年 11 月期间走势图，如图所示，此股在此期间处于下跌趋势中，这是一个以下跌为主旋律的市况，虽然在下跌途中也偶尔有阶段性的反弹行情出现，但若想成功地博取这

种下跌途中的反弹行情不仅需要技术，而且还要辅之以运气，可以说，在下跌途中想要获利是难上加难的。

图 3-2 大秦铁路下跌趋势示意图

第二节 移动平均线是把握趋势的"第一利器"

价格在不断的交易中变化，不断的交易过程也就是股票筹码不断换手的过程，随着价格走势的不断上扬或是不断下移，市场的平均持仓成本也将不断变化，价格走势仅仅是一种表象，而市场平均持仓成本的变化才是其内在实质。移动平均线基于市场平均持仓成本的变化方式，来反映趋势运行、预示趋势反转，它也是我们在分析市场运行趋势，把握市场运行趋势时的最为重要的一种工具。

一、什么是移动平均线

作为一种技术指标，均线主要是用来描述市场参与群体持仓成本状态的，而市场的成本状态对于市场未来走势具有极为重要的影响力，甚至是决定性的影响力，因而，研究的均线的形态，对于我们预测价格的后期走势具有重要作用。

"平均持仓成本"只是一种笼统的说法，我们首先要确定一个可以进行平均计算的时间周期，移动平均线通常有 5 日、10 日、20 日、40 日、60 日、120 日、240 日等，在实际计算时，我们以每个交易日为单位、以当日的收盘来近似地指这一交易日持仓成本，来计算市场在这一时间周期内的平均持仓成本。

例如：以时间周期为 5 日均线 MA5 为例，其计算方法：

$$MA5(n) = (C_n + C_{n-1} + C_{n-2} + C_{n-3} + C_{n-4}) \div 5 \qquad (3-1)$$

C_n 代表第 n 日的收盘价，$MA5(n)$ 为第 n 日的 MA5 在当日的数值。

将每一个交易日计算所得到的 MA5 数值连结成平滑的曲线，就是时间周期为 5 个交易日的移动平均线 MA5；依据同样的方法，我们还可以得到时间周期为 15 个交易日的移动平均线 MA15、时间周期为 30 个交易日的移动平均线 MA30、时间周期为 60 个交易日的移动平均线 MA60、……；这些周期长短不一的均线构成的移动平均线系统，简称为均线系统，在实盘操作中，利用均线系统的不同排列形态，我们就可以识别趋势、把握趋势了。

二、上升趋势中的均线多头排列形态

上升趋势就是一个市场平均持仓成本不断升高的过程，此时，时间周期相对较短的市场平均持仓成本会相应地高于时间周期相对较长的市场平均持仓成本。这体现在均线系统中就是：周期较短的均线运行于周期较长的均线上方，且整个均线系统呈现出向上发散的形态，这种形态就是均线的多头排列形态，它是上升趋势运行状态的直观体现，透过均线系统的这种多头排列形态，我们也可以很好地识别上升趋势。

图 3-3 为南京银行（601009）2008 年 12 月 17 日至 2009 年 8 月 8 日期间走势图，在 K 线走势图中，我们列出了四条均线，它们由细到粗分别为：5 日均线 MA5、15 日均线 MA15、30 日均线 MA30、60 日均线 MA60。在实盘操作中，我们可以重点关注 MA5、MA30、MA60 这三种时间周期的均线，一般将 MA5 视作短期均线，MA30 视作中期均线，MA60 视作中长期均线，如图所示，此股在此期间处于上升趋势运行状态下，而透过同期的均线多头

排列形态，我们可以很好地识别出这一趋势运行状态。

图3-3 南京银行上升趋势中均线多头排列形态示意图

图3-4为海王生物（000078）2008年12月3日至2009年7月20日期间走势图，如图所示，此股在此期间处于上升趋势中，同期的移动平均线系

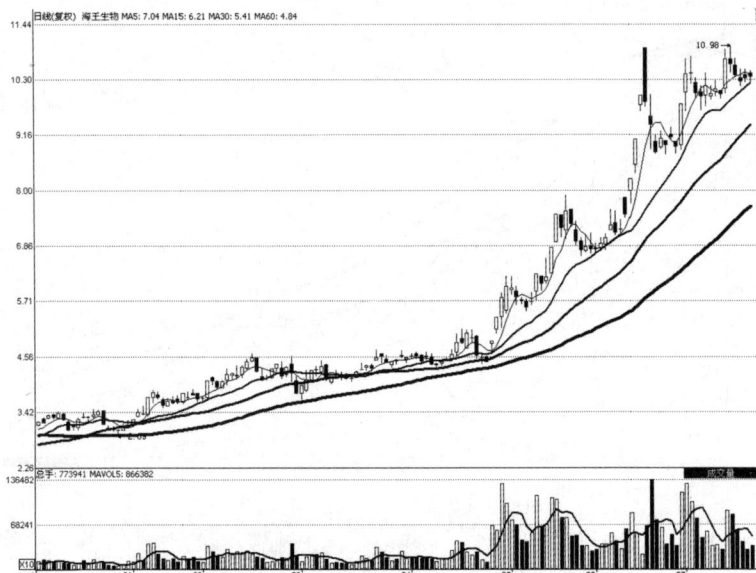

图3-4 海王生物上升趋势中均线多头排列形态示意图

统也呈现了典型的多头排列形态，在上升趋势中，可以说，只要这种均线系统的多头排列形态能够得以良好的保持、不被明显破坏，则升势就将延续下去。这种多头排列形态摒弃了个股短期内的小波动，使我们可以更准确地把握住价格的整体运行情况，是我们预测价格后期走向不可或缺的工具。

三、下跌趋势中的均线空头排列形态

下跌趋势就是一个市场平均持仓成本不断降低的过程，此时，时间周期相对较短的市场平均持仓成本会相应地低于时间周期相对较长的市场平均持仓成本。这体现在均线系统中就是：周期较短的均线运行于周期较长的均线下方，且整个均线系统呈现出向下发散的形态，这种形态就是均线的空头排列形态，它是下跌趋势运行状态的直观体现，透过均线系统的这种空头排列形态，我们也可以很好地识别下跌趋势。

图 3-5 为深天健（000090）2008 年 2 月 28 日至 11 月 7 日期间走势图，如图所示，此股在此期间处于下跌趋势中，这种趋势运行状态通过移动平均线系统的空头排列形态得以很好地展现。我们可以看到，空头排列形态与多头排列形态正好相反，在空头排列形态中，是周期相对较短的均线运行于周期相对较长的均线下方，而在多头排列形态中则是周期相对较短的均线运行

图 3-5　深天健下跌趋势中均线空头排列形态示意图

周期相对较长的均线上方。

图 3-6 为潞安环能（601699）2008 年 5 月 13 日至 12 月 10 日期间走势图，如图所示，此股在经顶部区的震荡之后，开始步入到下跌趋势中，在下跌趋势中，我们可以看到其均线系统呈现出十分鲜明的空头排列形态，可以说，只要这种空头排列形态不改变、不被明显破坏，则个股的跌势就会持续下去。这种空头排列形态摒弃了个股短期内的小反弹，使我们可以更准确地把握住价格的整体运行情况。

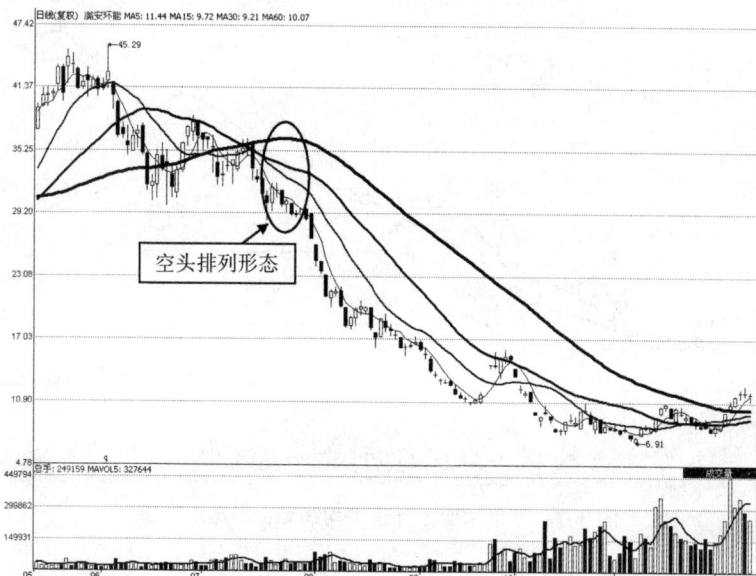

图 3-6 潞安环能下跌趋势中均线空头排列形态示意图

四、途中整理走势的均线黏合形态

所谓黏合形态是指周期长短不一的均线黏合在一起，由于 MA60 的时间周期相对较长，因而，只要 MA5、MA15、MA30 这三条均线黏合在一起，我们就可以将其称之为黏合形态。黏合形态多出现在上升或下跌趋势的运行途中，代表着价格运动过程中的整理阶段，在上升途中，经过整理之后，空方抛压得以更好地释放，而多方又借机储备了能量，这有利于上升行情的再度展开；在下跌途中，经过整理之后，空方抛压得以再次汇聚，有利于下跌行情的再度展开。

图 3-7 为宜华木业（600978）2008 年 12 月 8 日至 2010 年 1 月 15 日期

间走势图，如图所示，此股在上升途中出现了一段时间的盘整走势，这使得
MA5、MA15、MA30改变了原有的多头排列形态，并且黏合在一起，但是同
期的 MA60 却仍然在稳健地向上运行，因而这种黏合形态并没有改变多方占
优的局面，它只是上升途中的一次整理而已。当均线由这种黏合形态再度演
变为多头排列形态时，就是此股上升行情再度展开时。

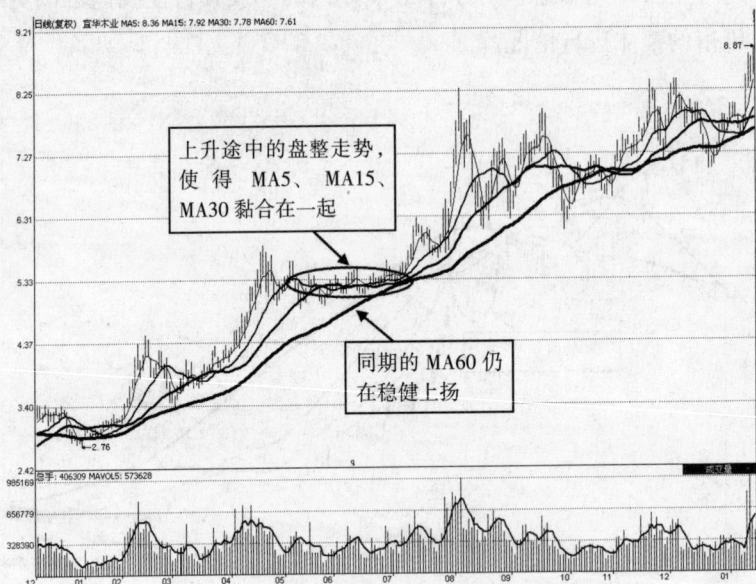

图 3-7 宜华木业上升途中均线黏合形态示意图

图 3-8 为盐田港（000088）2008 年 2 月 20 日至 10 月 31 日期间走势图，
如图标注所示，此股在下跌途中多次因盘整走势而出现均线的黏合形态，但
是同期的 MA60 却仍然在持续地向下运行，因而这种黏合形态并没有改变空
方占优的局面，它只是下跌途中的一次整理而已。当均线由这种黏合形态再
度演变为空头排列形态时，就是此股下跌行情再度展开时。

图 3-9 为生益科技（600183）2008 年 11 月 25 日至 2009 年 11 月 16 日
期间走势图，如图所示，此股在上升途中出现了均线黏合形态，这只是个股
在上升途中的一次整理走势，无法改变趋势运行的总体格局。

五、预示着转势的均线黏合形态

黏合形态也可以出现在长期盘整震荡走势之后，而且这种长期的盘整震

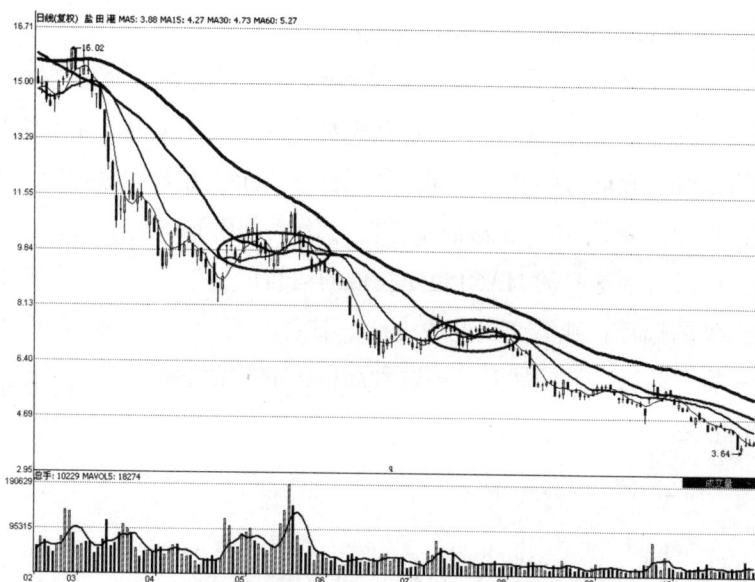

图3-8 盐田港下跌途中均线黏合形态示意图

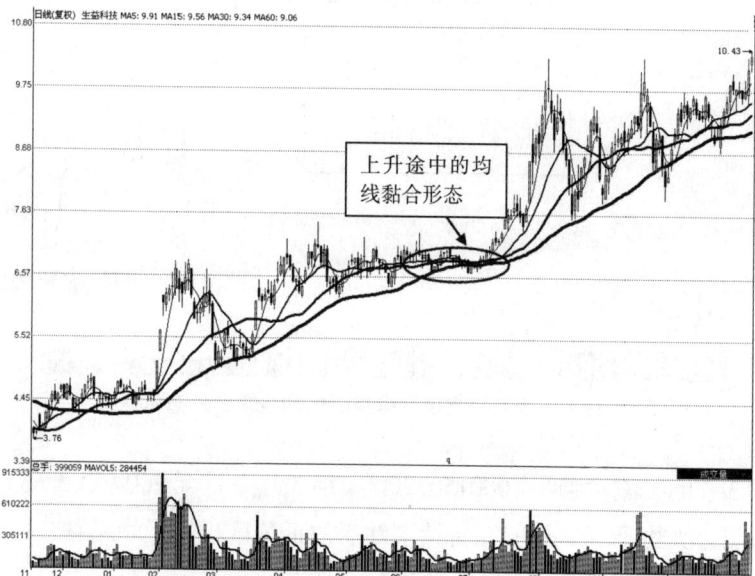

图3-9 生益科技上升途中均线黏合形态示意图

荡走势往往出现在个股持续上涨后的高位区或是持续下跌后的低位区，并且，这种长期的盘整震荡走势已彻底打破了原有的多空实力对比，因而，这时的黏合形态往往是趋势反转的信号。

图 3-10 为深圳机场（000089）2009 年 11 月 19 日至 2010 年 7 月 15 日期间走势图，如图所示，此股在经历了 2009 年上半年的持续上涨之后，于高位出现了长期盘整震荡的走势，这种走势完全不同于上升途中的短暂整理走势，而是对上升形态的彻底破坏。如图标注所示，在长期盘整后，此股的均线系统开始呈现出黏合形态，而且与上升途中及下跌途中的黏合形态不同，我们可以看到这时的 MA60 也是呈横向运行的，它说明个股的趋势方向面临着再度的选择；随后，当此股由这一黏合形态转变为空头排列形态时，预示着一轮下跌行情已经展开，而这种高位区的黏合形态就是预示趋势转向的明确信号之一。

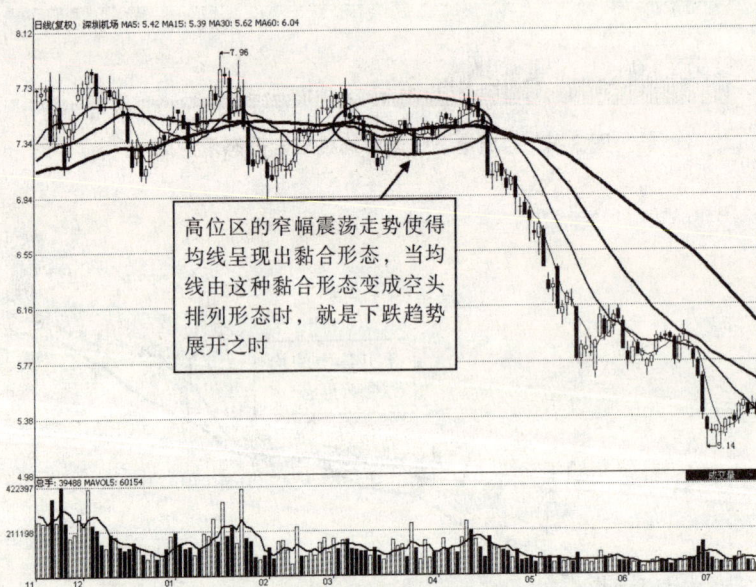

图 3-10　深圳机场高位区盘整后的均线黏合形态示意图

图 3-11 为宜华地产（000150）2008 年 5 月 7 日至 2009 年 3 月 16 日期间走势图，如图所示，此股在持续下跌后的低位区出现了均线黏合形态，并且，同期 MA60 均线开始走平，这种黏合形态往往是预示着多空双方实力的转变，是下跌趋势见底的信号，如果在这一黏合形态之后，个股的均线排列形态开始转变为多头排列形态，则预示着升势即将展开。

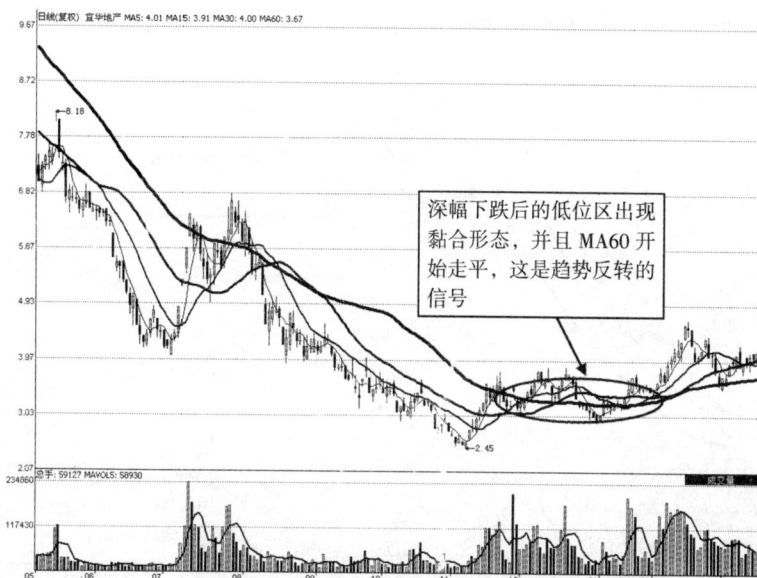

日线(复权)　宜华地产　MA5: 4.01 MA15: 3.91 MA30: 4.00 MA60: 3.67

深幅下跌后的低位区出现黏合形态，并且MA60开始走平，这是趋势反转的信号

图 3-11　宜华地产低位区深幅下跌后的均线黏合形态示意图

六、顶部与底部的均线缠绕形态

上升趋势的末期是顶部区，顶部区是一个多空双方实力开始发生转变的区域，当股市或个股进入顶部区后，原有的多方占据主导地位的情况将发生转变，此时，多空双方开始处于胶着状态，且空方开始逐步占据优势。这体现在移动平均线系统上就是：均线系统开始由原来的多头排列形态转变为横向缠绕形态，即中长期均线 MA60 开始走平，短期均线 MA5 经常性地运行于 MA30 和 MA60 的下方。高位区的这种均线排列形态就是预示上升趋势见顶的横向缠绕形态，此时，我们在操作上应选择逢高卖出。

图 3-12 为荣华实业（600311）2008 年 12 月 17 日至 2010 年 4 月 2 日期间走势图，如图所示，此股在持续上涨后的顶部区出现了震荡走势，且同期的均线系统开始呈现出横向缠绕形态，这是上升趋势见顶的信号，也是我们中长线卖股离场的信号。

下跌趋势的末期是底部区，当股市或个股进入底部区后，原有的空方占据主导地位的情况将发生转变，此时，多空双方开始处于胶着状态，且多方开始逐步占据优势。这体现在移动平均线系统上就是：均线系统开始由原来的空头排列形态转变为横向缠绕形态，即中长期均线 MA60 开始走平，短期

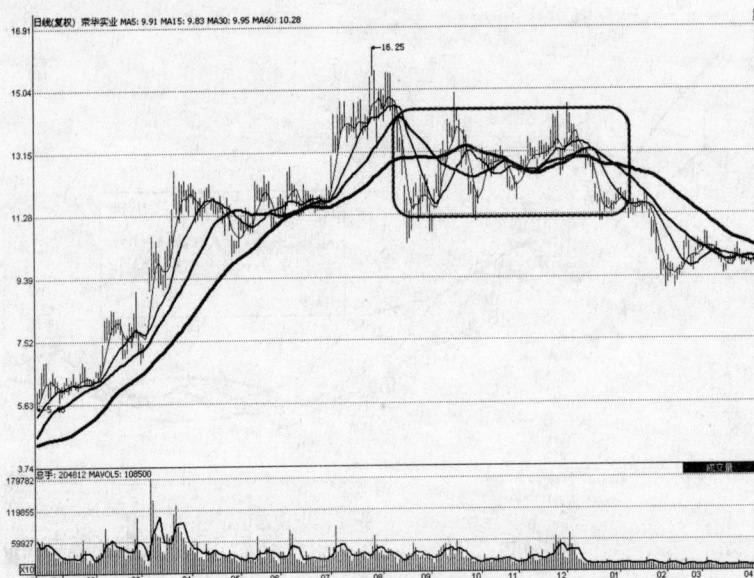

图 3-12　荣华实业顶部区均线横向缠绕形态示意图

均线 MA5 经常性地运行于 MA30 和 MA60 上方。低位区的这种均线排列形态就是预示下跌趋势见底的横向缠绕形态，此时，我们在操作上应选择逢低买入。

图 3-13 为天通股份（600330）2008 年 6 月 17 日至 2009 年 2 月 10 日期间走势图，如图所示，此股在持续下跌后的底部区出现了震荡走势，且同期的均线系统开始呈现出横向缠绕形态，这是下跌趋势见底的信号，也是我们中长线买股布局的信号。

七、均线波动下的短线买卖操作

移动平均线除了可以很好地帮助我们识别趋势的运行状态外，还可以帮助我们进行阶段性低吸高抛的短线操作。移动平均线所发出的短线买卖信号主要是基于中期均线对短期均线的吸引作用：由于中期均线代表着大多数投资者的持仓成本，其所在的位置更真实地反映了大多数投资者所认可的价位，因而，当价格在短期内明显偏离中期均线时，则多会再度向中期均线靠拢。

格兰维尔系统地总结了均线的买卖法则，共有 8 条，其中就包括了上升及下跌趋势中的短线买卖点，下面我们就来逐一讲解：

图 3-13　天通股份底部区均线横向缠绕形态示意图

如图 3-14 为格兰维尔移动均线 8 种买卖法则示意图，其中波动较为迅速的实线为短期均线，波动较为缓慢的虚线为中期均线，读者可以结合下文对于各个法则的论述来理解。

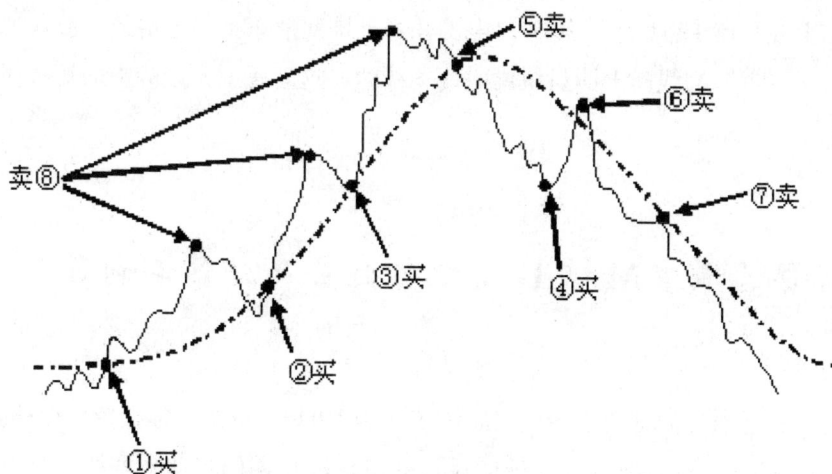

图 3-14　格兰维尔移动平均线 8 种买卖法则示意图

买 1：低位区，当短均线开始由下向上交叉并穿越中期均线，从而使得均线系统呈现出多头排列形态倾向时，预示着上升趋势即将展开，此时是中长线的买入时机。

买2：上升趋势中，此时的均线系统呈多头排列形态，这时出现的一波回调走势使得短期均线回落至中期均线下方，若随后短期均线开始出现向上交叉并穿越中期均线，则预示着新一轮涨势的展开，是短线买入时机。

买3：上升趋势中，此时的均线系统呈多头排列形态，这时出现的一波回调走势使得短期均线回落至中期均线附近，且中期均线对短期均线构成了有力支撑，此时是短线买入时机。

买4：下跌趋势中，此时的均线系统呈空头排列形态，这时出现了一波快速下跌走势使得短期均线向下远离中期均线，若随后短期均线开始走平，则是下跌途中博取反弹行情的短线买入时机。

卖5：高位区，中期均线开始走平，若短期均线由上向下交叉并穿越中期均线，则预示着趋势反转的出现，此时是中长期卖出时机。

卖6：下跌趋势中，此时的均线系统呈空头排列形态，一波快速反弹行情使得短期均线向上突破中期均线，此时是下跌途中反弹行情后的卖出时机。

卖7：下跌趋势中，此时的均线系统呈空头排列形态，一波快速反弹行情使得短期均线向上接触中期均线，且中期均线对反弹走势构成了有力的阻挡，这时是下跌途中反弹行情后的卖出时机。

卖8：上升趋势中，此时的均线呈多头排列形态，当价格经一波快速上涨而使得短期均线向上明显脱离中期均线时，这时是上升趋势中的短线卖出时机。

第三节　MACD 是把握趋势的"第二利器"

指数平滑异同移动平均线（MACD）指标由技术分析大师查拉尔德·阿佩尔（Gerald Appel）所提出，他通过研究发现较短期的移动平均线总是收敛于较长期的移动平均线，即较短期的移动平均线与较长期的移动平均线呈现出一种相互聚合、相互分离的特性。如在一波价格上涨或下跌的趋势中，较短期的移动平均线 MA 往往迅速脱离较长期的移动平均线，随后在价格走势趋缓的时候，二者又会逐渐聚合。基于这一特性，通过计算得出两条不同周期移动平均线的之间的差异——正负差 DIFF，以此作为研究和判断价格波动的根据。

一、什么是 MACD

MACD 指标主要由三部分构成，即移动平均线（EMA）、离差值（DIFF）、离差平均值（DEA），其中 DIFF 是核心。DIF 线是快速平滑移动平均线（EMA1）和慢速平滑移动平均线（EMA2）的差值，它直接反映了两条均线之间的距离；DEA 是辅助，它是 DIFF 的移动平均线。

下面以 MACD（26，12，9）为例列出了 MACD 指标的计算过程，MACD（26，12，9）表示 EMA1 的参数为 12 日，EMA2 的参数为 26 日，DIFF 的平滑周期为 9 日。

（1）首先计算移动平均线 EMA 的数值：

EMA（12）= 前一日 EMA（12）× 11/13 + 今日收盘价 × 2/13

$$\text{EMA（26）} = \text{前一日 EMA（26）} \times 25/27 + \text{今日收盘价} \times 2/27 \tag{3-2}$$

（2）计算离差值（DIFF）：

$$\text{DIFF} = \text{今日 EMA（12）} - \text{今日 EMA（26）} \tag{3-3}$$

（3）计算 DIF 的 9 日 EMA 数值：

$$\text{9 日 DIF 平均值（即 DEA）} = \text{最近 9 日的 DIF 之和}/9 \tag{3-4}$$

（4）计算 MACD 数值：

$$\text{MACD} = （\text{当日的 DIF} - \text{昨日的 DIF}） \times 0.2 + \text{昨日的 MACD} \tag{3-5}$$

一般来说，柱状值 BAR = 2 ×（DIFF – DEA），而这一数值也是所求出的 MACD 值。

计算出来的 BAR 值以柱状线表示，当 BAR 值大于零时，表示多方力量强于空方力量，此时价格应处于上涨走势中；当 BAR 值小于零时，表示空方力量强于多方力量，此时价格应处于下跌走势中。

利用 DIFF 线的运行形态、DIFF 线与 DEA 线之间的交叉关系、柱状线 BAR 值的变化，我们不仅可以很好地识别出价格的中长期运行趋势，还可以较好地把握价格的短期走势。可以说，MACD 指标是一个长短兼具的利器，下面我们结合实例看看如何利用 MACD 指标识别趋势、把握趋势。

二、上升趋势与 MACD 指标线的运行形态

在上升趋势中，均线系统会呈现出多头排列形态，这使得 MACD 指标的数值处于持续大于零的状态。因而，在上升趋势中，我们可以看到 MACD 指标线持续地运行于零轴上方，这就是 MACD 指标对于上升趋势的直观反映。

图 3-15 为上海汽车（600104）2008 年 11 月 25 日至 2010 年 1 月 5 日期间走势图，如图所示，此股在此期间处于上升趋势中，而透过同期 MACD 指标线持续运行于零轴上方这一形态，我们就可以很好地识别出此股的这种趋势运行状态。

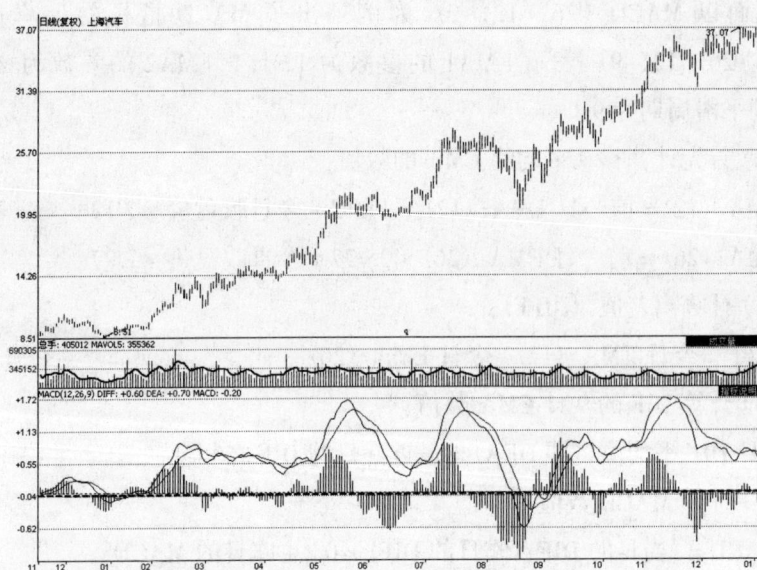

图 3-15　上海汽车上升趋势中 MACD 指标线运行形态示意图

三、下跌趋势与 MACD 指标线的运行形态

在下跌趋势中，均线系统会呈现出空头排列形态，这使得 MACD 指标的数值处于持续小于零的状态。因而，在下跌趋势中，我们可以看到 MACD 指标线持续地运行于零轴下方，这就是 MACD 指标对于下跌趋势的直观反映。

图 3-16 为上海汽车（600104）2007 年 12 月 21 日至 2008 年 11 月 6 日期间走势图，如图所示，此股在此期间处于下跌趋势中，同期 MACD 指标线持续运行于零轴下方这一形态就是此股的这种趋势运行状态最好的反映。

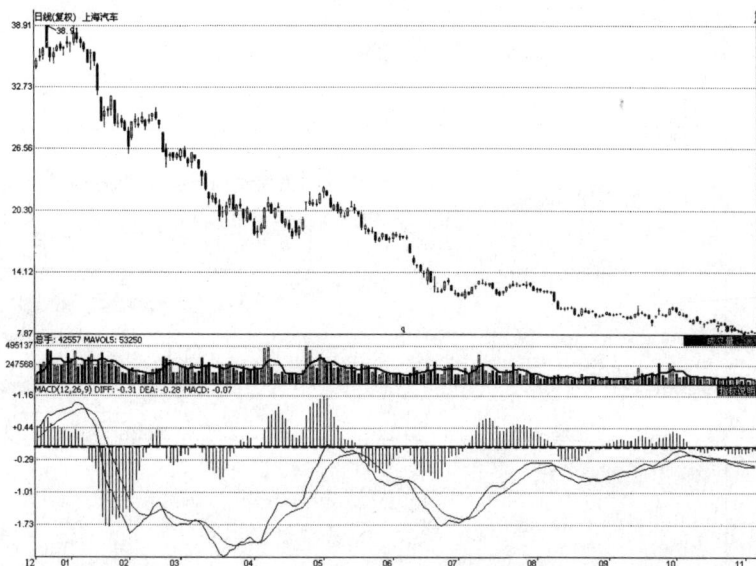

图 3-16　上海汽车下跌趋势中 MACD 指标线运行形态示意图

四、跌势转升势时的 MACD 指标线运行形态

当股市或个股在经历了深幅下跌后，若出现止跌企稳的迹象，且同期的 MACD 指标线开始由零轴下方向上突破零轴，并在随后较长时间内站稳于零轴上方，则说明跌势结束、升势即将展开，是我们中长线的入场信号。

图 3-17 为法拉电子（600563）2008 年 3 月 7 日至 2009 年 1 月 13 日期间走势图，如图所示，此股在深幅下跌后出现止跌企稳走势，同期的 MACD 指标线也向上突破至零轴上方，并于随后站稳于零轴上方，这是跌势结束、升势即将展开的信号。

"底背离"形态也是预示下跌趋势结束、价格走势即将见底的明确信号，当股市或个股经过了持续的下跌并进入低位区后，若价格走势出现一谷低于一谷的走势，但同期的 MACD 指标线却逐波走高，这种形态就是"底背离"形态，是趋势见底的信号。

图 3-18 为紫江企业（600210）2008 年 6 月 11 日至 2008 年 11 月 19 日期间走势图，如图所示，此股在持续下跌后的低位区出现了 MACD 指标线运行形态与价格走势明显背离的"底背离"形态，这是此股下跌趋势正步入底部区的标志，也是我们中长线买股布局的信号。

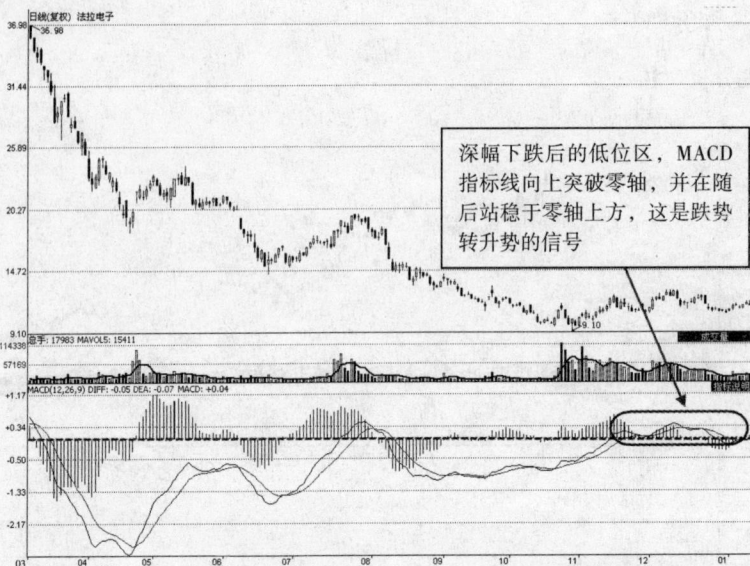

深幅下跌后的低位区，MACD
指标线向上突破零轴，并在随
后站稳于零轴上方，这是跌势
转升势的信号

图 3-17　法拉电子跌势转升势时 MACD 指标线运行形态示意图

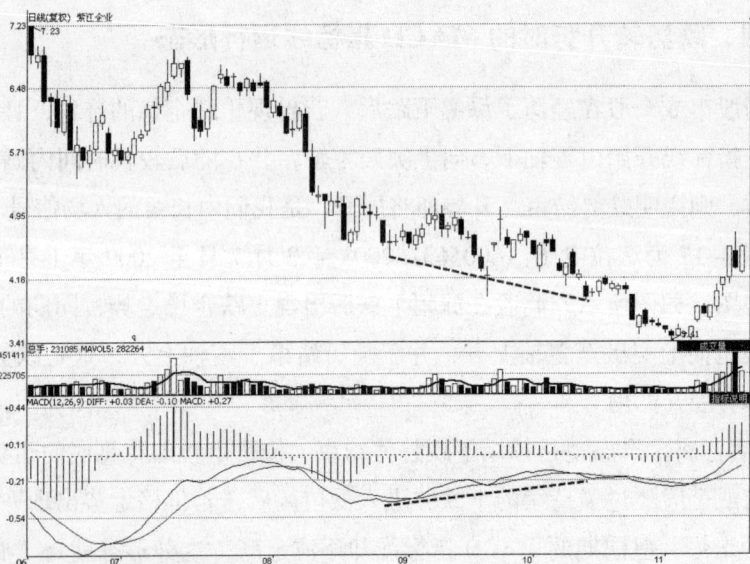

图 3-18　紫江企业升势转跌势时 MACD 指标线"底背离"形态示意图

五、升势转跌势时的 MACD 指标线运行形态

当股市或个股在经历了持续上涨后，若出现震荡滞涨走势，且同期的
MACD 指标线开始由零轴上方向下跌破零轴，并在随后较长时间内停留在零

轴下方，则说明升势结束、跌势即将展开，此时，我们应该选择逢高出局的中长线操作。

图 3-19 为伊利股份（600887）2008 年 12 月 26 日至 2010 年 7 月 20 日期间走势图，如图所示，此股在经历了长期、持续上涨之后，于高位区出现了较长时间的震荡滞涨走势，上升形态已被彻底破坏；如图标注所示，在高位震荡走势的后期，MACD 指标线也向下跌至零轴下方，并于随后长时间地停留于零轴下方，这是升势结束、跌势即将展开的信号。

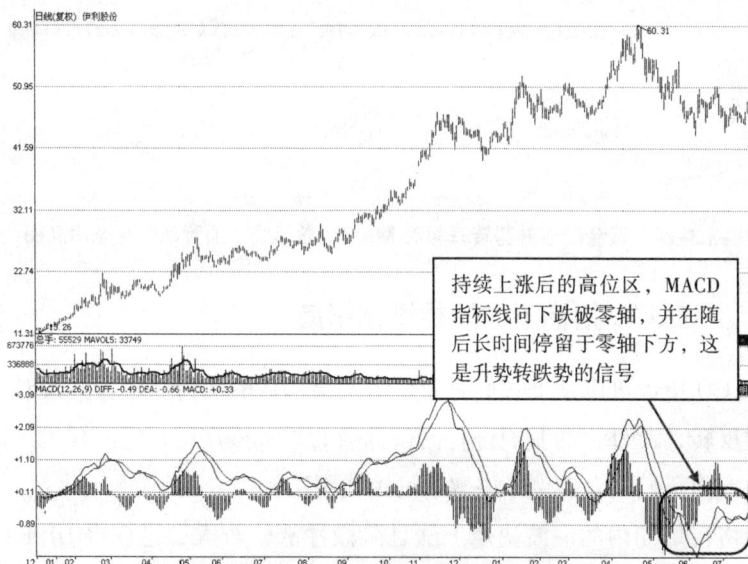

图 3-19 伊利股份升势转跌势时 MACD 指标线运行形态示意图

"顶背离"形态也是预示上升趋势结束、价格走势即将见顶的明确信号，当股市或个股经过了持续的上涨并进入高位区后，若价格走势出现一峰高于一峰的走势，但同期的 MACD 指标线却逐波走低，这种形态就是"顶背离"形态，是趋势见顶的信号。

图 3-20 为紫金矿业（601899）2008 年 10 月 22 日至 2009 年 5 月 26 日期间走势图，如图所示，此股在持续上涨后的高位区出现了 MACD 指标线运行形态与价格走势明显背离的"顶背离"形态，这是此股上升趋势正步入顶部区的标志，也是我们中长线卖股离场的信号。

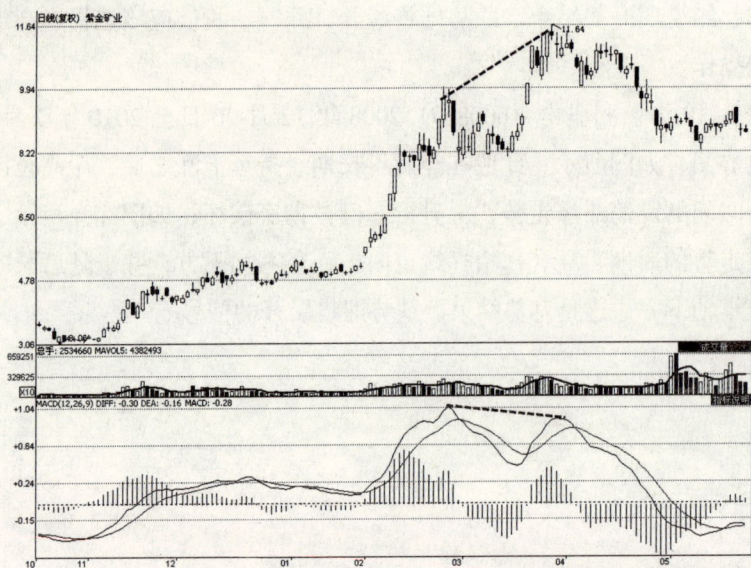

图 3-20　紫金矿业升势转跌势时 MACD 指标线"顶背离"形态示意图

六、MACD 指标下的短线操作指南

　　MACD 指标可以帮助我们有效地识别出趋势的运行状态，并及时把握住趋势的反转，此外，在我们进行高抛低吸的短线操作中，它同样也是极具威力的。下面我们结合实例来讲解它的短线用法。

　　价格在短期内的一波快速上涨且阶段性涨幅较大，这使得 DIFF 线向上明显远离 DEA 线，由于 DIFF 线有再度向下靠拢，甚至交叉 DEA 线的倾向，因而，我们可以选择逢高出局或减仓。

　　图 3-21 为中国船舶（600150）2009 年 4 月 15 日至 9 月 29 日期间走势图，如图中箭头标注所示，此股短期内的一波快速上涨使得 MACD 指标窗口的 DIFF 线快速向上运行，并迅速脱离 DEA 线。当这种形态出现后，我们就要留意个股随后即将出现的短期超买现象，若随后 DIFF 开始走平且有调头向下的迹象时，大多预示着一波短期回调走势即将出现，此时就是我们短线高抛的最佳时机。

　　也有一些投资者喜欢等 MACD 指标出现了明显的死叉形态（即 DIFF 指标线由上向下交叉并穿越 DEA 指标线）后再进行卖出，这也是一种方法；但是一般来说，在价格阶段性涨速较快的情况下，当 MACD 指标出现明显的死叉形态时，此时的个股相对高阶段性的最高点已经跌过一截，不利于我们抛在短期内的最高点附近。因而，在实盘操作中，我们应灵活应用，关注 DIFF 线与 DEA 线之间的分离程度，由于两条线是处于一种互相缠绕的形态，所以当 DIFF 明显脱离 DEA 线后，此时我们就应关注它的运行形态，若其有走平且调头向下，并欲形成死叉形态时，就可以提前进行短线卖出。

在应用 MACD 的这一形态时，我们还应结合价格的走势特征来分析，在上升趋势中，我们不妨把个股的阶段性涨幅定得高一些；而在下跌趋势的反弹中，则把阶段性的反弹幅度定得小一些。这样做，既有利于我们在上升趋势中尽可能地多获利，也有利于我们在下跌趋势中尽可能地减少风险。

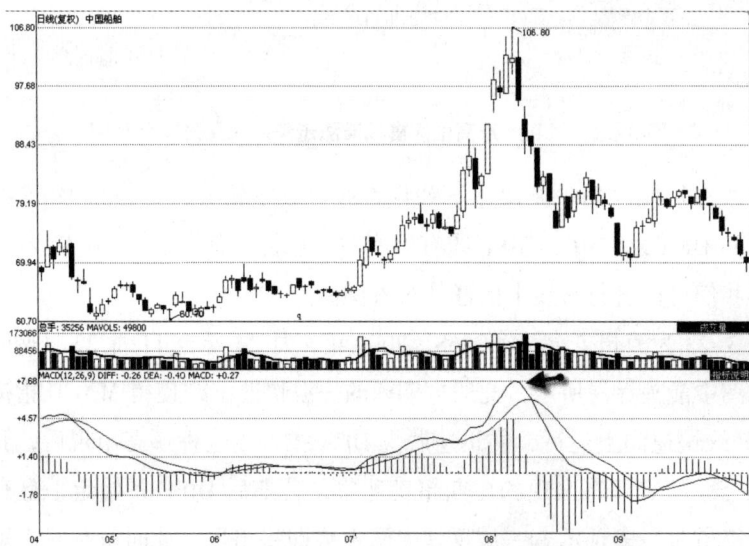

图 3-21 中国船舶 MACD 指标线短线高抛形态示意图

持续上涨后的高位区出现震荡滞涨走势，此时 DIFF 线与 DEA 线均远离零轴，若 MACD 指标这时出现明确的死叉形态，则多预示着一波深幅下跌走势即将展开，是我们短线卖股的信号。

图 3-22 为保利地产（600048）2009 年 2 月 5 日至 9 月 1 日期间走势图，如图所示，当此股在持续上涨至高位区间后，我们可以看到它的 MACD 指标线处于远离零轴的状态；如图箭头标注所示，在高位区的震荡滞涨走势中，虽然股价并没有出现明显的下跌，但是同期的 MACD 指标却出现了明显的死叉形态，这预示一波深幅调整走势即将出现，是我们短线卖股的信号。

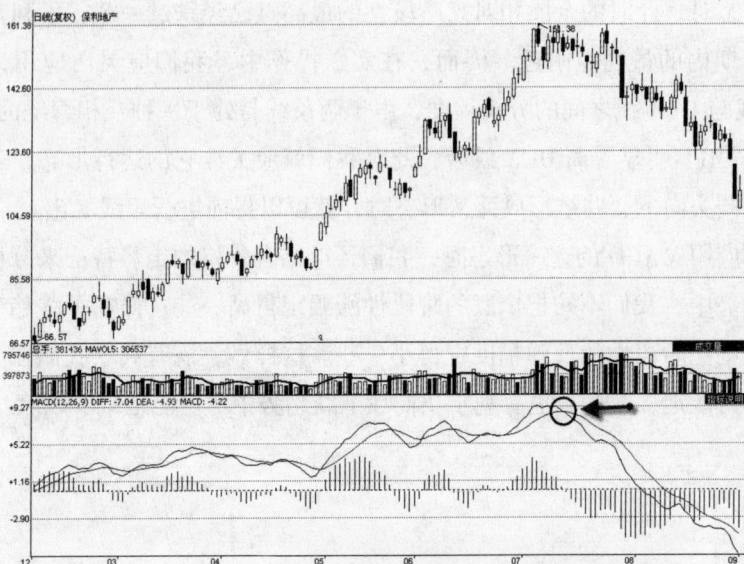

图 3-22　保利地产高位区震荡滞涨走势中死叉形态示意图

　　价格在短期内的一波快速下跌且阶段性跌幅较大，这使得 DIFF 线向下明显远离 DEA 线，由于 DIFF 线有再度向上靠拢，甚至交叉 DEA 线的倾向，因而，我们可以进行短线上的逢低买入操作。

　　图 3-23 为泸州老窖（000568）2009 年 4 月 24 日至 11 月 25 日期间走势图，如图中箭头标注所示，此股短期内的一波快速下跌使得 MACD 指标窗口的 DIFF 线快速向上运行，并迅速脱离 DEA 线。当这种形态出现后，我们就要留意个股随后即将出现的短期超卖现象，若随后 DIFF 开始走平且有调头向上的迹象时，多预示着一波反弹上涨走势即将出现，此时就是我们短线低吸个股的好时机。

　　与这一短线操作方法相似的是：利用 MACD 指标的金叉形态（即 DIFF 指标线由下向上交叉并穿越 DEA 指标线），但是否可以利用金叉形态进行短线买入操作，还取决于价格的走势特征，如果金叉形态出现时，个股仍然位于一波深幅调速后的低位区，则这种形态就不失为一个好的短线买入信号。但是若金叉形态出现时，个股相对于阶段性的低点已有一定的上涨幅度，则此时就需结合个股的前期总体走势来分析了，如果前期处于下跌趋势中，由于下跌趋势是以不断下跌创出新低为主旋律，反弹行情较为短促，则此时参与反弹行情，是一种预期收益小但风险却较大的操作；如果前期处于上升趋势中，由于上升趋势是以不断创出新高为主旋律，此时，这一金叉形态很有可能是新一波升势展开的信号，则可以进行积极的买入操作。

图 3-24 为格力电器（000651）2008 年 9 月 2 日至 2009 年 5 月 22 日期间走势图，如图所示，此股在上升途中出现了一波回调走势，如图中箭头所

图 3-23　泸州老窖 MACD 指标线短线低吸形态示意图

图 3-24　格力电器回调走势后 MACD 指标金叉形态示意图

标注，在这一波回调走势后的相对低点位，其 MACD 指标出现了一个明显的金叉形态，这预示新一轮升势即将展开，是我们短线买股的信号。

第四节　支撑线与阻力线是把握趋势的"第三利器"

利用支撑线与阻力线，我们也可以很好地识别趋势、把握趋势。支撑线也可以称之为上升趋势线，它就相当于一个踏板，对价格的上涨走势具有支撑作用；与支撑线相反的是阻力线，阻力线也可以称之为下降趋势线，它就相当于一个挡板，对价格在下跌走势中反弹行情起着明显的阻挡作用。

一、上升趋势与支撑线

支撑线主要用于反映上升趋势，指示价格在向上波动过程中的支撑点位，但支撑线并不是股票软件自动提供的，要我们自己来标示出。支撑线的画法很简单，通过将价格在向上波动过程中的两个"波谷"进行连线即可以得到。这一条支撑线可以直观、清晰地显示出个股在上升途中每一次回调后的支撑点位大概在何处，既可以帮助我们识别出趋势运行状态，也可以帮助我们在上升途中开展相对低位的短线买入操作。

图 3-25 为江铃汽车（000550）2008 年 10 月 17 日至 2009 年 11 月 23 日期间走势图，此股在此期间处于上升趋势中，如图标注所示，通过将价格在上涨过程中波动后的低点进行连结，就可以得到反映此股上升情况的支撑线（也称为上升趋势线）。通过支撑线，我们既可以很好地识别出个股的趋势运行状态，也可以很好地把握个股在上升趋势中每一波回调走势后的低点位置。

图 3-26 为紫江企业（600210）2008 年 8 月 15 日至 2009 年 12 月 2 日期间走势图，如图所示，通过连结此股在上升波动过程中的每一个"谷底"，我们可以清晰地识别出此股的趋势运行状态，并且对其波动方式也能有一个较好的了解，这对我们中长线或是短线上的操作是极具指导性的。

图 3-25　江铃汽车上升趋势线示意图

图 3-26　紫江企业上升趋势线示意图

二、下跌趋势与阻力线

阻力线主要用于反映下跌趋势，指示价格在向下波动过程中的阻力点位，通过将价格在向下波动过程中的两个反弹走势后的"波峰"进行连线即可以得到。这一条阻力线可以直观、清晰地显示出个股在下跌途中每一次反弹后的阻力点位大概在何处，既可以帮助我们识别出趋势运行状态，也可以帮助我们辨认在下跌途中反弹行情后的高点在何处。

图 3-27 为中海油服（601808）2007 年 9 月 28 日至 2008 年 9 月 19 日期间走势图，如图所示，此股在此期间处于震荡下跌走势中，通过将此股在下跌过程中每一次反弹后的高点进行连结，我们就可以得到此股的下降趋势线。这一条阻力线可以直观、清晰地显示出个股在下跌途中每一次反弹后的阻力点位大概在何处，既可以帮助我们识别出趋势运行状态，也可以帮助我们开展下跌途中的博取反弹行情操作。

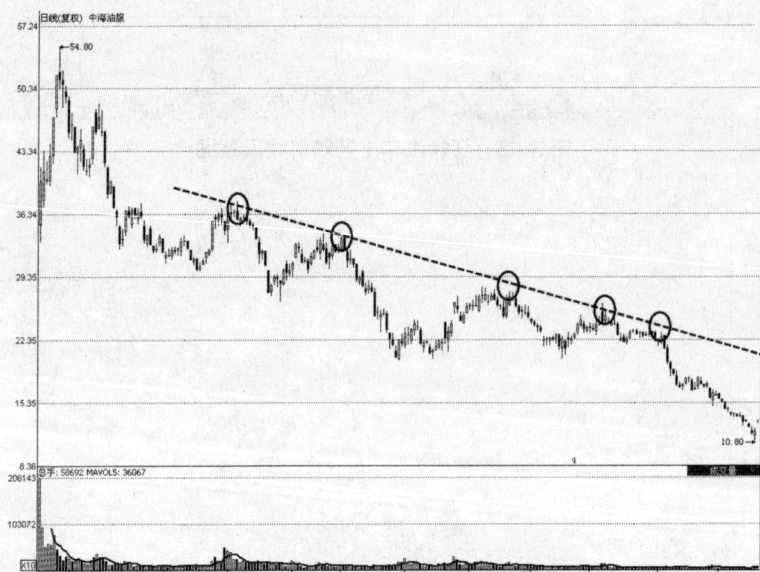

图 3-27 中海油服下降趋势线示意图

三、趋势反转时支撑位与阻力位的变化

上升趋势中具有支撑作用的支撑线与下跌趋势中具有阻挡作用的阻力线，也不是一成不变的，当上升趋势步入末期，或是下跌趋势步入末期，原有的支撑位与阻力位就会随之发生转变。一般来说，当价格走势步入顶部区后，原有对价格上涨形成支撑作用的支撑线就会反过来对价格的后期上涨构成阻挡作用；反之，当价格走势步入底部区后，原有对价格反弹形成阻挡作用的阻力线就会反过来对价格后期的回调下跌构成支撑作用。

图 3-28 标示了上升趋势中原有的支撑线是如何从具有支撑作用转化为具有阻力作用的示意图；图 3-29 则标示了下跌趋势中原有的阻力线是如何从具有阻力作用转化为具有支撑作用的示意图。

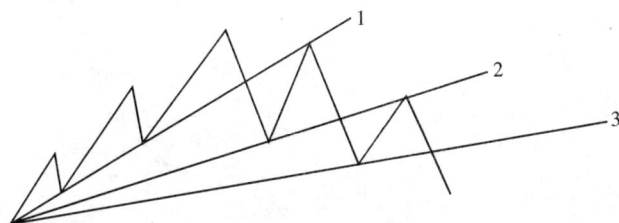

图 3-28　支撑位置转化为阻力位置示意图

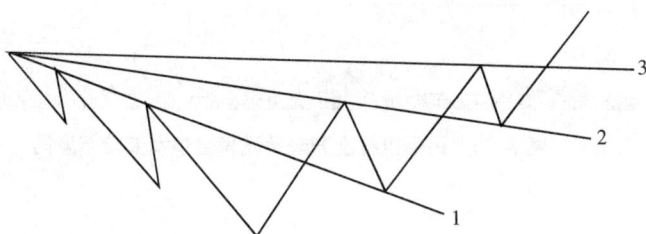

图 3-29　阻力位置转化为支撑位置示意图

四、上升趋势线的角度变化

趋势线并不是一成不变的，趋势的整个运行过程也是一个加速的过程，起初是涨势或跌势较缓，随后涨速或跌速提升，最后进入到加速阶段。这种由缓到急的过程尤其体现在上升趋势中，体现在趋势线上就是：上升趋势线会随着上涨速度的不断加速而不断地变陡峭。

图 3-30 为民生银行（600016）2008 年 10 月 23 日至 2009 年 8 月 4 日期间走势图，如图中虚线标注所示，我们可以看到此股在上升趋势中的涨速经历了一个由缓到急的过程，这体现在趋势线上就是上升趋势线的角度也在不断地变陡。我们一定要理解上升趋势的这种运动方式，不能仅仅是在最初画出一条上升趋势线后就放手不管，因为最初画出的趋势线是难以完全体现出个股后期的运行方式的，我们一定要随行就市，重新标示出价格的运行轨迹。

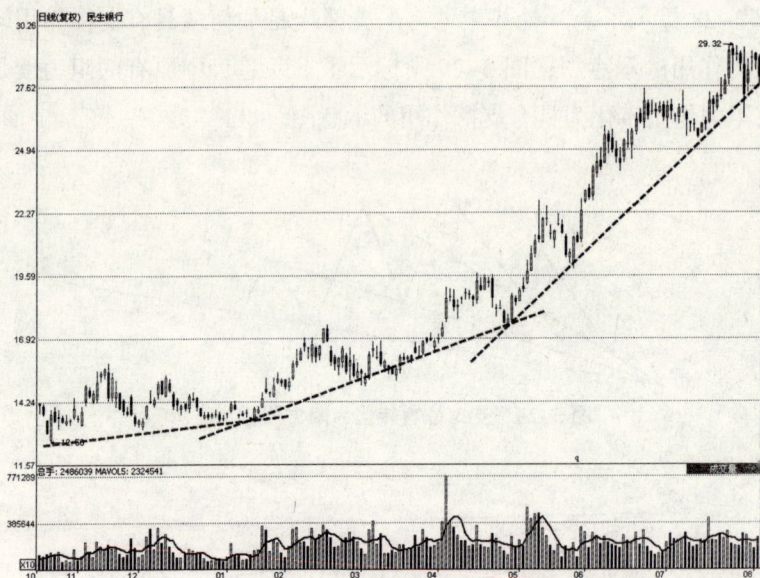

图 3-30　民生银行上升趋势线角度逐渐变陡示意图

第五节　周 K 线是把握趋势的 "第四利器"

周 K 线的运行形态也是我们识别趋势运行情况的一种有效工具，周 K 线是以周一的开盘价、周五的收盘价、全周最高价及最低价来标示。由于周 K 线的时间跨度要远远大于日 K 线，因而，它可以有效地过滤掉市场中偶然性的因素对日 K 线的影响，使我们更为清晰、准确地了解到当前市场中多空双方的真实力量对比情况。

在股市或个股的实际运行中，日 K 线因为时间太过短暂，且往往易受一些偶然性的消息影响（如周边股市震荡、主力资金的做盘、阶段性的获利抛压突然增强、阶段性的抄底买盘突然涌入等）而使得其阴阳形态完全不确定，这时，仅凭日 K 线，我们是难以判断出多空双方力量真实对比情况；但周 K 线则完全不同，它时间不长也不短，反映的是一周的交易状况，可以有效地过滤掉日 K 线上的偶然性波动，使我们看到市场的多空力量真实情况。可以说，周 K 线是中线大波段的真正代表，是我们识别价格的中长期趋势运行情况的有力工具。

一、上升趋势中的周 K 线运行形态

上升趋势是一个多方力量总体占优的市况，在经过一周的交易之后，多方占优这一状态会通过周五的收盘价高于周一的开盘价得以体现，因而，在上升趋势中，我们可以看到周 K 线的阳线形态远多于阴线形态，而且往往是出现连续的周 K 线小阳线形态，这是多方力量进攻不急不缓、有章可循的标志。此外，上升趋势中也会经常性地出现周 K 线大阳线形态，这是多方力量完全占据主导地位的体现，也是多方攻势突然加速的体现。

图 3-31 为长城电脑（000066）2008 年 9 月 19 日至 2010 年 4 月 23 日期间的周 K 线走势图，如图所示，此股在步入上升趋势后，我们可以看到它的周 K 线呈现出连续的小阳线及紧随而至的大阳线这种形态，而这正是多方力量完全占据主导地位的体现，也是个股正处于上升趋势运行中的体现，这种形态可以有效地帮助我们识别、把握住此股的这种趋势运行状态。

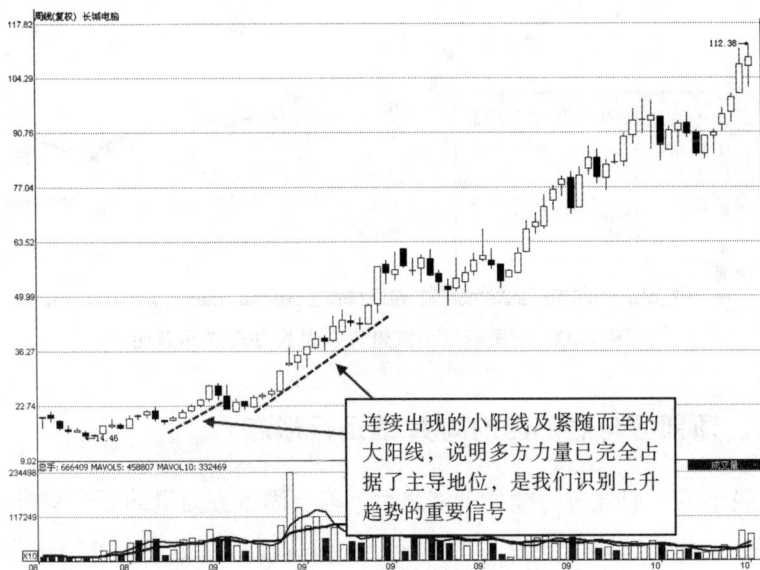

图 3-31 长城电脑上升趋势中周 K 线形态示意图

二、下跌趋势中的周 K 线运行形态

下跌趋势是一个空方力量总体占优的市况，在经过一周的交易之后，空

方占优这一状态会通过周五的收盘价低于周一的开盘价得以体现，因而，在下跌趋势中，周 K 线是持续出现的小阴线及经常性的大阴线为主要标志的。这是空方力量完全占据主导地位的体现，也是空方攻势突然加速的体现。

图 3-32 为中国石油（601857）2007 年 11 月 19 日至 2008 年 10 月 24 日期间的周 K 线走势图，如图所示，此股在步入下跌趋势后，我们可以看到它的周 K 线呈现出连续的小阴线及紧随而至的大阴线这种形态，而这正是空方力量完全占据主导地位的体现，也是个股正处于下跌趋势运行中的体现，透过周 K 线的运行形态，我们可以有效地把握住此股在此期间的趋势运行状况。

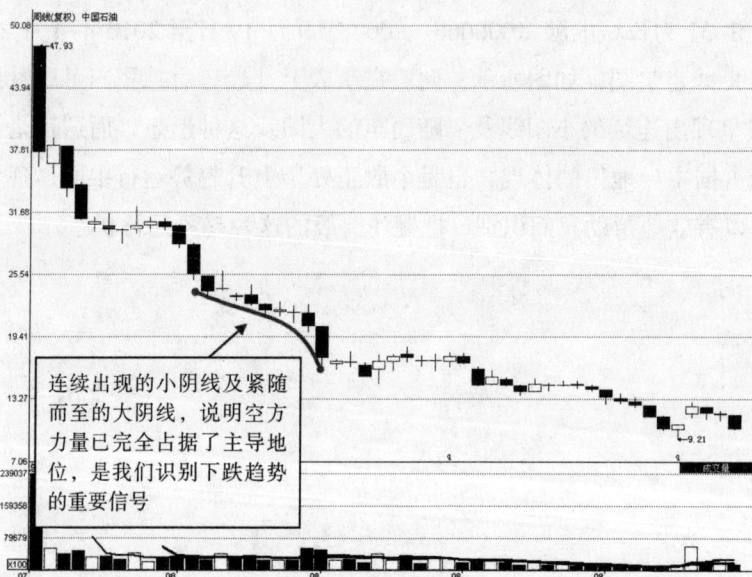

图 3-32　中国石油下跌趋势中周 K 线形态示意图

三、顶部区与底部区的周 K 线运行形态

当股市或个股经过持续的上涨之后，就会因多方力量的逐步减弱而进入到顶部区，此时，多方力量不再占优，这体现在价格走势上就是震荡滞涨，体现在周 K 线的运行形态上就是震荡过程中连续出现的小阴线及经常性的实体较长的大阴线破坏了价格走势原有的上升形态。

图 3-33 为国投新集（601918）2008 年 9 月 19 日至 2010 年 3 月 19 日期间周 K 线走势图，如图中箭头标注所示，此股在持续上涨后的高位区连续出

现实体较长的大阴线，这完全打破了原有的上升趋势运行状态，是空方力量开始逐步占优的表现，也是升势结束、顶部区正在构筑的表现。

图 3-33 国投新集顶部区的周 K 线形态示意图

当股市或个股经过持续的下跌之后，就会因空方力量的逐步减弱，抄底盘的不断介入而进入到底部区，此时，空方力量不再占优，这体现在价格走势上就是止跌企稳，体现在周 K 线的运行形态上就是震荡过程中连续出现的小阳线及经常性的实体较长的大阳线打破了价格走势原有的下跌形态。

图 3-34 为中金黄金（600489）2008 年 1 月 18 日至 2009 年 2 月 13 日期间周 K 线走势图，如图中箭头标注所示，此股在持续下跌后的低位区多次出现实体较长的大阳线，这打破了此股原有的下跌运行形态，是多方力量开始逐步占优的表现，也是跌势结束、底部区正在构筑的表现。

四、运用周 K 线的注意事项

周 K 线既可以帮助我们识别趋势的运行，也可以对我们的中期甚至短线操作起到明确的指导作用，在利用周 K 线时，我们如能注意以下四点，将会极大地提高成功率：

图 3-34　中金黄金底部区的周 K 线形态示意图

1. 注意周 K 线形态与日 K 线形态的共振

所谓的共振是指，周 K 线与日 K 线同时发出买入信号或是同时发出卖出信号，此时进行操作，成功率更高。反之，若周 K 线与日 K 线所发出的买卖信号正好相反，则我们不妨再等等，不应打没有把握的仗。

2. 关注量能的配合情况

成交量的作用十分重要，它是我们研究判断短期走势、中长期走势的重要依据，特别是在利用 K 线形态分析价格走势时，成交量的作用更是不可或缺。例如：在上升趋势中，若周 K 线的大阳线使得价格快速上涨，我们还应注意同期的成交量是否同步放大，因为这可以检验出周 K 线是否真实地代表了多方力量强劲这一信息。

3. 关注周 K 线的组合形态

本书是一本重点讲解 K 线形态的书，在随后的章节中，将要介绍很多趋势反转形态，如常见的顶部形态，以及像"红三兵"、"黑三兵"这样可以预测阶段性走势的多日组合形态，这些形态虽然更常见于日 K 线形态中，但它同样适用于对周 K 线的研究判断中。利用 K 线的组合形态来把握多空双方力量的对比情况也是一种极佳的手段。

4. 关注周 K 线的整体表现

在上升趋势中，周 K 线也有小阴线及实体相对较长的大阴线，但是这种阴线没有破坏上升形态，也不是空方力量总体占优的表现；在下跌趋势中，周 K 线同样有小阳线及实体相对较长的大阳线，但是这种阳线也没有破坏下降形态，也不是多方力量总体占优的表现。因而，在研究判断趋势运行时，我们一定要关注周 K 线的整体表现，"璧有瑕，但不掩其白"，局部的小瑕疵无法改变白玉的纯洁。

第四章 读 K 线看成交，明析 "量在价先" 的原理

成交量在股市中起着极为重要的作用，它是多空双方交锋力度的体现，在结合价格的走势基础上，透过成交量形态的变化，我们可以更好地把握多空双方力量的转变，可以说，成交量形态可以有效地帮助我们识别趋势、把握趋势。

第一节 看形态，不忘量能

形态主要是多空双方交锋结果的体现，但有的时候这种交锋结果未必就能体现出多空双方的真正实力，如果不透过成交量形态的变化，我们很容易因仅仅关注形态这种局部思维方式而出现判断上的失误，这尤其体现在价格走势波澜不惊，但量能大小却突然异动的情况下。

图 4-1 为航天动力（600343）2009 年 6 月 29 日至 2010 年 2 月 12 日期间走势图，如图所示，此股在此期间处于盘整震荡走势之中。如图中标注，我们可以看到，虽然此股的价格走势没有什么异动，甚至有突破上行的迹象，但是这两日的成交量却大幅放出，这说明市场短期内抛压沉重，而这正是一波下跌走势即将展开的信号，透过量能的异动，我们可以更好地判断出价格的未来走向。

图 4-2 为亚宝药业（600351）2009 年 7 月 22 日至 12 月 22 日期间走势图，如图所示，此股在一波快速上涨后出现了一个宽幅震荡的"十字星"形态，看价格走势，此股的阶段性涨势很强，这是主力做多意愿较强的体现，

但此时个股处于阶段性的明显高位区，也是市场抛压较重的区域，此股随后是会在主力的再次运作下继续强势上涨呢？还是会在市场抛盘的不断涌出下而出现一波深幅回调呢？仅看价格走势，我们难以下定论。

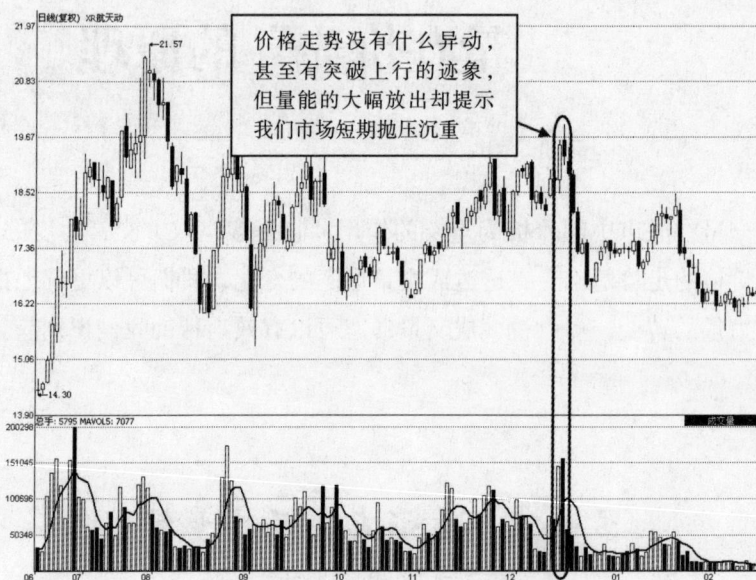

图 4-1　航天动力成交量异动形态示意图

图 4-2　亚宝药业成交量异动形态示意图

但是此股量能形态的异动给了我们很好的提示，如图中标注，可以看到，虽然当日股价没怎么跌（为一个"十字星"形态），但当日的成交量大幅放出，而这种形态出现在一波快速上涨后的高位区正是市场抛压极其沉重的标志，因而，透过量能形态的异动，我们可以很好地预知此股随即将展开一波回调走势，从而开展及时的高抛出局操作。

通过以上两个例子的讲解，可以看出，成交量对验证股票价格走势，甚至预测价格走势都起着至关重要的作用，这也是为什么股市中技术分析派如此看重成交量的原因所在，"量在价先"绝不是一句空话，本章随后的几节中，我们就来系统地学习一下量价配合关系。

第二节　放量形态实战解读

放量是最常见的量能变化形态，一般来说，它是多空双方分歧加剧的体现，如果结合放量的形态、价格的同期走势，我们就可以对价格的未来走势进行更好的预测。

依据量能的放量形态不同，我们可以把放量分为：温和放量、连续大幅度放量、脉冲式放量、递增式放量这四种形态。它们的形态不同、出现的原因不同，所预示的价格后期走向也不同，下面我们结合具体的实例来讲讲这几种放量形态。

一、温和放量形态实战解读

温和放量是一种最为常见的放量形态，它是指某一阶段的平均成交量相对于之前而言，出现了温和放大的形态（也可以看作是一种局部性放量），其放量的效果较为温和、放量的过程较平缓，量能的变化是一种自然性的过渡，而不是大起大落的突兀式变化。温和放量出现在价格走势的不同阶段，所蕴涵的市场含义也是不尽相同的。

当温和放量形态出现在长期下跌走势后的止跌企稳区间时，这多表明场外买盘资金正持续介入，是下跌趋势结束的信号，也是底部出现的信号，而这一区间也是多方能量积累的阶段，多方只有在这一区域积累了足够的能量，才能发动攻势，从而促使其升势出现。

图 4-3 为江西铜业（600362）2008 年 1 月 29 日至 2009 年 1 月 20 日期间走势图，如图所示，此股在深幅下跌后出现了止跌企稳走势，相对于前期下跌走势中的成交量大小而言，这一止跌企稳走势中的成交量呈温和放大形态，这是资金持续流入的体现，也是个股下跌趋势结束，目前正处于筑底走势中的表现。

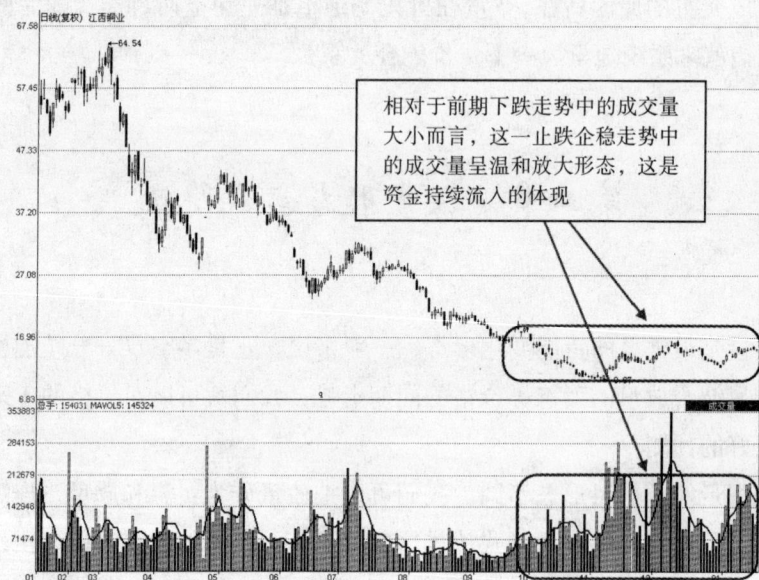

相对于前期下跌走势中的成交量大小而言，这一止跌企稳走势中的成交量呈温和放大形态，这是资金持续流入的体现

图 4-3　江西铜业深幅下跌后止跌企稳区温和放量形态示意图

图 4-4 为万通地产（600246）2008 年 1 月 29 日至 2009 年 1 月 21 日期间走势图，如图所示，此股在深幅下跌后，于低位出现止跌企稳走势，同期的成交量也呈现出温和放大的形态，这是资金持续流入的标志，预示着底部的出现，我们此时可以进行积极的中长线买入操作。

在股市或个股脱离底部区的一波攀升走势中，往往也会出现温和放量形态，这时的温和放量形态体现为：这一波上涨走势中的平均成交量高于前期底部区的平均成交量，这是买盘强劲的信号，也是多方力量充足的信号，预示着一轮升势正呼之欲出。

图 4-5 为上证指数 2005 年 3 月至 2006 年 5 月期间走势图，如图所示，

股市在 2005 年 6 月探至底部，随后于底部区出现了震荡走势；如图中标注所示，在脱离底部区的一波上涨走势中，成交量呈现出温和放大的形态，这是多方力量较为充足的体现，也是一轮升势正在形成的标志。

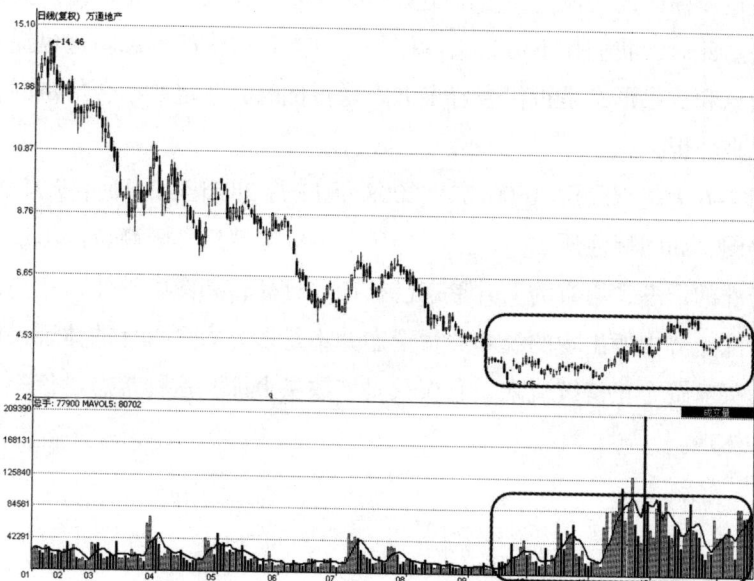

图 4-4 万通地产深幅下跌后止跌企稳区温和放量形态示意图

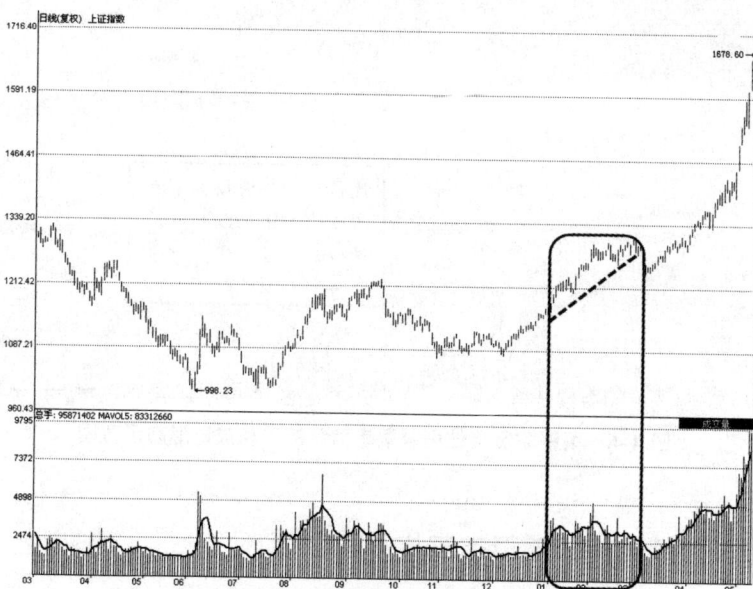

图 4-5 上证指数脱离底部区时的温和放量形态示意图

上涨时放量是量价配合关系中的一种常态（由于上涨时要面临着阶段性的获利抛压及解套盘抛压，因而上涨需要放大的量能来推动），但是，局部的温和放量形态并不一定代表着资金的持续流入，当局部的温和放量形态出现在高位震荡区的一波反弹上涨走势中时，它也仅仅是对正常量价关系的一种反映。此时，我们切不可把它看作是多方力量占优的标志。这也提示我们在判断温和放量形态是否代表着多方力量占优时，一定要结合价格的整体走势情况来分析。

图 4-6 为南钢股份（600282）2008 年 11 月 28 日至 2010 年 7 月 22 日期间走势图，如图标注所示，此股在经历了持续上涨后，于高位区出现了长期震荡滞涨的形态，原有的上升形态已被彻底打破；如图中标注，在高位区的震荡滞涨走势中所出现的温和放量形态并不是多方力量占优的体现，也不能理解为买盘资金正持续流入，它仅仅是"放量上涨"这种常态量价配合关系的一种体现。

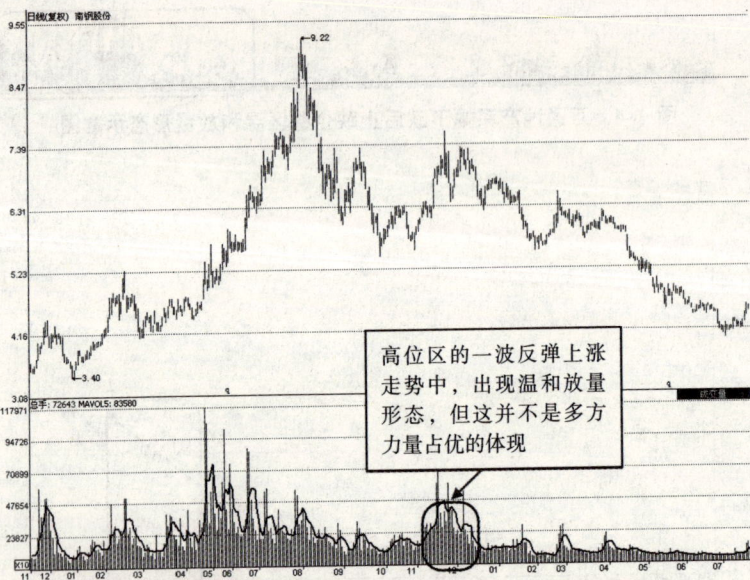

图 4-6 南钢股份高位区震荡走势中的温和放量形态示意图

二、连续大幅放量形态实战解读

连续大幅放量形态是一种量能效果突变的表现，它是指成交量突然大幅度地放出，并且这种放量后的成交量规模可以在随后较长时间内得以保持。一般来说，连续大幅放量形态往往与主力资金的积极参与有关，因而，这种量能形态一般不会出现在指数的运行中，它更常见于个股的走势中，而且，当它出现在价格走势的不同阶段时，往往蕴涵了不同的市场含义，下面我们结合实例来讲解。

出现在深幅下跌后低位区的连续大幅放量，同时伴以股价的快速反弹上涨，这多是主力资金快速建仓热点题材股的结果，它不仅是个股下跌走势结束的标志，也是个股短期内飙升、中长期震荡上行的标志，在参与这种股时，我们可以在连续大幅放量形态形成初期介入，也可以在个股完成一波强势上涨后的回调低点介入。

图 4-7 为柳工（000528）2008 年 5 月 15 日至 2009 年 1 月 6 日期间走势图，如图所示，此股在持续下跌后的低位区再度出现了一波快速下跌走势，这属于典型的恐慌性抛售，一旦最后的恐慌性抛压释放完毕，就是个股见底之时。如图中标注所示，此股随后出现连续大幅放量形态，同时价格走势快速反弹上涨，而且这种连续大幅放量的形态保持的效果很好，并非是昙花一现，而这正是主力资金拉升建仓的体现，在实盘操作中，为了更稳妥起见，我们可以在此股随后回调时的低点介入。

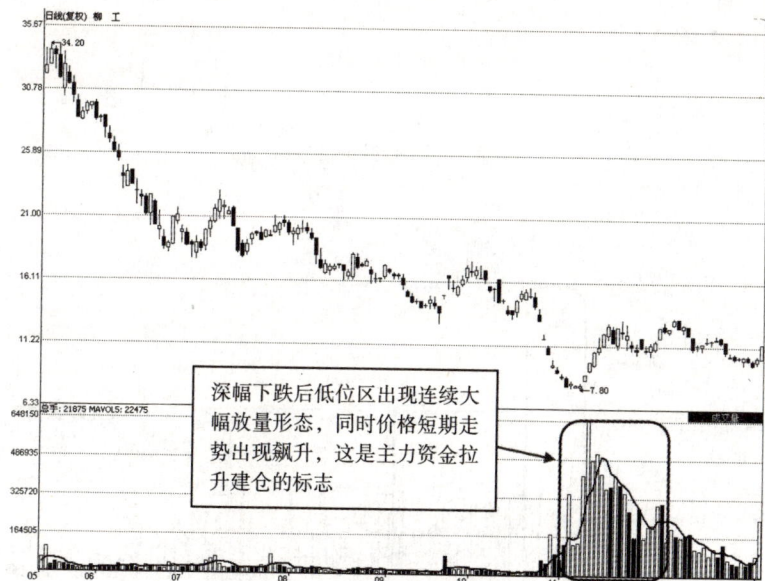

深幅下跌后低位区出现连续大幅放量形态，同时价格短期走势出现飙升，这是主力资金拉升建仓的标志

图 4-7　柳工深幅下跌后连续大幅放量的形态示意图

图 4-8 为万东医疗（600055）2008 年 5 月 28 日至 11 月 27 日期间走势图，如图所示，此股在低位区的一波上涨走势中出现了成交量连续大幅度放出的形态，这只能是资金持续大力度流入的体现，是趋势反转的强烈信号，所以是我们短线及中长线买入布局的时机。图 4-9 标示了此股随后的走势情

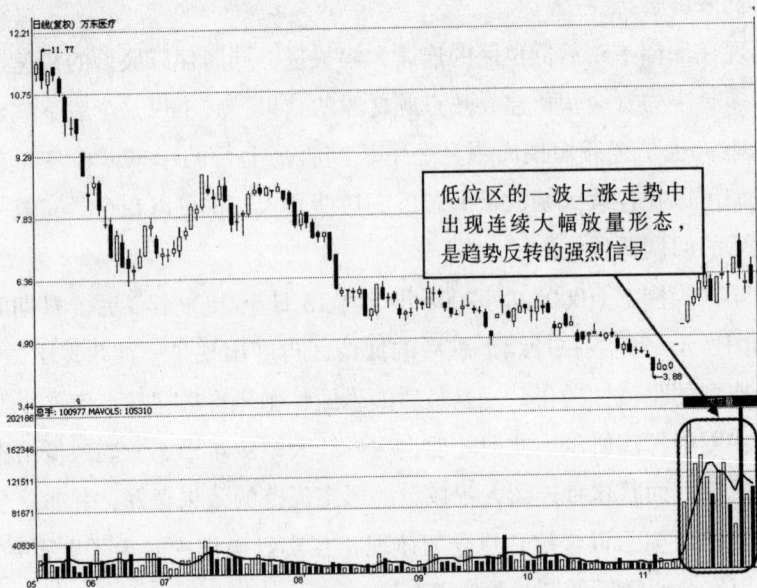

低位区的一波上涨走势中出现连续大幅放量形态，是趋势反转的强烈信号

图 4-8　万东医疗深幅下跌后连续大幅放量的形态示意图

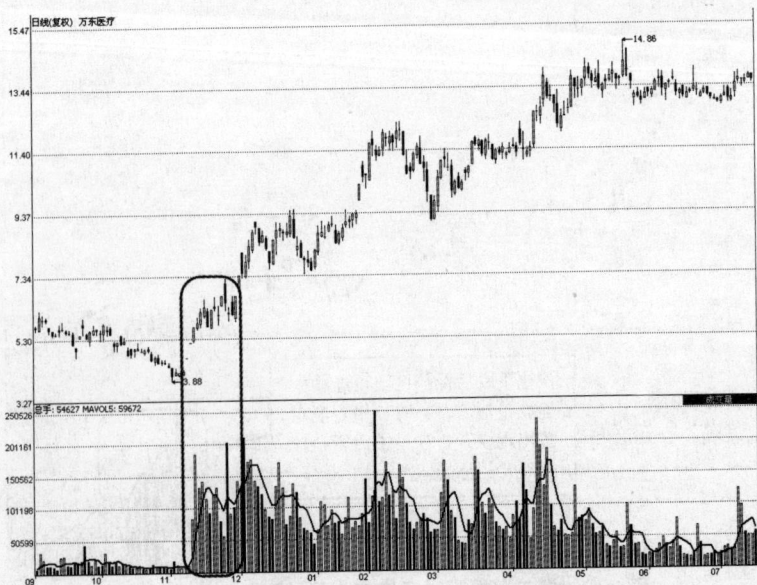

图 4-9　万东医疗低位区连续大幅放量形态后的走势图

况，可以看到，此股随后震荡上行，且成交量始终保持在一种较高水平下，这与主力资金的积极参与有关，可以说，正是主力资金的积极介入，才使得此股由跌势转为升势，并且在随后的运行中要明显地强于同期大盘。

当个股经过持续上涨后，若在高位区间出现了连续大幅放量，同时伴以股价的快速上涨，这多是主力对倒拉升手法的体现，这种漂亮的放量上涨形态可以营造出良好的追涨氛围，从而方便主力后期的出货操作。因而，此时的连续大幅放量并伴以股价的快速上涨这种形态，多预示着顶部的出现。

图4-10为 *ST 精伦（600355）2009年1月5日至1月22日期间走势图，如图所示，此股在高位区出现了一波快速上涨走势，值得关注的是，这一波上涨过程中的成交量出现了连续性地大幅度放出，这种放量效果显然超越了"放量上涨"常态表现，它并不是市场真实交锋情况的体现，应与主力资金的对倒拉升行为有关，是主力为随后出货预留空间的一种控盘手法，当主力放弃对倒后，我们就会看到价格走势的滞涨及量能的快速萎缩，因而，这种形态预示着顶部的出现。

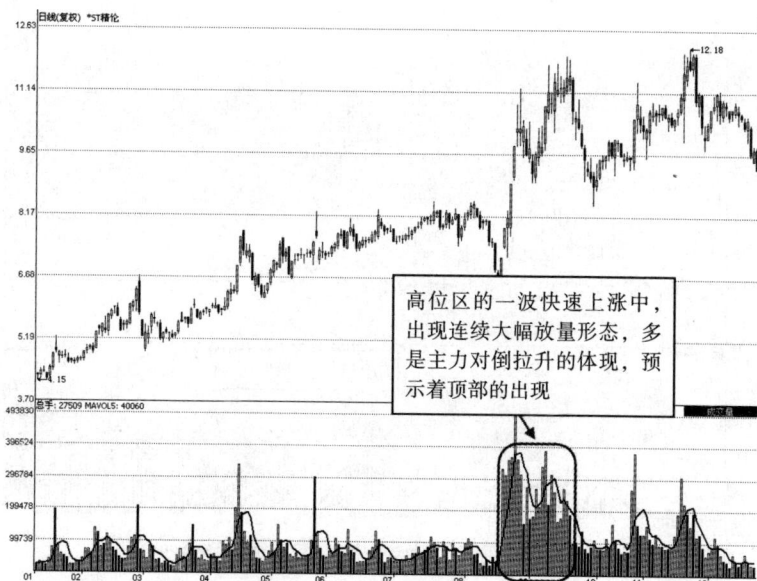

高位区的一波快速上涨中，出现连续大幅放量形态，多是主力对倒拉升的体现，预示着顶部的出现

图4-10 *ST 精伦高位区上涨走势中的连续大幅放量形态示意图

三、山堆式量能形态实战解读

山堆式量能形似小山堆，它多出现在上升途中的一波涨势及回调过程中，是典型的"放量上涨、缩量回调"的体现，利用山堆式量能我们可以判断价格的后期涨势如何。一般来说，如果在价格走势创出新高时，这时的山堆式量能高于前期上涨时的山堆式量能，则说明做多力量充足，是涨势依旧的信号；反之，则很有可能是涨势见顶的信号，特别是当其出现在持续上涨后的高位区间时。

图 4-11 为上海电力（600021）2008 年 10 月 13 日至 2009 年 6 月 25 日期间走势图，如图标注所示，此股在上升途中的一波快速上涨走势中出现了一个明显的山堆式量能形态，而其山堆式量能的平均大小明显大于前期的平均量能，这是多方力量强劲的表现，也是个股升势依旧的标志。在操作上，我们可以选择持股待涨，也可以选择在随后的回调走势中加仓买入。

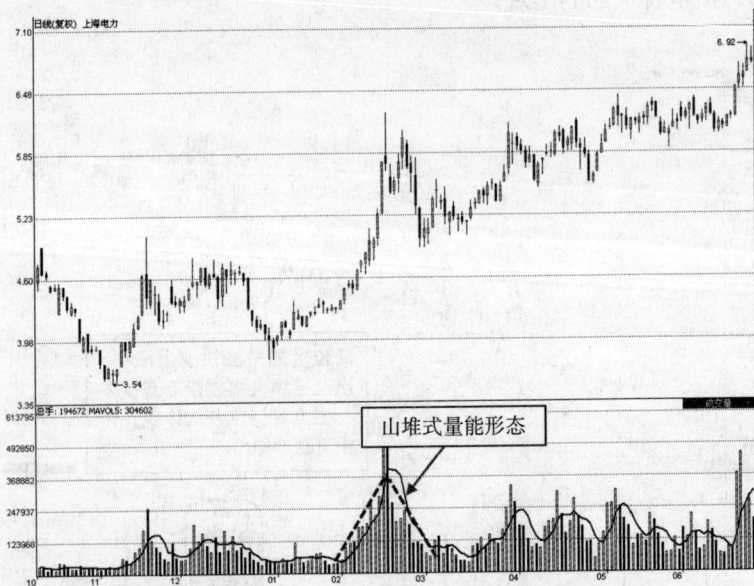

图 4-11 上海电力上升途中的山堆式量能形态示意图

图 4-12 为包钢股份（600010）2008 年 10 月 7 日至 2009 年 6 月 24 日期间走势图，如图所示，此股在上升途中出现了山堆式量能形态，这是个股涨势依旧的信号，也是我们应积极看涨的信号。

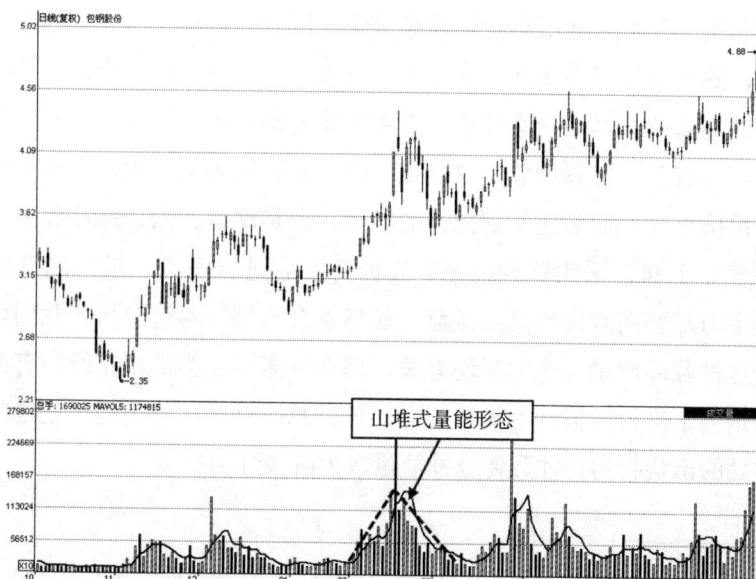

图 4-12　包钢股份上升途中的山堆式量能形态示意图

四、脉冲式放量形态实战解读

脉冲式放量也称为间歇式的放量，这是一种量能在单日或双日内剧增，但随后马上复归原样的形态，这种单日或双日的量能大幅度异动无法反映多空双方力量的连续交投情况，多是主力操纵的结果或上市公司重大利好的突然发布以及重大、意外事件的影响，其成交量可达到正常水平的 3 倍以上。

如果查看个股的脉冲放量形态，我们可以看到，这种量能形态多出现在价格一波上涨之后的相对高位区，而且随着量能的快速复归原样，价格走势也多会出现短期的下跌，因而，我们常常将其看作是短期卖股的信号，那么，脉冲放量的成因是什么呢？它又为什么预示了价格的短期下跌走势呢？

图 4-13 为林海股份（600099）2008 年 11 月 7 日至 2009 年 3 月 16 日期间走势图，如图所示，此股在短期内的一波快速上涨后，于阶段性的高点出现了一个成交量单日大幅放出，但随后快速复归原样的量能形态，这就是脉冲式放量形态。

一般来说，导致个股出现脉冲放量的原因无非有两种：一种是主力资金的异动；另一种是消息的刺激。若是主力资金的异动导致了脉冲式的放量，那么，这种量能形态一定与主力的建仓、拉升、洗盘、出货这几种行为中的某一种相关，我们可通过运行假设来排除，假设脉冲放量与主力的建仓行为有关，但脉冲放量形态多出现在个股一波涨势后的阶段性高点，且量能的放大效果并不连续，因而，它显然不是主力建仓的体现；假设脉冲放量与主力的拉升行为有关，但脉冲放量仅仅是一两天的量能异动，因而，它无法持续地推升价格上涨，显然达不到拉升的效果；若是洗盘，由于脉冲放量时的价格走势多是上涨，采用这种拉至阶段性高点后进行洗盘，散户倒是乐在其中，而主力却要在阶段性高点接盘，显然不合情理。通过分析，我们可以知道，若这种脉冲放量与主力异动有关，那么它多与主力的出货行为有关，无论主力是为了进行阶段性的短线高抛，还是总体性的高位出局，正是基于主力在此处的出货行为，才致使脉冲放量成为阶段性的高点。

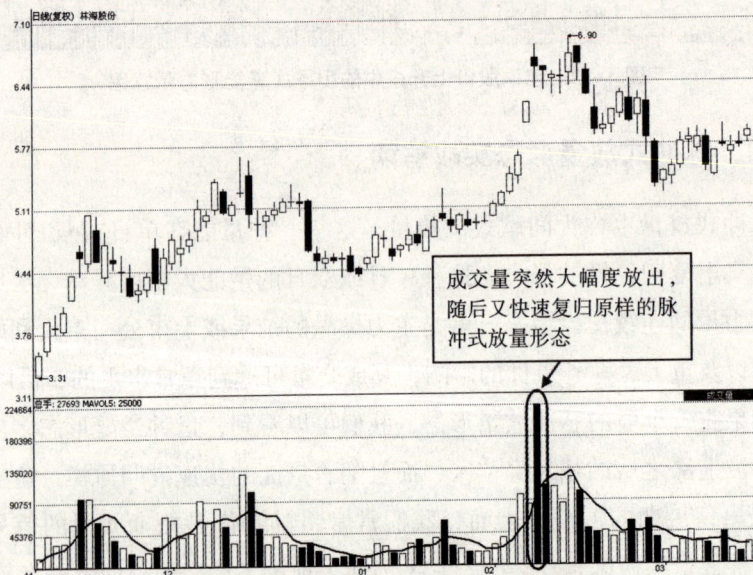

图 4-13　林海股份脉冲式放量形态的示意图

很多读者可能仍有疑问，既然是主力出货造就了脉冲放量，那个股在脉冲放量时为何仍能强势上涨呢？其实，这与主力的对倒手法有关，主力在当日盘中利用大笔的自卖自买式的对倒操作，既营造了良好的放量上涨氛围，有利于吸引追涨盘介入，也可以为随后几日的相对高点位卖出制造空间，可谓一举两得。

若是脉冲放量是由于消息刺激所致，则它是多空双方分歧加剧的体现，如果脉冲放量当日的价格走势呈上涨状态，则这是对短期内买盘资金的过度消耗，不利于个股随后继续强势上涨；如果脉冲放量当日的价格走势呈下跌状态，则说明空方力量较强，是个股随后仍有可能再度下探的预示。如果我们懂得了"涨时需放量"、"跌时可无量"乃是量价配合关系中的常态，就可以更好地理解为何脉冲放量后的短期走势是呈现下跌的了。

在利用脉冲式放量形态展开实盘操作时，我们一定要结合价格的趋势运行情况来分析，因为脉冲式放量只是改变了个股的局部走势，并不会改变个股的趋势运行情况。例如：上升趋势中的脉冲式放量只能作为我们短线高抛的信号，而不是中长线卖股离场的信号。下面我们结合实例来看看如何利用脉冲式放量展开实盘操作。

当个股于上升途中的一波快速上涨走势后出现脉冲式放量形态时，这多是个股短期内将出现调整走势的标志，可以作为我们短线高抛的信号。

图 4-14 为明星电力（600101）2008 年 12 月 26 日至 2009 年 4 月 27 日期间走势图，如图中标注所示，此股在上升途中的一波上涨走势中出现了一个明显的单日脉冲放量形态，这说明市场的阶段性抛压较为沉重，是一波调整走势即将出现的信号，可以作为我们短线高抛的信号。

图 4-14 明星电力上升途中的脉冲式放量形态示意图

当个股在高位区出现盘整震荡走势时，若在震荡走势中的一波反弹上涨后出现了明显的脉冲放量形态，多预示着这一波反弹上涨走势的结束，是此股随后将震荡下跌的信号，也是我们短线高抛的信号。

图 4-15 为国阳新能（600348）2009 年 11 月 10 日至 2010 年 7 月 8 日期间走势图，如图中标注所示，此股在高位震荡区出现了一波强劲的反弹上涨走势，但是当此股反弹至阶段性的高点、箱体震荡的上沿位置处时，出现了明显的脉冲式放量形态，这是反弹上涨走势结束的信号，也是短线卖出此股的信号。

图 4-15　国阳新能高位震荡区的脉冲放量形态示意图

图 4-16 为凌钢股份（600231）2009 年 3 月 19 日至 9 月 29 日期间走势图，如图标注所示，此股在持续上涨至高位区后，开始反转下行，随后在下跌途中出现了一波反弹走势，在反弹后的相对高点出现了一个明显的单日脉冲放量形态，虽然此股的阶段性反弹幅度不大，但它同样预示了这一波反弹走势的结束。

图 4-17 为抚顺特钢（600399）2008 年 4 月 24 日至 9 月 27 日期间走势图，如图标注所示，此股在下跌途中出现了盘整走势，且在盘整后出现一种放量突破的形态，但这种放量的效果无疑是过大了，它不具有持续性，因

而，这只能是脉冲式的放大，而脉冲式的放量形态也预示着此股的这种盘整后的突破向上为一种假突破。

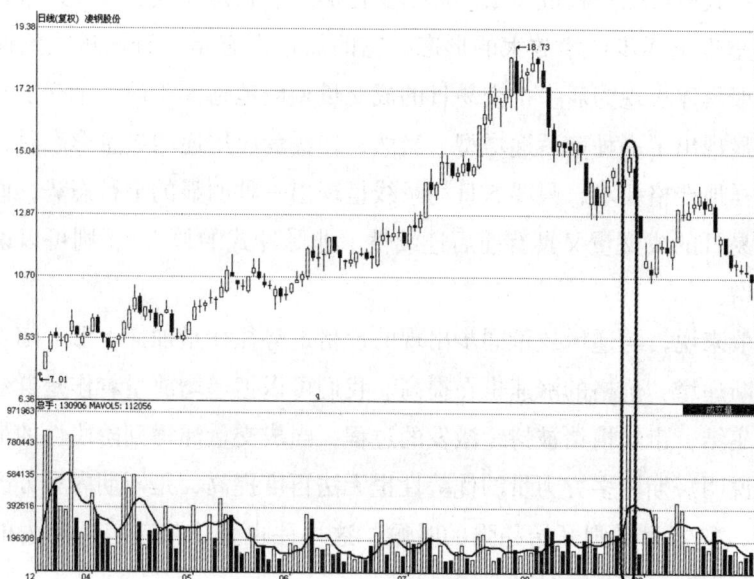

图 4-16　凌钢股份反弹走势中的脉冲放量形态示意图

图 4-17　抚顺特钢下跌途中盘整后的脉冲放量形态示意图

五、递增式放量形态实战解读

递增式放量是一种成交量的局部变化形态，它是指成交量在连续数个交易日内呈现出逐步递增放大的形态。它的放量形态是一种渐进式的递增过程，一般具体表现为后一个交易日的成交量相应地略大于前一个交易日的成交量，显现出了一种前后递增型。当然，在实盘应用递增放量形态时，我们不必这样地严格要求，只要 5 日均量线呈现出一种明显的上行态势，而且这数个交易日的成交量又具有前后连续性（非脉冲式的放大），则可以说成交量在递增。

一般来说，与递增放量同步出现的价格走势往往是加速上涨，随着成交量的不断递增，价格的涨速也在提高。我们可以把递增放量看作是群众力量的一次集结，市场情绪被持续激发的过程，当成交量递增到阶段性的最大量时，就说明短期内多方力量的优势性也无法再度提高，是短期内多方力量开始趋弱，空方力量则开始趋强的时候，这往往也是价格走势短期内的最高点，是我们短线的高抛时机。

图 4-18 为南纺股份（600250）2009 年 2 月 27 日至 6 月 8 日期间走势图，如图标注所示，此股在两波快速上涨过程中，均出现了明显的局部递增

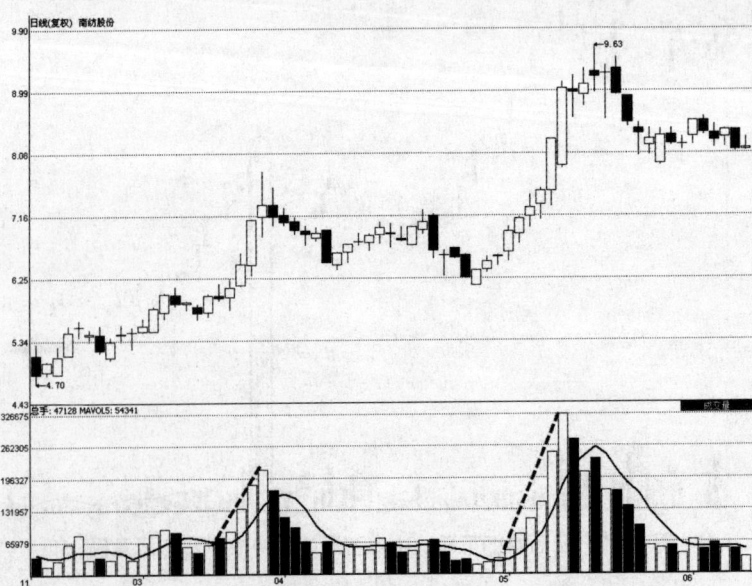

图 4-18 南纺股份短期快速上涨时的递增式放量形态示意图

式放量形态，伴随着递增式量能的出现，个股的短期涨势也开始加快，而当量能递增到阶段性的最大值时，此时也就是个股这一波涨势结束的时候。

图 4-19 为 *ST 国发（600538）2008 年 10 月 28 日至 2009 年 3 月 16 日期间走势图，如图标注所示，此股在一波快速上涨走势中出现了递增式放量形态，而递增式放量过程后的量能最大值处就是此股这一波上涨走势结束的信号。

图 4-19　*ST 国发短期快速上涨时的递增式放量形态示意图

第三节　缩量形态实战解读

缩量也是最常见的量能变化形态，是多空双方交锋趋于平淡的表现，它既可以出现在一波涨势之后，这时的缩量形态可以看作是对"放量上涨，缩量回调"这种常态量价配合关系的体现；也可以出现在顶部区或是下跌途中，这是买盘已经入场完毕或是买盘资金无意入场的表现。下面我们结合实例来介绍如何利用缩量形态判断价格的走势，并开展实盘操作。

一、上升途中的缩量回调或缩量盘整形态实战解读

上升途中的缩量回调及缩量盘整走势是对短期获利抛压的一种释放，也是对"放量上涨，缩量回调"这种常态量价配合关系的一种体现，通过结合个股放量上涨时的量能放大程度，及随后缩量回调（或是缩量盘整）时量能萎缩程度，我们甚至可以捕捉到主力的控盘行为。

图 4-20 为飞亚达 A（000026）2008 年 10 月 14 日至 2009 年 4 月 3 日期间走势图，如图标注所示，此股在步入升势后，我们可以看到它在上涨时出现了明显的放量形态，这是资金涌入的迹象；如图中标注所示，在随后的回调走势中则出现了快速的量能萎缩，这说明前期涌入此股的买盘资金并没有大量抛出，反而是进行了积极的锁仓，从回调时的缩量形态可以知道，这时的回调走势仅仅是源于少量获利盘的抛售，并不会改变此股已经确立的多方占优格局，因而，这是升势仍将持续下去的标志。

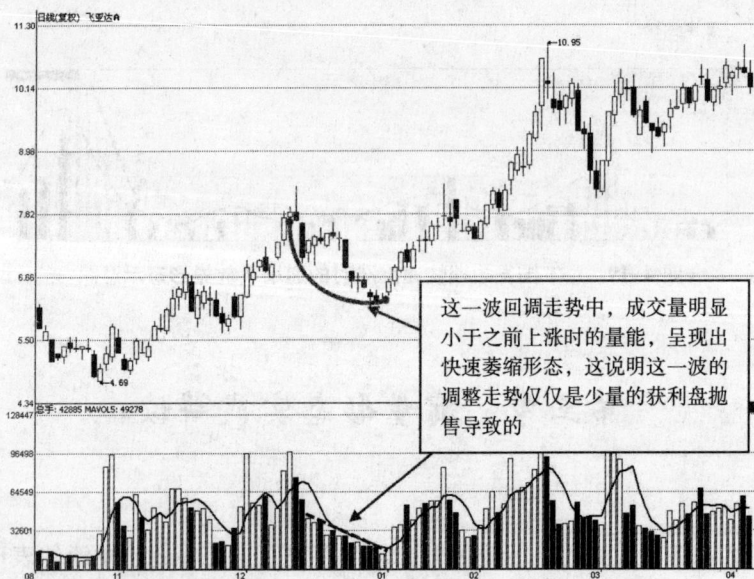

图 4-20 飞亚达 A 上升途中的缩量回调形态示意图

二、顶部区的缩量形态实战解读

当股市或个股经过了持续的上涨之后，因多方力量转弱、空方力量转强而进入顶部区，顶部区就是因为多方无力再度推升价格上涨而出现的，这

时，成交量会有所减小，这是买盘资金数量开始减少的标志，也是多方力量开始趋弱的标志，因而，顶部区的量能往往是以缩量形态呈现出来的。

图4-21为三佳科技（600520）2009年2月18日至2010年2月9日期间走势图，如图标注所示，此股在持续上涨后，于高位区出现震荡滞涨走势，随着该走势的持续，成交量也开始趋于萎缩，这是买盘已入场完毕的信号，也是顶部出现的明显标志。

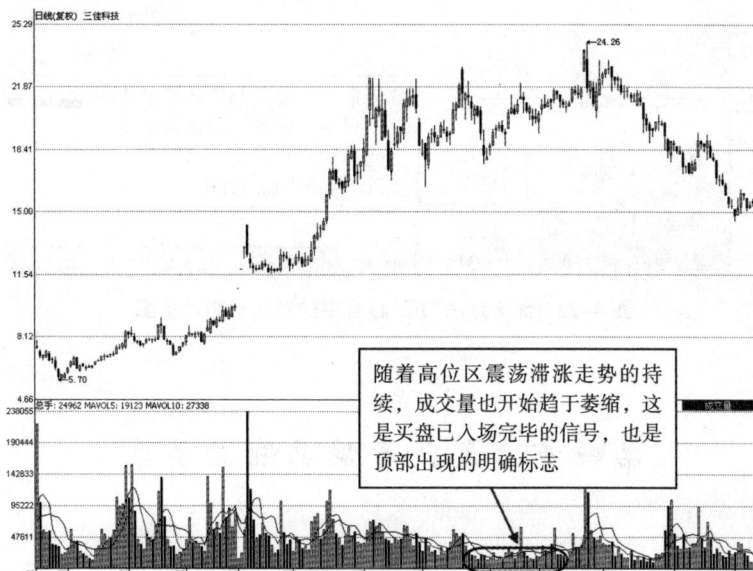

图4-21 三佳科技顶部区的缩量形态示意图

三、下跌途中的缩量形态实战解读

当个股步入下跌趋势后，其成交量往往是以一种明显萎缩形态（相对于前期上升趋势时的量能及顶部震荡走势中的量能而言的），这是场外买盘资金无意入场的表现，只要这种缩量形态不改观，一般来说，下跌趋势就难以终止。

图4-22为深天地A（000023）2007年4月25日至2008年11月23日期间走势图，如图标注所示，此股在步入下跌趋势后，我们可以看到它在下跌趋势中的平均成交量要明显地小于前期上升趋势中的平均成交量，这种持续的缩量下跌形态也可以说是下跌趋势中最为常见的量能形态，是场外买盘资金迟迟无意入场的表现，也是下跌趋势仍将持续运行下去的标志。

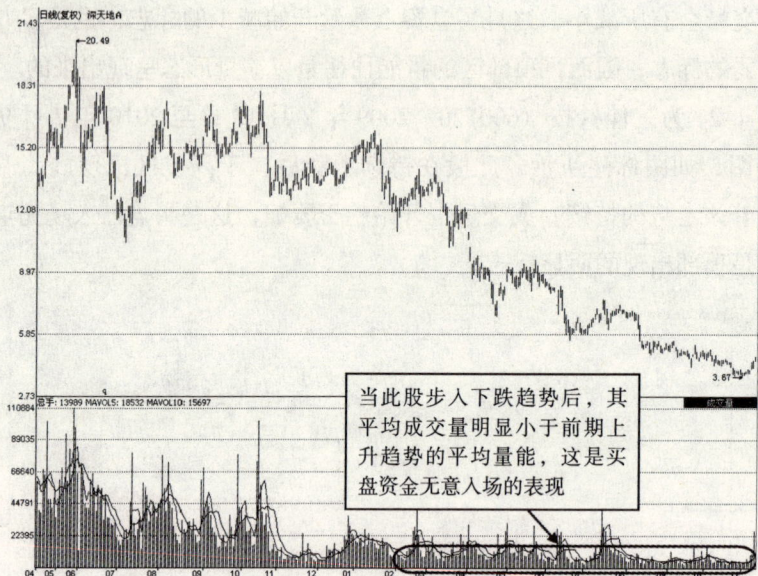

当此股步入下跌趋势后，其平均成交量明显小于前期上升趋势的平均量能，这是买盘资金无意入场的表现

图 4-22　深天地 A 下跌趋势中的缩量形态示意图

第四节　关注量能的缩放关系

在对运行成交量形态的变化进行实盘分析时，我们不仅要关注放量形态与缩量形态，更要关注放量与缩量之间的前后变化过程，因为这可以让我们动态地看清楚市场所发生的情况，主力资金的控盘情况等重要信息，只有以动态的眼光来看待波浪起伏的量能变化，我们才能准确地分析并预测出价格的后期走势。量能的缩放方式多种多样，我们无法一一讲解，本节中，我们重点讲解两种不同的缩放过程，以求起到抛砖引玉的作用。这两种缩放方式为："次低位横盘缩量形态"与"二次探低缩量形态"，它们均与主力的参与有关。

一、次低位横盘缩量形态实战解读

次低位横盘缩量形态是一种较为特殊的缩量形态，它可以有效地帮助我们捕捉主力动向。所谓的次低位是指当个股经持续下跌，于深幅下跌后的低位区出现一波放量上涨走势，随后，此股在距离阶段性最低点有一定涨幅的位置区出现盘整走势，这一位置从局部角度来看，并不是最低位，而是一个相对的高位，但是从中长线的角度、从个股前期的累计跌幅来看，它却仍然是一个极低的价位区，那么这一位置区就是次低位。

次低位横盘缩量形态出现于一波强势的放量上涨走势之后，相对于之前上涨时的量能而言，此时盘整走势时的成交量萎缩得非常明显，它多是主力大力建仓后的锁仓表现。正是由于主力在之前的一波上涨走势进行大量的建仓，并在随后进行积极的锁仓，才致使此股的阶段性抛压较轻，从而出现效果鲜明的缩量盘整走势。一般来说，这样的个股在后期都有较为强势的表现，其随后的涨幅应远远强于同期大盘，因为它毕竟是有主力在积极运作的股票。

图 4-23 为深天健（000090）2008 年 6 月 6 日至 2009 年 2 月 2 日期间走势图，如图标注所示，此股在低位区出现一波放量上涨走势，随后于次低位区开始出现效果鲜明的缩量盘整走势，这种先是明显放量上涨，随后大幅缩量的形态出现在低位区的上涨过程中，往往是主力资金先建仓、再锁仓的标志，这也预示着此股后期将有不俗的表现，是我们中长线买股布局的信号。

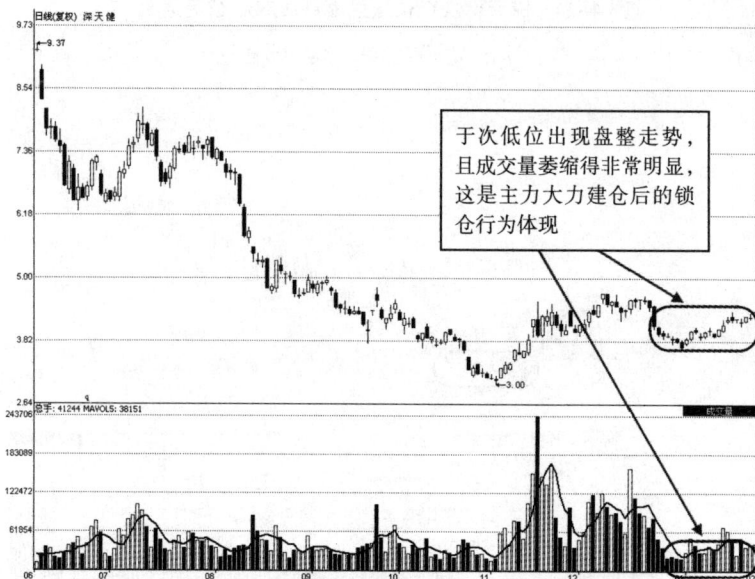

图 4-23 深天健次低位横盘缩量形态示意图

如图 4-24 标示了此股在这一次低位横盘缩量之后的走势情况，可以看到，此股随后在主力资金的运作下出现了中长线的强势上涨。

图 4-25 为北辰实业（601588）2008 年 10 月 22 日至 2009 年 7 月 3 日期间走势图，如图标注所示，此股在低位区出现了一个效果鲜明的次低位横盘

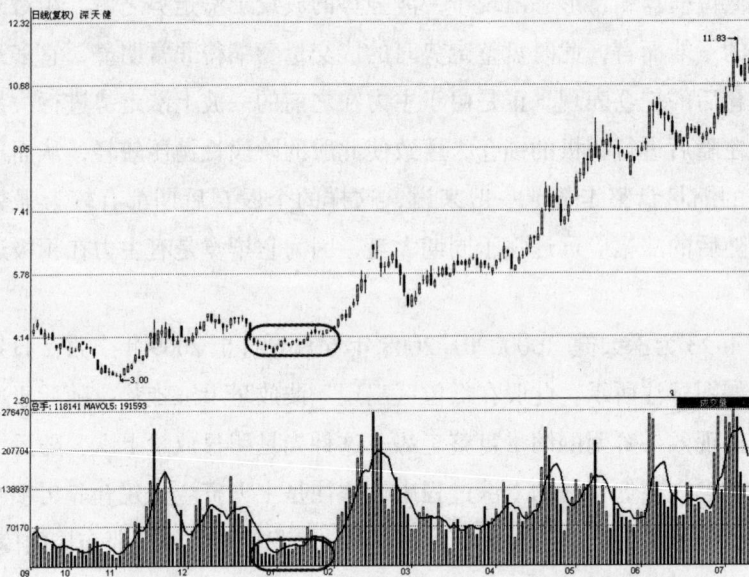

图 4-24　深天健次低位横盘缩量后的形态走势图

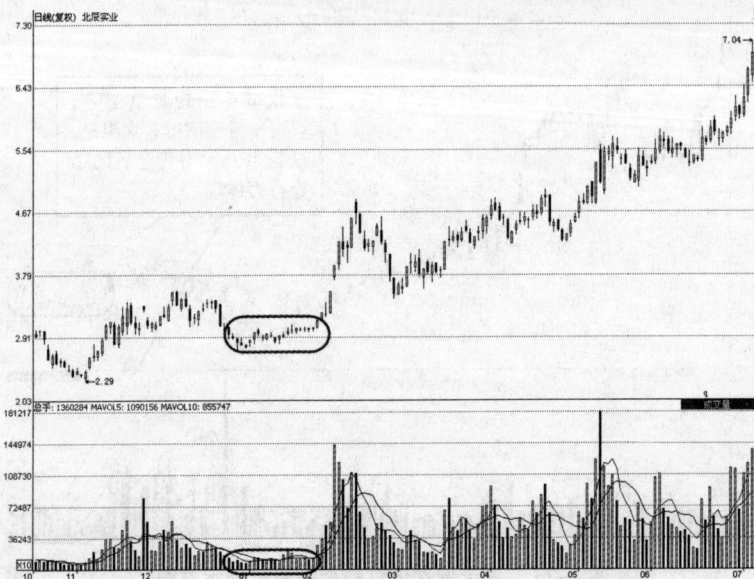

图 4-25　北辰实业次低位横盘缩量的形态示意图

缩量形态，这与主力资金的积极参与有关，而且是主力资金先建仓、再锁仓的体现。因而，在实盘操作中，当此股出现这种次低位横盘缩量形态时，我们既可以短线参与此股，也可以中长线布局此股。

二、二次探低缩量形态实战解读

所谓"二次探低"是指宽幅震荡过程中或是一波深幅回调走势中所出现的第二次探至阶段性低点的走势。二次探低缩量是指股市或个股在第二次探至阶段性的低点时其量能明显地小于前一次探至这一点位时的量能，通过二次探低时的缩量形态我们可以很好地把握主力动向。一般来说，当大盘指数出现二次探低缩量形态时，预示着空方力量已在震荡过程中出现了明显的减弱，是一波反弹上涨走势即将出现的信号；当个股出现二次探低缩量形态时，则表明个股在经历了震荡之后，主力的控盘能力开始增强，是一波上涨走势即将出现的信号。

图 4-26 为北京城建（600266）2009 年 3 月 9 日至 10 月 12 日期间走势图，如图标注所示，此股在持续上涨的上升途中出现了深幅调整走势，当此股在调整过程中第二次探至阶段性低点时，我们可以看到其成交量出现了明显的缩小（如图中箭头标注所示），这是主力控盘能力增强的标志，预示着

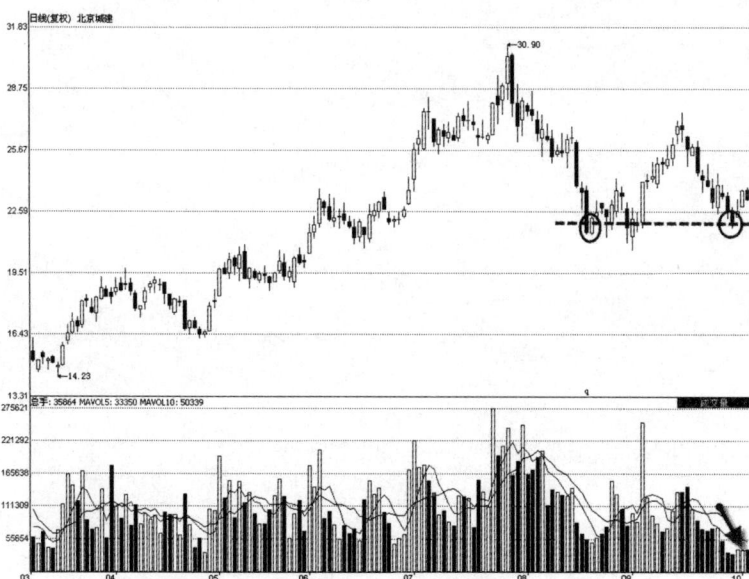

图 4-26　北京城建二次探低缩量形态示意图

个股随后将展开阶段性的反弹上涨走势，是我们短线买股的信号。如图 4-27 标示了此股经历二次探低缩量形态后的走势情况。

图 4-27　北京城建二次探低缩量形态后的走势图

第五章　短线形态实战 1
——单日 K 线形态

单日 K 线形态是多空双方在一个交易日中交锋情况的体现，透过单日 K 线形态，我们可以很好地了解到多方或空方在当日盘中的表现，是多方攻击成功，还是空方打压受阻？不同的单日 K 线形态体现了不同的市场交投过程、蕴涵着不同的市场含义，在结合价格阶段性走势的基础之上，我们就可以利用一些较为典型的单日 K 线形态来把握多空双方阶段性力量转变情况，从而进行阶段性的高抛低吸短线操作。

第一节　长阳线

长阳线是指实体较长、影线较短的阳线形态，它可以出现在价格走势的不同阶段，其所蕴涵的市场含义也不尽相同。例如：长阳线出现在上升途中的一波上涨走势中，此时，它是多方力量强劲，个股升势正在加速进行的标志；又如：长阳线出现在下跌途中的一波反弹走势中，这往往是对短期内多方力量的一种过度消耗，预示着反弹走势即将结束。下面我们结合实例来看看如何利用长阳线分析价格的后期走势。

图 5-1 为济南钢铁（600022）2009 年 1 月 22 日至 6 月 24 日期间走势图，此股在上升途中出现了较长时间的盘整走势，如图标注所示，随后于盘整区的突破位置处出现了一个放量长阳线形态，这是多方力量较强的表现，值得注意的是：在长阳线之前的两个交易日，此股呈现出明显的放量上涨形态，而量能再度放大的长阳线则使得此股的一波突破上涨走势呼之欲出，结

合此股前期的累计涨幅不大、盘整走势中的股价重心震荡上移等走势特征，我们可以认为这是多方力量再度发起攻击的信号，预示着一波突破上涨行情的出现。如图 5-2 标示了此股在这一放量长阳线出现后的走势情况，可以看

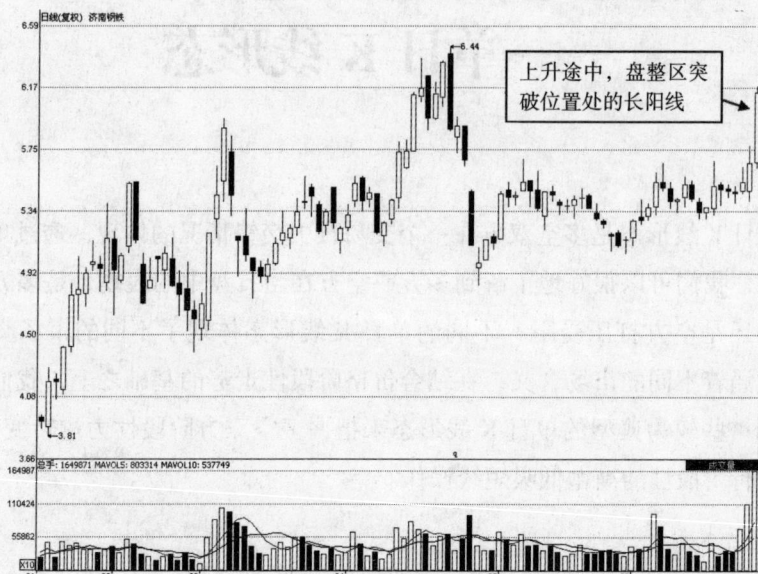

图 5-1　济南钢铁上升途中盘整区突破位置处的长阳线形态示意图

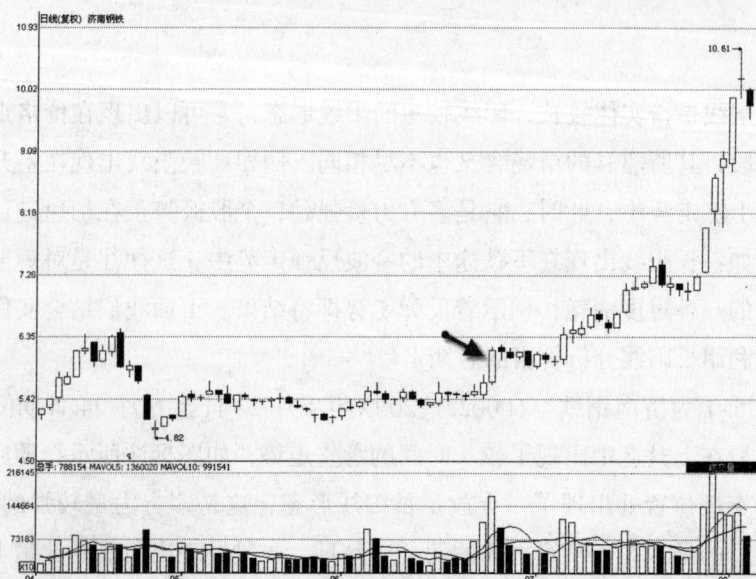

图 5-2　济南钢铁盘整区突破位置处的长阳线形态出现后的走势图

到，多方随后发起了一波强有力的攻势，而出现在盘整突破区位置上的这一放量长阳线就是多方发动攻击的最初信号。

图 5-3 为兰州民百（600738）2008 年 12 月 24 日至 2009 年 4 月 21 日期间走势图，如图所示，此股在经历了 2008 年 11 月前后的低位震荡之后，开始步入升势，在上升途中，我们可以看到此股是以经常性的长阳线为单日 K 线形态的主基调的，而同期的阴线则是数量较少、实体较短，这说明多方已完全占据主导地位，经常性出现的长阳线形态既是升势依旧的信号，也是我们持股待涨的信号。

图 5-3　兰州民百上升途中的长阳线形态示意图

上升途中的长阳线往往也是主力推升个股时的一种操盘手法的体现，主力通过单日的长阳线使个股的股价上升一层；随后，在主力的积极运作下，个股开始强势盘整，保住这一长阳线的胜果。当短期内的抛压减轻时，主力则会再度通过单日的长阳线使个股的股价再升一层，从而实现股价的步步走高，达到逐步推升个股上涨的目的。

图 5-4 为一汽富维（600742）2009 年 8 月 17 日至 2010 年 1 月 5 日期间走势图，如图所示，当此股步入上升趋势后，主力正是通过使用单日长阳线来达到逐步推升个股上涨这一目的的，从走势图中可以看到，每一个强势盘

整后的长阳线都促使个股再涨一层；随后，主力积极运作，使个股保住这一单日长阳线的推升成果。主力的这一控盘手法通过"单日长阳线—强势盘整—单日长阳线"这种循环出现的形态得到了直观的体现，在实盘操作中，只要这种形态能够得以良好的保持，只要个股不在长阳线之后出现长时间的震荡滞涨走势，我们就可以积极地持股待涨，等待主力的继续推升。

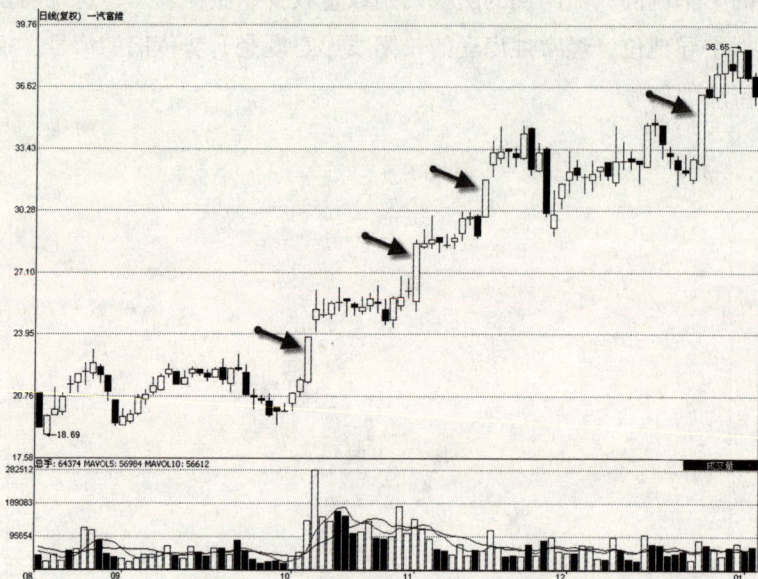

图 5-4　一汽富维上升途中主力通过长阳线步步推升股价的示意图

第二节　长阴线

　　长阴线是指实体较长、影线较短的阴线形态，它可以出现在价格走势的不同阶段，其所蕴涵的市场含义也不尽相同。例如：长阴线出现在下跌途中的一波下跌走势中，此时，它是空方力量强劲，个股跌势正在加速进行的标志；又如：长阴线出现在下跌途中的盘整走势后，则预示着新一波下跌行情的展开。下面我们结合实例来看看如何利用长阴线分析价格的后期走势。

　　图 5-5 为中海发展（600026）2009 年 12 月 21 日至 2010 年 4 月 19 日期间走势图，此股在下跌途中出现了较长时间的盘整走势，如图标注所示，随

后于盘整区的向下破位处出现了一个放量长阴线形态，这是空方力量开始发起攻击的信号，当日的量能明显放大也说明空方抛压沉重，这种形态预示着个股的一波下跌走势正在展开。如图 5-6 标示了此股在这一放量长阴线出现

图 5-5　中海发展下跌途中盘整区向下破位处长阴线形态示意图

图 5-6　中海发展盘整区向下破位处长阴线出现后的走势图

后的走势情况，可以看到，空方随后发起了一波强有力的攻势，而出现在盘整突破区向下破位处的这一放量长阴线就是空方发动攻击的最初信号。

图 5-7 为海正药业（600267）2009 年 10 月 15 日至 2010 年 7 月 2 日期间走势图，如图标注所示，此股在高位震荡走势中出现了一个实体极长的长阴线形态，这是市场抛压沉重的表现，它表明此股难以突破上行，是短期内下跌走势即将展开的信号。

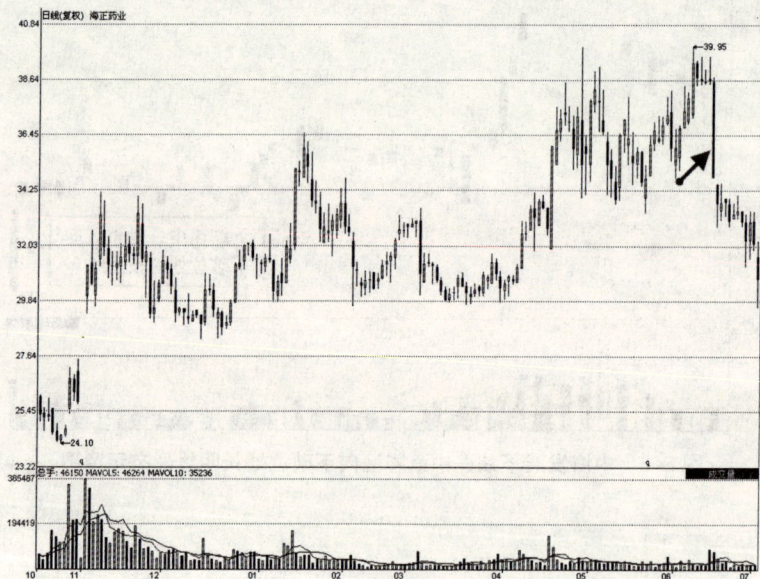

图 5-7　海正药业高位震荡区的长阴线形态示意图

图 5-8 为上证指数 2009 年 5 月 15 日至 9 月 2 日期间走势图，如图中箭头标注所示，股市在持续上涨过程中，于持续上涨后的高位区出现了一个实体极长的大阴线形态，且当日的成交量明显放大，这是市场抛压快速增强的标志，由于股市的累计涨幅及阶段性涨幅均较大，因而，这一形态预示着股市阶段性顶部的出现。

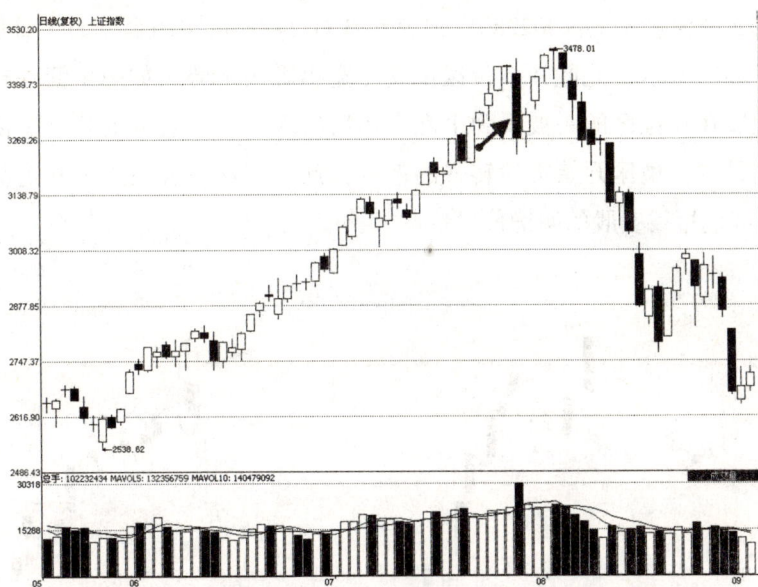

图 5-8　上证指数上升途中高位区的长阴线形态示意图

第三节　长上影线与射击之星

　　长上影线形态是指上影线较长的阳线或阴线形态，在这一形态中，上影线的长度应长于实体，且没有下影线或下影线极短。这种形态表明多方曾于当日盘中发起过攻势，但这种攻势却是无功而返的，一般来说，这种形态多出现在一波涨势的末期，是空方抛压开始快速增强，而多方无力再度推升价格上涨的体现，下面我们结合实例来看看如何利用长上影线形态预测价格的走势。

　　在实盘操作中，我们可以依据上影线与实体的长度对比情况，来分析当前多空双方的实力对比情况，如果上影线仅仅是略长于实体，则说明多方攻击力度仍然较强，此时，只要价格的阶段性上涨幅度不是很大，则我们仍然可以持股待涨；若是上影线显著地长于实体，则说明市场抛压陡然增强，如果此时的价格正处于一波涨势后的相对高点，则随后的短期下跌回调走势多是不可避免的。

图 5-9 为新世纪（002280）2010 年 3 月 24 日至 2010 年 7 月 5 日期间走势图，如图所示，此股在高位区出现了宽幅震荡走势，如图中箭头标注所示，此股在高位区的一波反弹上涨走势后出现了一个明显的长上影阴线形态，这是空方抛压开始突然转强的信号，预示着这一波反弹上涨走势的结束，是我们短线卖股的明确信号。

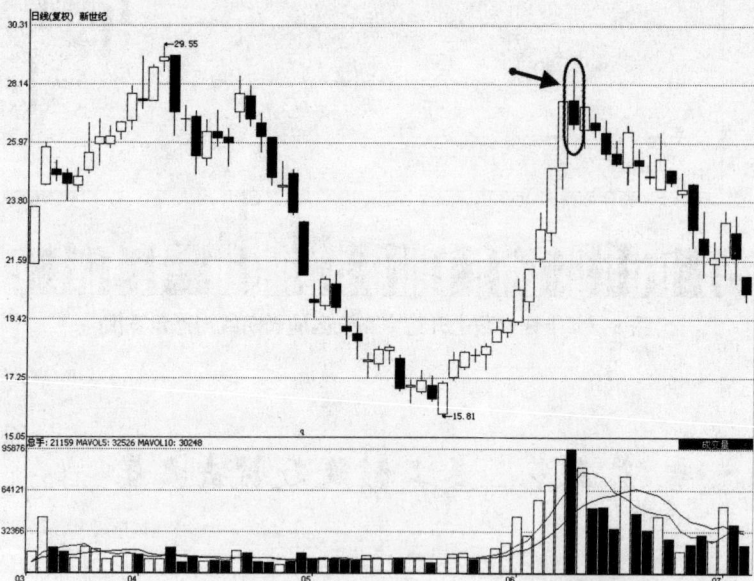

图 5-9　新世纪反弹上涨走势后的长上影阴线形态示意图

图 5-10 为吉峰农机（300022）2009 年 10 月 30 日至 2010 年 1 月 12 日期间走势图，如图所示，此股在作为新股正式登陆深交所后，因其所独具的连锁销售模式而受到了主力的强力炒作，短期内出现了飙升走势，而这一波飙升走势的终点正是以一个上影线长的长上影阳线形态为结束标志的。这也可以看出：当长上影线形态出现在一波上涨后的高点时，它的确是价格走势即将出现阶段性反转的准确信号。

图 5-11 为星马汽车（600375）2010 年 1 月 22 日至 2010 年 5 月 13 日期间走势图，如图所示，此股在短期的一波快速上涨后，于阶段性的高点出现了两个明显的长上影线形态，与上面两个例子有所不同，本例中的长上影线形态其实体极短而上影线则极长，一般来说，这种形态也称之为"射击之星"，当它出现在一波快速上涨走势后，同样是市场抛压沉重的表现，预示

着阶段性下跌回调走势即将展开,是我们短线高抛个股的信号。

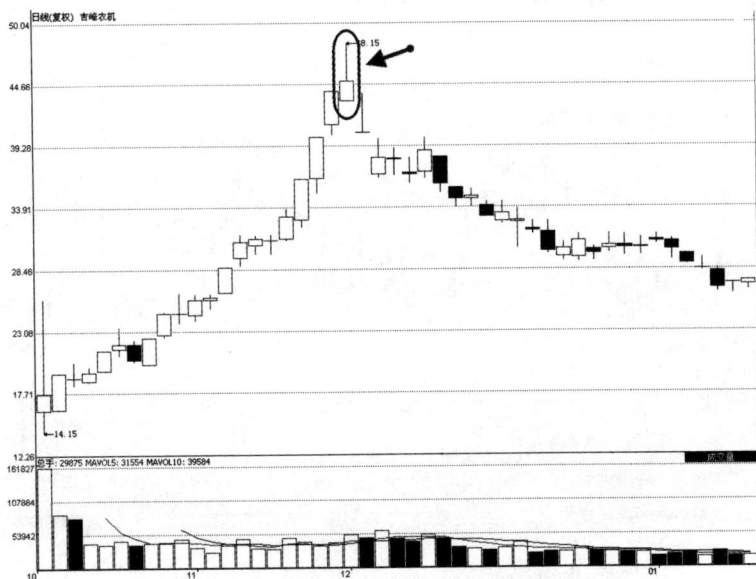

图 5-10 吉峰农机强势上涨后的长上影阳线形态示意图

图 5-11 星马汽车短期快速上涨后的"射击之星"形态示意图

图 5-12 为钱江生化(600796)2009 年 9 月 22 日至 2010 年 4 月 20 日期间走势图,如图所示,此股在震荡走势中的阶段性高点位出现了两个"射击

之星"（如图中箭头标注所示），这两个"射击之星"均是市场抛压沉重的表
现，预示着一波下跌回调走势的展开。

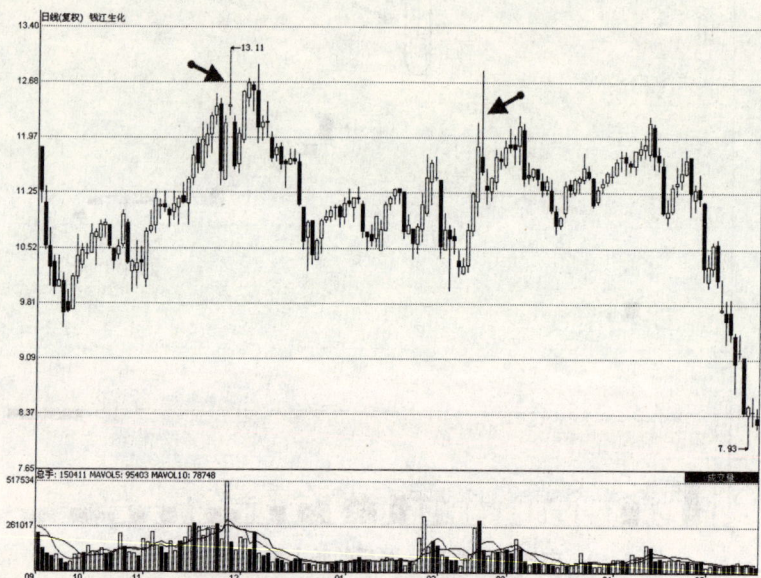

图 5-12　钱江生化震荡走势中的"射击之星"形态示意图

　　长上影线更多地出现于一波快速上涨走势后的相对高点，此时，它是空
方抛压陡然增强的标志，也是一波下跌回调走势即将展开的信号。但这种长
上影线形态也可以出现在价格走势的其他阶段，此时，它仅仅只是一种普通
的 K 线形态，并不一定是预示价格下跌走势即将展开的信号，因而，在利用
长上影线形态进行短线卖出操作时，我们一定要结合个股的阶段性走势情况
来综合分析，切不可仅仅依据一个长上影线形态，而不顾其前期走势，就盲
目地展开卖出操作。

　　图 5-13 为两面针（600249）2009 年 11 月 18 日至 2010 年 4 月 15 日期
间走势图，如图中箭头标注所示，此股在震荡过程中的相对低点位区域，出
现了一个长上影线形态，由于这一形态出现在阶段性的相对低位区，因而，
它并不是抛压沉重的体现，我们仅仅只能将其看作是多方力量尚没有很好地
会聚起来的标志，可以说，在实盘操作中，它并不是一个短线卖股的信号。

图 5-13 两面针盘整震荡中相对低点位区的长上影线形态示意图

第四节 长下影线与探底神针

长下影线形态是指下影线较长的阳线或阴线形态，在这一形态中，下影线的长度应长于实体，且没有上影线或上影线极短。这种形态表明空方曾于当日盘中发起过攻势，但这种攻势却是无功而返的，一般来说，这种形态多出现在一波跌势的末期，是多方承接力度开始显著增强的表现，预示着一波反弹上涨行情即将出现。

图 5-14 为华芳纺织（600273）2009 年 10 月 29 日至 2010 年 4 月 21 日期间走势图，如图所示，此股在上升途中出现了盘整震荡，在盘整震荡过程中的相对低点，出现了一个明显的长下影阳线形态，这是阶段性调整走势结束的信号，也可以作为我们短期买股的信号。

图 5-15 为东风汽车（600006）2009 年 10 月 26 日至 2010 年 4 月 15 日期间走势图，如图所示，此股在一波深幅回调走势后，于阶段性的低点出现了一个长下影阳线形态（如图中箭头标注所示），这是空方无力再度打压股

价，多方反击意图强烈的信号，预示着随后出现的反弹上涨走势，是我们进行短线买股的信号。值得注意的是，此股在阶段性的顶点还出现了一个射击之星形态，如图中标注所示。

图 5-14　华芳纺织盘整震荡中的长下影阳线形态示意图

图 5-15　东风汽车深幅回调走势后的长下影线形态示意图

图 5-16 为保税科技（600794）2009 年 11 月 19 日至 2010 年 4 月 9 日期间走势图，如图所示，此股在上升途中出现了盘整走势，并且在盘整走势中的相对低点处出现了一个长下影阳线形态，与上面一个例子有所不同，本例中的长下影线形态其实体极短，而下影线则极长。一般来说，这种形态也称之为"探底神针"。当它出现在一波快速下跌走势后或是震荡走势中的阶段性低点时，是多方开始强烈反攻的信号，预示着阶段性的反弹上涨走势即将展开，是我们短线低吸个股的时机。

图 5-16　保税科技震荡盘整相对低点位区的"探底神针"形态示意图

图 5-17 为中化国际（600500）2009 年 11 月 11 日至 2010 年 4 月 14 日期间走势图，如图中箭头标注所示，此股在一波震荡回调走势中的相对低点位，出现了一个下影线极长、实体极短的"探底神针"形态，这是多方开始发动强势反击的标志，也是个股阶段性调整走势结束的标志，可以作为我们短线买股的明确信号。

长下影线更多地出现于一波快速下跌走势后的相对低点，此时，它是空方无力再度打压股价、多方承接力度显著增强的标志，也是一波反弹上涨走势即将展开的信号。但这种长下影线形态也可以出现在价格走势的其他阶段，此时，它仅仅只是一种普通的 K 线形态，并不一定是预示价格反弹上涨走势即将展开的信号，因而，在利用长下影线形态进行短线买股操作时，我们一定要结合个股的阶段性走势情况来综合分析，切不可仅仅依据一个长下影线形态，而不顾其前期走势，就盲目地展开买入操作。

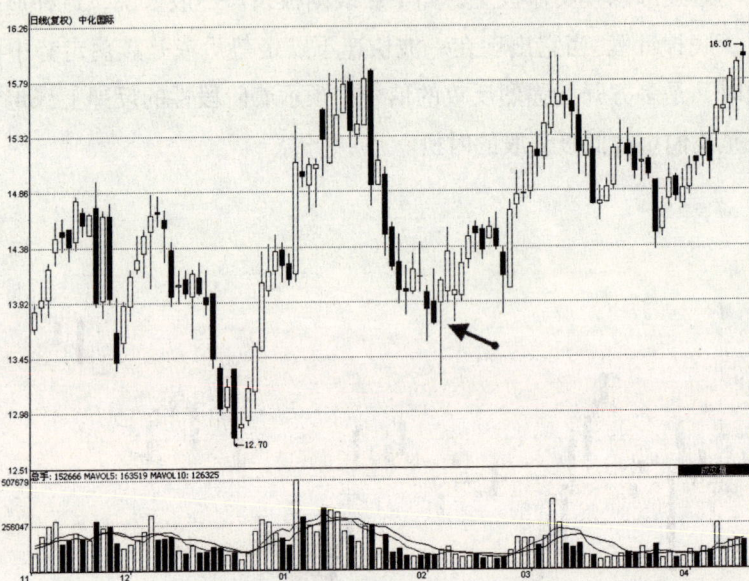

图 5-17 　中化国际震荡回调走势中的"探底神针"形态示意图

　　图 5-18 为广聚能源（000096）2010 年 1 月 4 日至 4 月 29 日期间走势图，如图中箭头标注所示，此股在震荡过程中的相对高点位区域，出现了一个长下影线形态，由于这一形态出现在阶段性的相对高位区，因而，它非但不是多方反击的信号，反而是空方在盘中打压力度较为凶狠的反映，可以说，在实盘操作中，它甚至可以作为我们短线卖股的一个信号。

　　图 5-19 为大冷股份（000530）2010 年 1 月 29 日至 6 月 8 日期间走势图，如图所示，此股在一波上涨后的高位盘整区也出现了一个下影线很长的长下影线形态，但出现在此位置区的长下影线形态显然不是我们的短线买入信号，投资者在利用长下影线形态进行短线买入操作时还需结合价格的阶段性走势情况来综合分析。

图 5-18　广聚能源震荡盘整相对高点位区的长下影线形态示意图

图 5-19　大冷股份高位盘整区的长下影线形态示意图

<h1 style="text-align:center">第五节　宽幅震荡与长十字星</h1>

宽幅震荡形态是指个股在当日的盘中震荡幅度较大（一般指超过 10%），一般来说，如果其实体相对较短时，则它的上下影线就会较长；如果上下影线相对较短时，则它的实体部分就会较长。当其实体极短或是几乎没有实体部分时，我们可以将这一宽幅震荡形态称之为"长十字星"形态。一般来说，宽幅震荡形态（包括"长十字星"形态）更常见于一波涨势后的相对高点，它是多空双方分歧明显加剧的体现，往往预示着一波下跌回调走势即将展开；如果宽幅震荡形态是以一种放量阴线呈现出来的，则它所预示的价格下跌就更为准确。

如果宽幅震荡形态（特别是"长十字星"形态）出现在一波深幅调整后的低点位，则多是一波反弹上涨走势即将展开的信号。

图 5-20 为卫士通（002268）2009 年 10 月 9 日至 12 月 21 日期间走势图，如图所示，此股在经一波快速上涨后，于阶段性的高点位出现了一个上

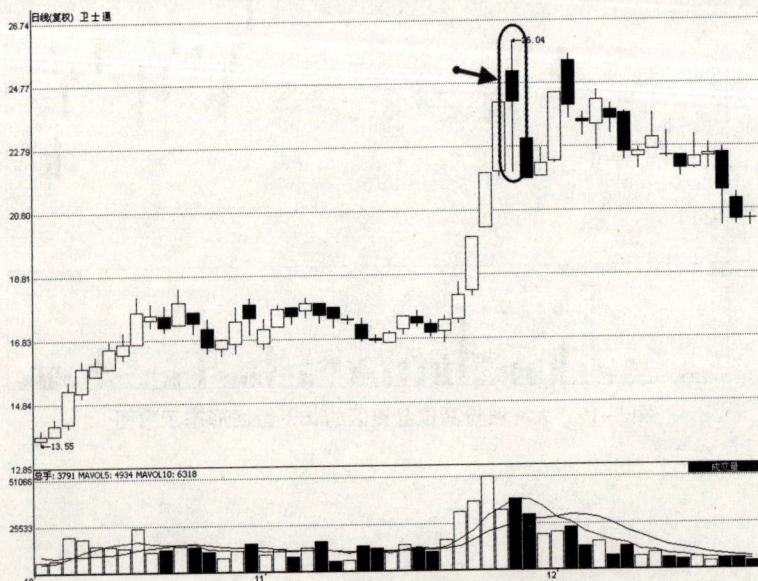

图 5-20　卫士通阶段性高点位的宽幅震荡形态示意图

下影线均较长的宽幅震荡形态，这是多空双方分歧开始加剧的标志，而且宽幅震荡的阴线形态也说明空方在盘中的打压力度较大、多方不再占有优势，是其一波下跌回调走势即将展开的信号，也是我们应选择进行阶段性高点抛售个股的信号。

图 5-21 为飞马国际（002210）2009 年 12 月 28 日至 2010 年 4 月 2 日期间走势图，如图所示，此股在经过上升途中的一波深幅调速走势之后，于阶段性的低点位出现了一个"长十字星"形态（如图中箭头标注所示），这一形态的出现是空方无力再度打压的标志，也是多方承接力度开始加强的标志，预示着一波反弹上涨走势即将展开，可以作为我们短线买股的信号。

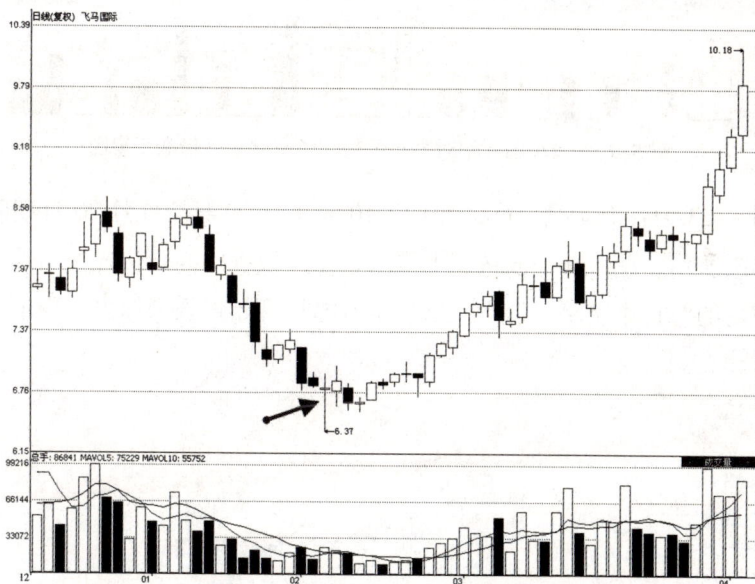

图 5-21 飞马国际阶段性低点位的"长十字星"形态示意图

图 5-22 为飞马国际（002210）2010 年 2 月 26 日至 2010 年 5 月 12 日期间走势图，如图所示，此股在一波快速上涨后的阶段性高点出现了一个"长十字星"形态，这与它之前阶段性低点位所出现的"长十字星"形态显然蕴涵了不同的市场含义，这时的"长十字星"形态是空方的盘中抛压突然大幅增强的标志，预示着一波下跌回调走势即将展开，是我们短线卖股的信号。

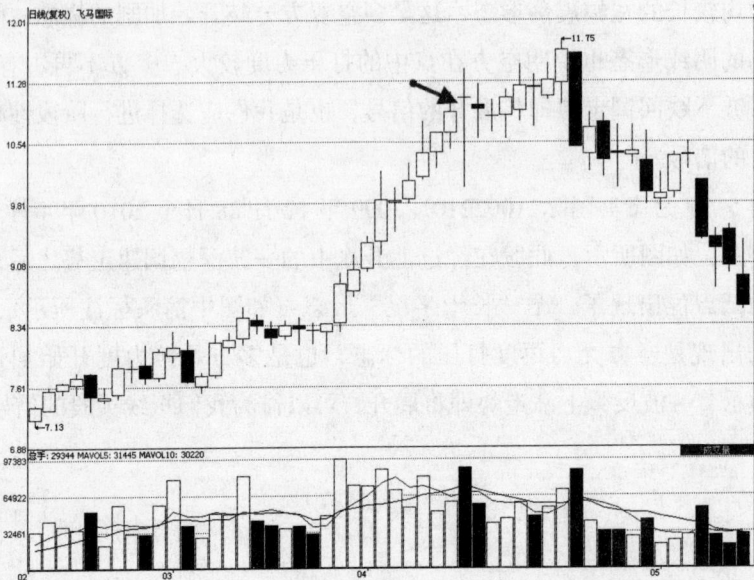

图 5-22　飞马国际相对高点位的"长十字星"形态示意图

图 5-23 为青海华鼎（600243）2010 年 1 月 29 日至 5 月 20 日期间走势图，如图所示，此股在一波快速上涨后，于阶段性的高点位置处出现了股价宽幅震荡的"长十字星"形态，这是空方抛压开始增强的标志，预示着阶段

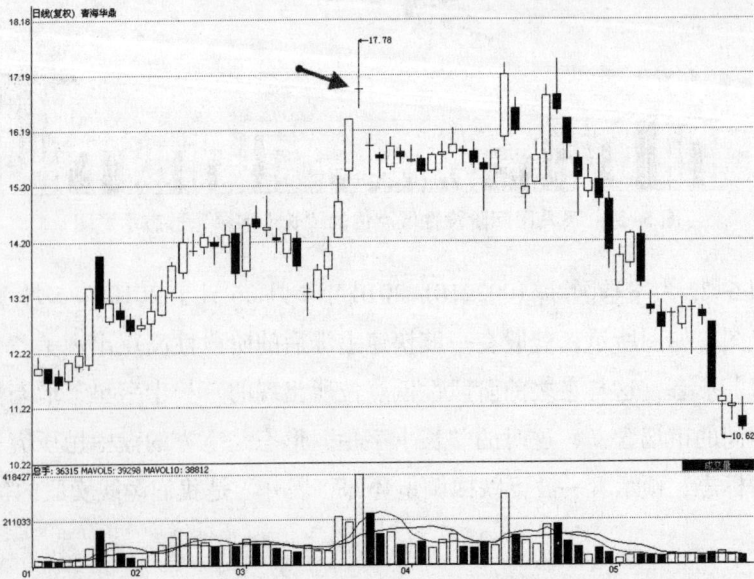

图 5-23　青海华鼎阶段性高点位的"长十字星"形态示意图

性上涨走势的结束和随后下跌回调走势即将展开，是我们短线卖股的信号。

第六节　出水芙蓉

　　"出水芙蓉"是一种主力资金做多意愿强烈的典型形态，也是我们短线追涨买入的明确信号之一。它是指深幅下跌后的反转走势中，或是相对低位区较长时间盘整走势后所出现的放量大阳线形态，这一根大阳线穿越了周期长短不一的三根均线（一般将三根均线的时间周期设定为 5 日、10 日、20日），并使得价格开始站于三根均线上方，这使得一轮突破上涨走势呼之欲出。

　　在利用"出水芙蓉"形态时，我们一定要注意价格的前期走势情况，只有"出水芙蓉"形态出现在低位盘整走势之后或是深幅下跌后的反转走势中，才是预示着一轮上升行情即将出现的可靠信号。

　　图 5-24 为 ST 兴业（600603）2009 年 8 月 18 日至 12 月 11 日期间走势图，图中的移动平均线系统由 MA5、MA10、MA20 三根均线组合而成，如

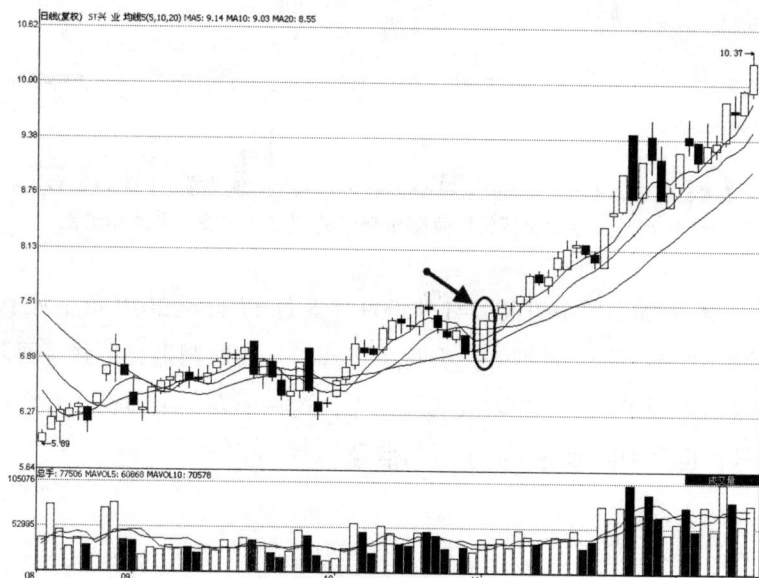

图 5-24　ST 兴业震荡盘整中的"出水芙蓉"形态示意图

图标注所示，此股在较长时间的震荡盘整走势中出现了一个"出水芙蓉"形态，我们可以看到当日的大阳线穿越了三根均线，并使得股价开始站于三根均线上方，这一形态就是"出水芙蓉"形态，是主力资金做多的明确信号之一，也是我们短线追涨买股的信号之一。

图 5-25 为大冷股份（000530）2009 年 11 月 27 日至 2010 年 4 月 16 日期间走势图，如图所示，此股在相对低位区的盘整走势中出现了一个上穿三根均线且成交量温和放大的大阳线形态，这一形态就是"出水芙蓉"形态，这是多方力量较强的标志，也是主力资金有意做多此股的标志。在实盘操作中，我们可以据此形态进行积极的短线买入。

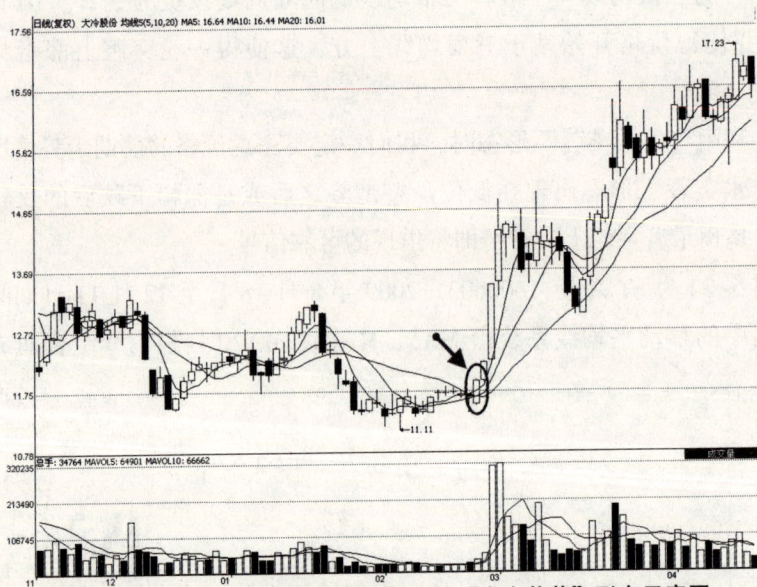

图 5-25　大冷股份低位区盘整走势中的"出水芙蓉"形态示意图

图 5-26 为佛山照明（000541）2009 年 8 月 17 日至 2010 年 1 月 19 日期间走势图，如图所示，此股在上升途中出现了一波回调走势，并于回调后的盘整区域中出现了一个"出水芙蓉"形态，这一形态是主力资金有意拉升个股的信号，也是个股即将突破上行的信号。

图 5-26　佛山照明回调后盘整区域中的"出水芙蓉"形态示意图

第七节　断头铡刀

　　"断头铡刀"形态与"出水芙蓉"刚好完全相反，它是一种市场抛压沉重，主力资金开始出逃的典型形态，也是我们应第一时间卖股离场的明确信号之一。它是指持续上涨后的反转走势中，或是相对高位区较长时间盘整走势后所出现的大阴线形态，这一根大阴线穿越了周期长短不一的三根均线（一般将三根均线的时间周期设定为 5 日、10 日、20 日），并使得价格开始站于三根均线下方，这使得一轮破位下跌走势即将出现。

　　图 5-27 为双钱股份（600623）2010 年 3 月 1 日至 5 月 21 日期间走势图，图中的移动平均线系统由 MA5、MA10、MA20 三根均线组合而成，如图标注所示，此股在高位区出现了较长时间的震荡盘整走势，并于随后出现了一个"断头铡刀"形态，我们可以看到当日的大阴线穿越了三根均线，并使得股价开始站于三根均线下方，这一形态就是"断头铡刀"形态，是一轮下跌行情即将展开的信号，也是个股破位下行的信号。

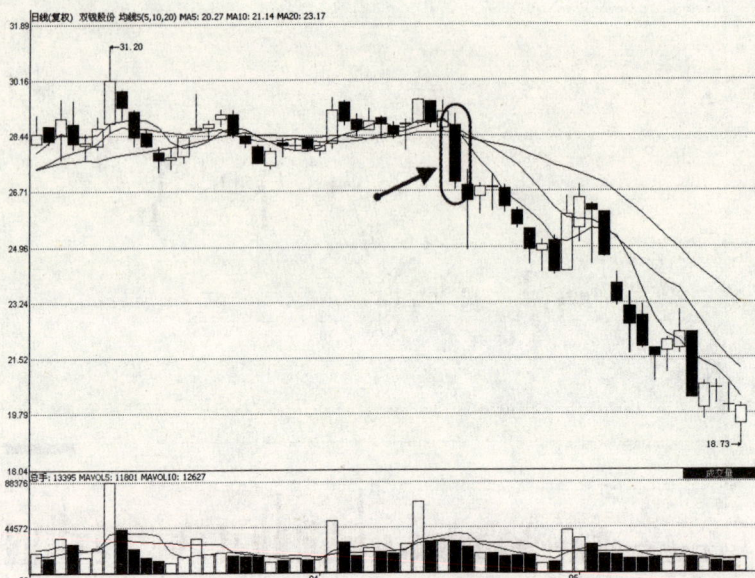

图 5-27　双钱股份高位区震荡盘整后的"断头铡刀"形态示意图

图 5-28 为百联股份（600631）2010 年 2 月 26 日至 2010 年 5 月 17 日期间走势图，如图所示，此股在经高位区的持续盘整走势后，股价重心出现了一定的下移，这是空方力量强于多方力量的表现，如图中箭头标注所示，在

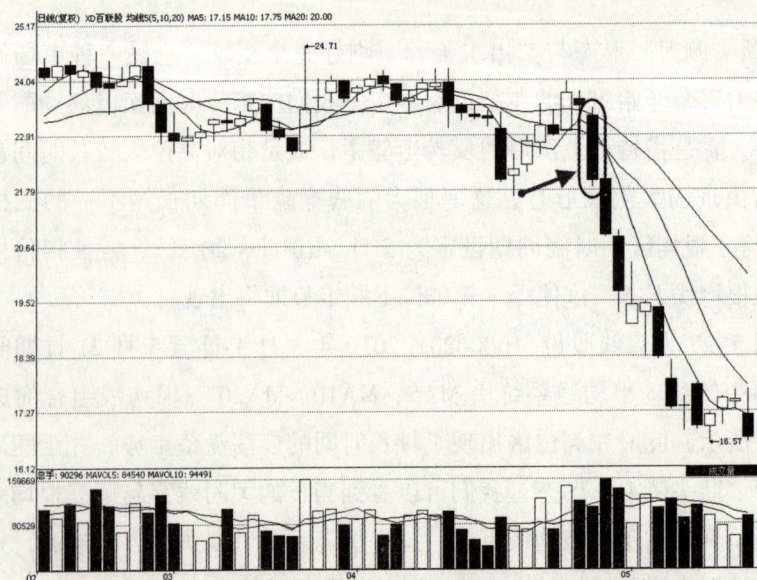

图 5-28　百联股份持续盘整走势后的"断头铡刀"形态示意图

持续盘整走势后出现了一根穿越三根均线，并使得股价站于均线下方的大阴线形态，这就是"断头铡刀"形态，是个股即将破位下行的信号。

图 5-29 为湖南投资（000548）2009 年 9 月 8 日至 2010 年 1 月 27 日期间走势图，如图中箭头标注所示，此股在一波快速上涨走势后的阶段性高位区出现了一个穿越三根均线的大阴线形态，这就是"断头铡刀"形态，它的出现既说明市场抛压沉重，也说明主力资金有出逃意图，是个股短期一波跌势即将展开的信号，也是我们短线操作中应及时卖股离场的明确信号。

图 5-29　湖南投资阶段性高位区的"断头铡刀"形态示意图

第六章　短线形态实战 2
——双日 K 线形态

利用典型的双日 K 线形态，我们可以很好地了解到多空双方力量的阶段性转变情况，当这些典型的双日 K 线形态（例如：孕线、抱线、乌云盖顶等）出现在一波上涨走势后的高点或是一波下跌走势后的低点时，往往是阶段性反转走势即将出现的信号，也是我们短线卖出或买入的明确信号。本章中，我们就介绍如何利用这些典型的双日 K 线形态来展开实盘操作。

第一节　孕　线

孕线是一种前长后短的双日 K 线组合形态，后面一根短 K 线的最高价低于前面一根长 K 线的最高价，后面一根短 K 线的最低价则高于前面一根长 K 线的最低价，这使得后面一根 K 线就犹如"孕于"前面一根长 K 线之中，故得名孕线。

一、阴孕线

在"孕线"形态中，如果前面的一根长 K 线为阳线，后面的一根短 K 线为阴线，则这种孕线称之为阴孕线。阴孕线多出现在一波上涨走势后的高位区，是多方力量阶段性枯竭、空方抛压开始转强的信号，预示着一波回调下跌走势即将出现。

图 6-1 为亿阳信通（600289）2009 年 10 月 12 日至 2010 年 2 月 9 日期间走势图，如图所示，此股在一波快速上涨后的高点位出现了前阳后阴的

"阴孕线"形态，这时的阴孕线之所以预示着阶段性反转走势即将出现，是因为阴孕线这种形态很好地体现了多空双方实力的转变：在阴孕线形态中，前面的长阳线由于出现在阶段性上涨走势后的相对高点位，因而它是对短期内多方力量的一种过度消耗，而随后的小阴线形态则说明空方抛压正开始转强。

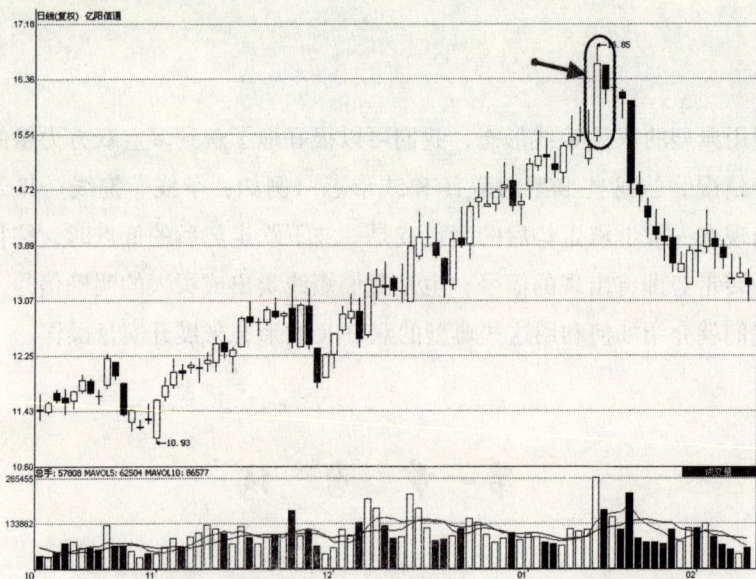

图 6-1 亿阳信通快速上涨后高点位的"阴孕线形态"示意图

图 6-2 为荣华实业（600311）2009 年 9 月 14 日至 2010 年 2 月 1 日期间走势图，如图所示，此股在持续上涨后的高位区出现震荡滞涨走势，并且在震荡过程中的相对高点出现了一个"阴孕线"形态（如图中箭头标注所示），由于这一形态本身就具有多方力量转弱、空方力量转强的含义，当它出现在阶段性的高点时，就更是一波下跌走势即将展开的准确预示了，因而，在实盘操作中，我们可以据此信号进行卖出操作。至于是进行短线的高抛，还是进行中长线的出局，则取决于个股的总体走势情况，对于本例来说，由于此股的这一"阴孕线"形态是出现在持续大涨后的高位震荡滞涨区，因而，它可以作为我们中长线卖股离场的信号。

图 6-2　荣华实业高位震荡滞涨区的"阴孕线"形态示意图

图 6-3 为洪都航空（600316）2010 年 1 月 29 日至 5 月 19 日期间走势图，如图中标注所示，此股在震荡上涨后的高点区出现多个小阴线孕于前面一根大阳线之内的形态，这虽然不是双日的孕线形态，但它与双日孕线的市

图 6-3　洪都航空震荡上涨后高点位区的"阴孕线"形态示意图

场含义是如出一辙的，而且其形态特征也与双日孕线是极其相似的，对于这种多日的组合形态，我们也可以将其称之为孕线。由于在这一组合形态中，前面是一根大阳线，而后面则是多根小阴线，因而，它属于阴孕线形态，预示着随后即将展开的是一波下跌回调走势，是我们短线卖股的信号。

二、阳孕线

在孕线形态中，如果前面的一根长 K 线为阴线，后面的一根短 K 线为阳线，则这种孕线称之为阳孕线。阳孕线多出现在一波下跌走势后的低位区，是空方力量阶段性枯竭，多方力量开始转强的信号，预示着一波反弹上涨走势即将出现。

图 6-4 为巢东股份（600318）2009 年 6 月 30 日至 2009 年 11 月 23 日期间走势图，如图所示，此股在一波快速下跌后的低点位出现了前阴后阳的阳孕线形态，这时的阳孕线之所以预示着阶段性反转走势即将出现，是因为阳孕线这种形态很好地体现了多空双方实力的转变：在"阳孕线"形态中，前面的长阴线由于出现在阶段性下跌走势后的相对低点位，因而它反映了短期内的空方力量已处于过度消耗状态中，而随后的小阳线形态则说明多方力量正逐步增强。

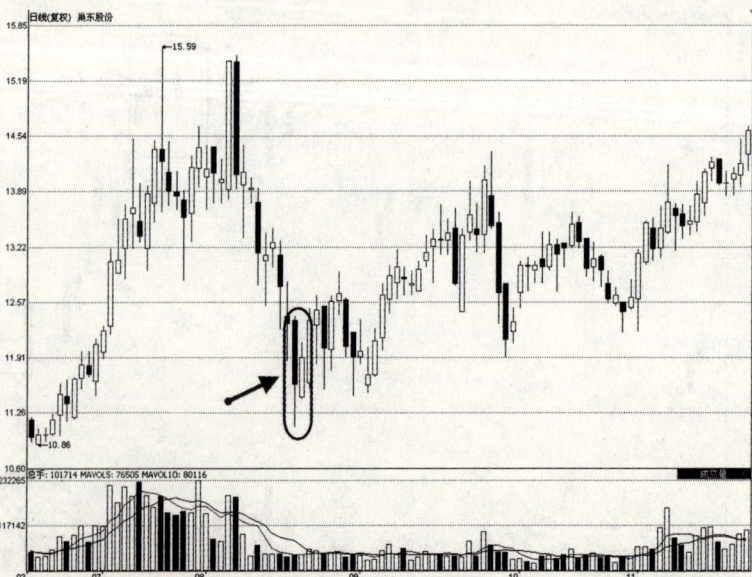

图 6-4 巢东股份快速下跌后低点位的"阳孕线"形态示意图

　　图 6-5 为实达集团（600734）2009 年 10 月 28 日至 2010 年 2 月 25 日期间走势图，如图所示，此股在上升途中出现了震荡盘整走势，并且在震荡过程中的相对低点出现了一个"阳孕线"形态（如图中箭头标注所示），这是空方阶段性抛压减轻，而多方力量则逐步增强的标志，预示着一波反弹上涨走势即将展开，是我们短线买入的信号。

图 6-5　实达集团震荡盘整后相对低点的"阳孕线"形态示意图

　　图 6-6 为友好集团（600778）2008 年 11 月 21 日至 2009 年 3 月 30 日期间走势图，如图所示，此股在经历了 2008 年 11 月前后的底部震荡走势后，开始步入升势，在上升途中出现了震荡整理走势，并在震荡整理走势中多次出现"阳孕线"形态，而每一次"阳孕线"形态都预示着此股阶段性调整走势的结束，这也恰恰印证了出现在相对低点的"阳孕线"形态是空方力量转弱、多方力量转强的标志，可以视作我们进行阶段性低吸的明确信号。

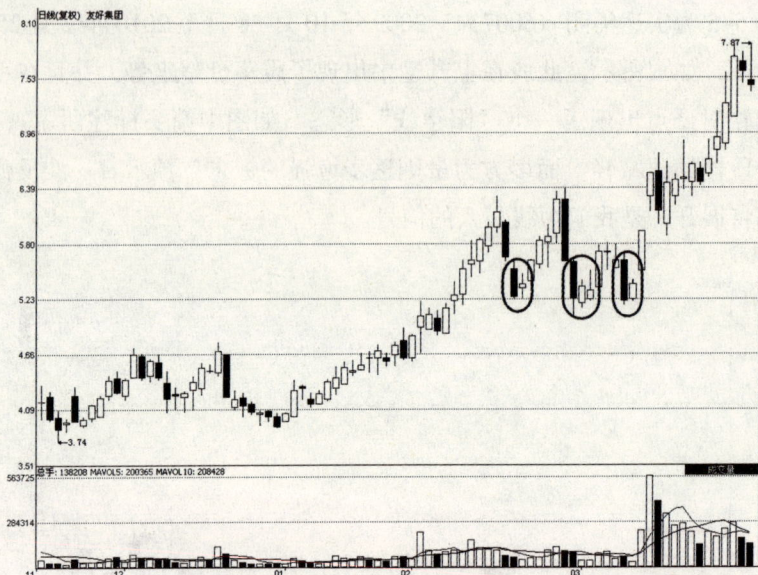

图 6-6　友好集团震荡整理中多次出现的"阳孕线"形态示意图

第二节　抱　线

抱线，也叫吞没形态，是一种前短后长的双日 K 线组合形态，后面一根 K 线完全吞没了前面一根 K 线（包括影线），看上去犹如将其"抱入怀中"，故得名抱线。它与前长后短的孕线形态正好相反，当它出现在一波涨势后的高点或是跌势后的低点时，就是预示着阶段性反转走势即将出现的信号。

一、看涨抱线

在抱线形态中，如果前面的一根短 K 线为小阴线，后面的一根长 K 线为大阳线，则这种抱线称之为阳抱线。由于阳抱线形态多出现在一波下跌走势后的相对低点，并且预示着随后反转上涨走势的出现，因而，阳抱线也称之为看涨抱线。

透过看涨抱线的形成过程，我们可以更好地理解这一形态为何预示了阶段性反转上涨走势的出现：首先是股市或个股出现了一轮下跌走势，此时，短期内的空方力量已在阶段性下跌走势中逐步消耗殆尽，但价格的上涨或下跌都具有一定的惯性，在这一波深幅下跌后的低点出现了跳空低开的情形；但随着多方力量于盘中的强势反攻，没能出现低开低走的情况，反而是逐步走高，使得当日出现了一根大阳线，这一根大阳线一举吞没了前一交易日由于下跌所形成的阴线，形态上好像这根阳线完全包住了前面的 K 线一样，这是市场短期内多空双方力量快速转变的标志，预示着多方力量正快速转强，是一波升势即将展开的信号。

　　图 6-7 为创业环保（600874）2009 年 8 月 14 日至 12 月 2 日期间走势图，如图所示，此股在低位盘整走势中出现了一个明显的"看涨抱线"形态，这是多方力量快速增强且强烈上攻意图的信号，也是个股即将突破盘整走势向上运行的信号，在实盘操作中，我们可以据此信号进行短线买入操作。

图 6-7　创业环保低位盘整走势中"看涨抱线"形态示意图

　　图 6-8 为 ST 洛玻（600876）2009 年 9 月 25 日至 2010 年 1 月 4 日期间走势图，如图标注所示，此股在上升途中一波回调走势后的相对低点位出现了一个"看涨抱线"形态，这是个股阶段性调整走势结束的信号，也是新一波涨势即将展开的信号。

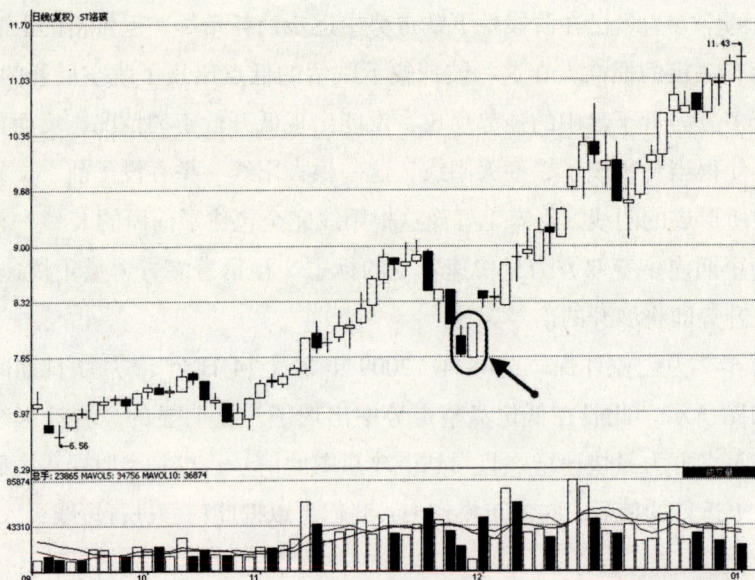

图 6-8　ST 洛玻回调后低点位的"看涨抱线"形态示意图

二、看跌抱线

在抱线形态中，如果前面的一根短 K 线为小阳线，后面的一根长 K 线为大阴线，则这种抱线称之为阴抱线，由于阴抱线形态多出现在一波上涨走势后的相对高点，并且预示着随后下跌回调走势的出现，因而，阴抱线也称之为看跌抱线。

透过看跌抱线的形成过程，我们可以更好地理解这一形态为何预示了阶段性下跌回调走势的出现：首先是股市或个股出现了一轮上涨走势，此时，短期内的多方力量已在阶段性上涨走势中逐步减弱，但价格的上涨或下跌都具有一定的惯性，在这一波上涨后的高点出现了跳空高开的情形；但这却引发获利盘的大量涌出，没能出现高开高走的情况，反而是逐步走低，使得当日出现了一根大阴线，这一根大阴线一举吞没了前一交易日由于上涨所形成的阳线，形态上好像这根阴线完全包住了前面的 K 线一样，这是市场短期内多空双方力量快速转变的标志，预示着空方力量正快速转强，是一波跌势即将展开的信号。

图 6-9 为蓉胜超微（002141）2009 年 12 月 21 日至 2010 年 7 月 8 日期间走势图，如图中箭头标注所示，此股在持续震荡上涨后的相对高点位，出

现了一个形态极其鲜明的"看跌抱线"形态，这是多空双方力量发生快速实质性转变的标志，也是一波跌势即将展开的信号。此时，我们应及时卖出离场，避免到手的利又消失殆尽。

图6-9　蓉胜超微震荡上涨走势中相对高点"看跌抱线"形态示意图

　　图 6-10 为江南化工（002226）2009 年 10 月 22 日至 2010 年 5 月 18 日期间走势图，如图标注所示，此股在高位区出现震荡盘整走势，并且在震荡盘整区的相对高点处出现了一个形态鲜明的"看跌抱线"形态，这是市场抛压快速增强的信号，预示着一波下跌走势即将展开，是我们短线卖股的明确信号之一。

　　图 6-11 为五矿发展（600058）2009 年 9 月 24 日至 2010 年 2 月 1 日期间走势图，如图标注所示，此股在经过一波阶段性的上涨之后，于相对高位出现了一种后面一根大阴线覆盖前面多根中小阳线的形态，这种形态可以看作是"双日抱线"形态的变形态，它同样是多空双方力量对比发生转变的信号，预示着阶段性反转走势的出现。

　　在应用抱线形态时，我们除了关注价格的阶段性运行情况外，还可以关注后面一根长 K 线的成交量情况。在看涨抱线形态中，后面的一根长阳线多是以放量形态出现的，这说明是较为充足的买盘资金促成了当日的低开高

图 6-10　江南化工震荡盘整走势中"看跌抱线"形态示意图

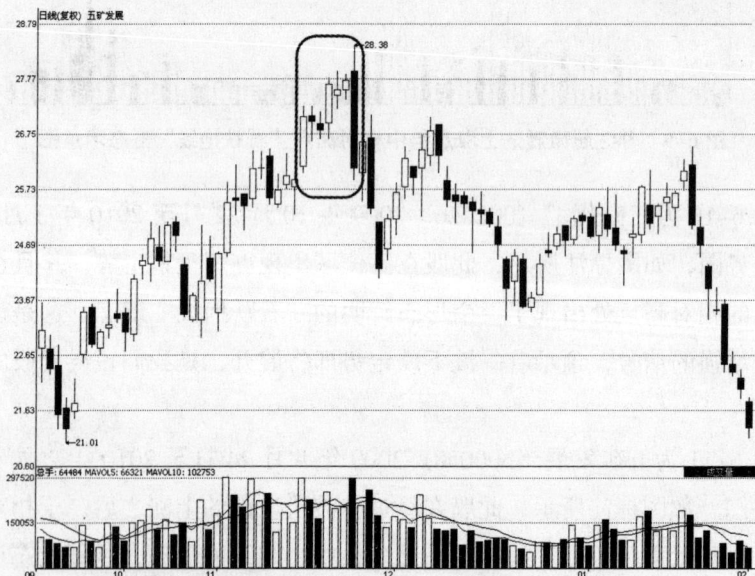

图 6-11　五矿发展阶段性高位的"看跌抱线"形态示意图

走，预示着多方力量正快速增强；在看跌抱线形态中，后面的一根长阴线也往往会出现相对的放量，这说明市场抛压较为真实、较为沉重，是空方力量快速增强的信号。可见，利用后面一根长 K 线的量能放大情况，我们可以更好地验证抱线所预示着的阶段性反转走势。

<h1>第三节　乌云盖顶</h1>

"乌云盖顶"形态是一种看跌的双日 K 线组合形态，这一形态常见于一波上涨走势后的相对高点，第一根 K 线为承接之前上涨走势的大阳线，第二根 K 线则是一个高开低走的大阴线，并且其收盘价深深地嵌入到第一根 K 线的实体内部。由于第二根大阴线就如同一片乌云盖住了第一根 K 线，也阻挡了个股的上涨，故得名"乌云盖顶"。

"乌云盖顶"形态是多空双方力量快速转变的标志，在这一组合形态中，由于第一根大阳线虽然体现了多方仍占有优势，但由于它是出现在一波上涨走势后的相对高点，因而，这也可以看作是对多方力量的一种短期过度消耗；随后，次日市场开市向上跳空，至此，买方完全掌握了主动权，然而，空方的抛盘却于盘中大量涌出，这是空方力量快速增强的标志，意味着短期内的价格上涨动力已经耗尽，是一波下跌走势即将出现的信号。

图 6-12 为常林股份（600710）2009 年 9 月 1 日至 12 月 23 日期间走势

图 6-12　常林股份持续上涨后阶段性高点的"乌云盖顶"形态示意图

图，如图中箭头标注所示，此股在持续上涨后的相对高位的位置处，出现了一个"乌云盖顶"形态，在这一形态中，第一根长阳线说明多方力量仍旧占有主导地位，但是次日的高开低走的大阴线却说明空方抛压突然增强。有的时候，市场的多空双方实力的转变就是极为迅速的，而出现在阶段性高点的"乌云盖顶"形态正是这种多方力量快速转弱，空方力量快速转强的一种直接体现，它预示着短期内的一波跌势即将展开，是我们短线卖股的信号。

图 6-13 为宁沪高速（600377）2009 年 8 月 27 日至 12 月 18 日期间走势图，如图标注所示，此股在一波快速上涨后的阶段性高点出现了一个明显的"乌云盖顶"形态，这同样预示着阶段性上涨走势结束，一波下跌走势即将展开的明确信号。

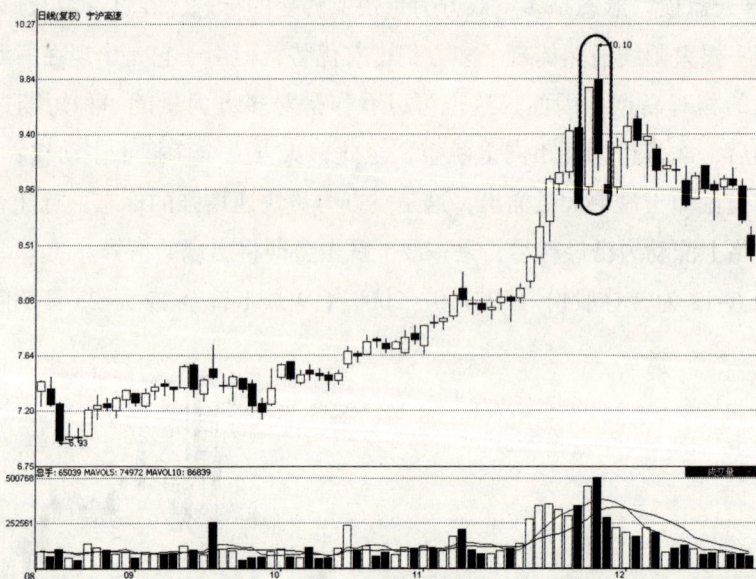

图 6-13　宁沪高速快速上涨后阶段性高点的"乌云盖顶"形态示意图

图 6-14 为凤凰股份（600716）2009 年 11 月 23 日至 2010 年 4 月 30 日期间走势图，如图标注所示，此股在震荡走势中的相对高点出现了一个乌云盖顶形态，相对于前面两个例子来说，在本例中的"乌云盖顶"形态中，第二根大阴线的实体更长，且当日的成交量也更大，这说明短期内的空方抛压也更为沉重，这是一波深幅下跌走势即将展开的信号，此时，我们不可恋战，而应及时地卖股离场。

图 6-14　凤凰股份震荡走势中阶段性高点的"乌云盖顶"形态示意图

第四节　乌云飘来

　　"乌云飘来"形态与"乌云盖顶"形态有相似之处，它同样是由一根大阳线和一根大阴线组合而成，而且第二根大阴线也是一根高开低走的大阴线；所不同的是，在"乌云盖顶"形态中，第二根阴线的实体较长，且它的收盘价深深地嵌入到了第一根 K 线的实体内部；而在"乌云飘来"形态中，第二根阴线的实体则相对短小，并且其收盘价仍然要高于第一根 K 线的收盘价。与"乌云盖顶"形态所蕴涵的市场含义相同，当出现在一波涨势后的相对高点时，它同样是多方力量开始转弱，空方力量开始快速转强的信号，预示着一波下跌走势即将展开，是我们短线卖股的明确信号之一。

　　图 6-15 为 *ST 国通（600444）2009 年 11 月 19 日至 2010 年 5 月 17 日期间走势图，如图中标注所示，此股在震荡走势中的相对高点出现了一个"乌云飘来"形态，这是多空双方实力正在转变的标志，也是一波下跌走势即将展开的信号。

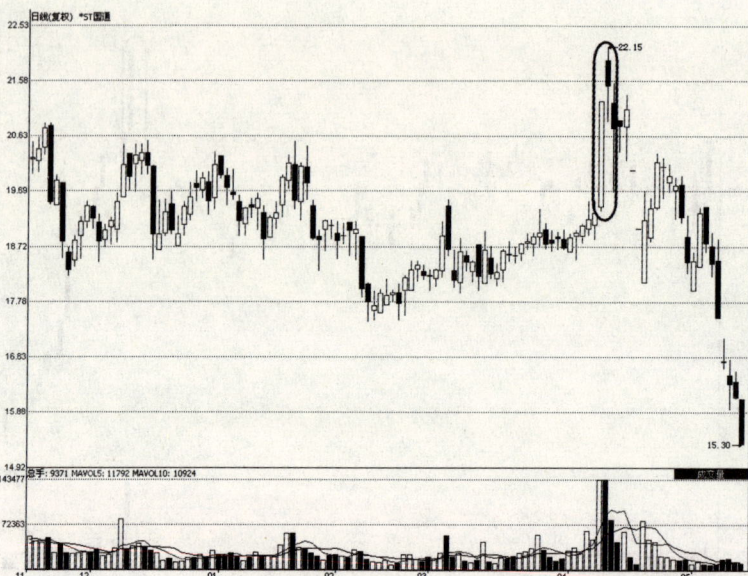

图 6-15 *ST 国通震荡走势相对高点的"乌云飘来"形态示意图

图 6-16 为 ST 宜纸（600793）2010 年 2 月 1 日至 2010 年 5 月 21 日期间走势图，如图标注所示，此股在持续震荡上涨后的相对高点出现了一个乌云飘来形态，这同样是预示着阶段性上涨走势结束的信号，对于本例而言，

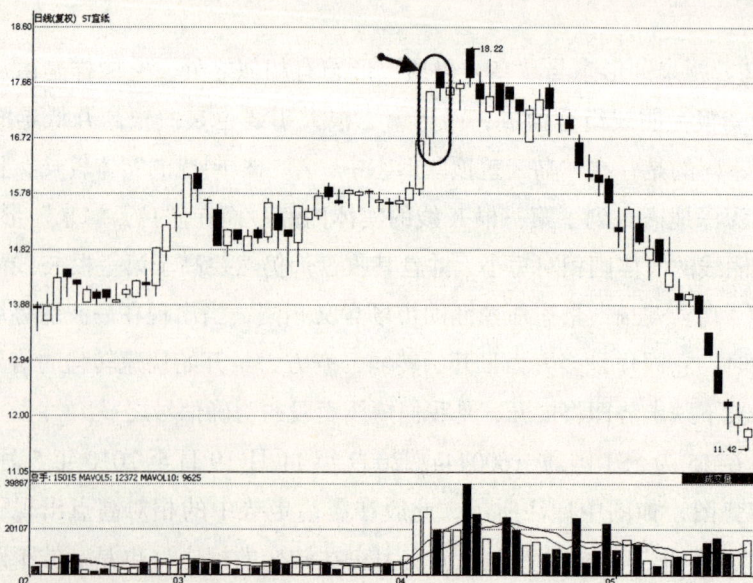

图 6-16 ST 宜纸持续震荡上涨后相对高点的"乌云飘来"形态示意图

由于此时的个股已累计涨幅巨大，且在乌云飘来形态之后出现了连续数日的震荡滞涨走势，因而，这一乌云飘来形态同样可以作为我们中长线卖股离场的信号。

第五节 平底线

平底线是一种双日或多日最低价基本相同的 K 线组合形态，这是一种极为常见的 K 线组合形态。当平底线形态出现在阶段性的相对低点时，它表明空方力量正在减弱，而多方力量则开始会聚，是一种预示价格上涨的信号。

图 6-17 为国统股份（002205）2009 年 7 月 29 日至 11 月 13 日期间走势图，如图标注所示，此股在一波回调走势后的相对低点出现了一个双日最低价持平的平底线形态，这是空方阶段性抛压减轻，多方力量逐步转强的标志，预示着一波反弹上涨走势的出现。

图 6-17　国统股份回调后低点位的平底线形态示意图

图 6-18 为湘潭电化（002125）2008 年 12 月 17 日至 2009 年 4 月 16 日

期间走势图，如图标注所示，此股在上升途中出现了一波幅度较大的回调走势，并且于回调走势后的相对低点位出现了三日最低价基本持平的平底线形态，这是阶段性调整走势结束的信号，也是我们短线逢低买股的信号。

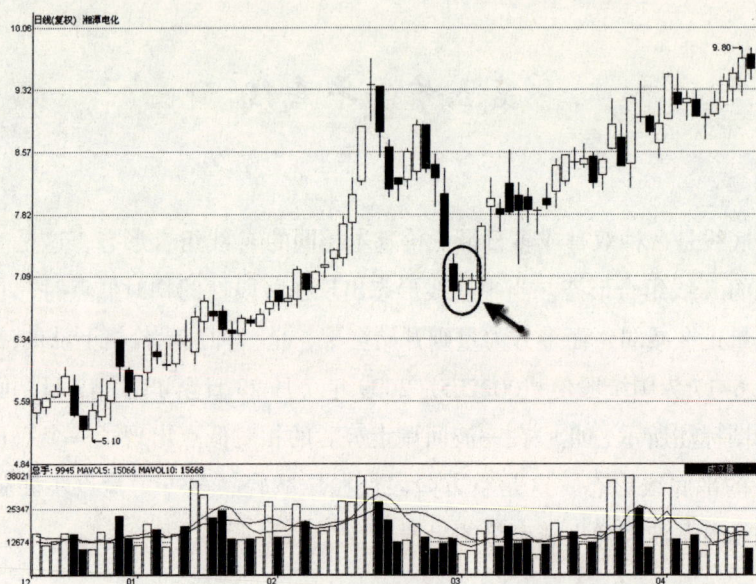

图 6-18　湘潭电化上升途中回调走势后的平顶线形态示意图

第六节　平顶线

平顶线与平底线正好相反，它是一种双日或多日最高价基本相同的 K 线组合形态，这是一种极为常见的 K 线组合形态。当平顶线形态出现在阶段性的相对高点时，它表明多方力量已无力再度推升价格上涨，而空方力量则开始逐步增强，是一种预示价格下跌的信号。

图 6-19 为古井贡酒（000596）2009 年 10 月 29 日至 2010 年 2 月 23 日期间走势图，如图标注所示，此股在一波快速上涨后，于阶段性的高点出现了一个双日最高价持平的平顶线形态，这一形态是多方短期内无力推升股价，而空方抛压又开始沉重的标志，预示着短期内的一波下跌走势即将展

开，是我们短线卖股的信号。

图 6-20 为燕京啤酒（000729）2009 年 12 月 21 日至 2010 年 5 月 12 日期间走势图，此股在高位区出现震荡走势，如图标注所示，在震荡走势中的

图 6-19 古井贡酒阶段性高点的平顶线示意图

图 6-20 燕京啤酒震荡走势中相对高点的平顶线形态示意图

相对高点位，此股出现了一个三日最高价基本持平的平顶线形态，这是短期内多方力量开始减弱、无力推升个股上涨的信号，也同时预示着一波下跌走势即将出现，可以作为我们短线卖股的指导性信号。

第七节　待入线

一、待入线

待入线是由前阴后阳的双日 K 线组合形态，前面一根为较长的大阴线，后面一根则为短小的阳线，并且前面的阴线实体与后面的阳线实体之间有一段距离（小阳线的收盘价低于前阴线的收盘价），从而使得后面一根小阳线与前面的大阴线形成一种待入状态，故得名待入线。

待入线是一种出现频率极高的形态，但是只有当它出现在阶段性的高点与低点时，它才是指导我们进行短线买卖的可靠信号。当待入线形态出现在一波涨势后的高点时，它是空方力量突然转强的标志；反之，当待入线形态出现在一波跌势后的低点时，这是多方开始反攻的标志。

图 6-21 为滨海能源（000695）2010 年 4 月 30 日至 7 月 27 日期间走势图，如图标注所示，此股在震荡过程中的相对低点位出现了一个待入线形态，这是空方力量开始转弱的标志，预示着一波反弹上涨走势即将出现，可以作为我们短线买股的信号。

图 6-22 为北矿磁材（600980）2010 年 4 月 30 日至 7 月 27 日期间走势图，如图标注所示，此股在经历了一波震荡下跌后，于阶段性的低点出现了一个待入线形态，出现在这一位置区的待入线形态多预示着阶段性反弹上涨走势的出现，可以作为我们短线买股的信号。

二、切入线与插入线

切入线及插入线都是与待入线相似的双日 K 线组合形态，在切入线形态中，后面的一根小阳线其收盘价应略高于前面一根大阴线的收盘价，显示为

图 6-21 滨海能源震荡走低中相对低点的待入线形态示意图

图 6-22 北矿磁材震荡走低中相对低点的待入线形态示意图

"进入"状态，故称为切入线；在插入线形态中，开盘价要比前面两种图线的开盘价开得低一些，收盘价收在前阴线实体内的位置要高一些，一般要求达到前阴线实体中心线以下附近的地方，但不能超过中心线。当切入线与插入线出现在阶段性的高点与低点时，它们都是价格走势即将出现阶段性反转的可靠信号，投资者可以据此进行短线买股或卖股操作。

图 6-23 为得润电子（002055）2010 年 3 月 17 日至 6 月 10 日期间走势图，如图标注所示，此股在一波深幅调整走势后的低点出现了一个切入线形态，与待入线不同，我们可以看到后面一根小阳线的收盘价略高于前面一根大阴线的收盘价，当它出现在这种阶段性的低点位时，与待入线是具有相同含义的，都是多方力量开始转强的信号，预示着一波反弹上涨走势即将出现。

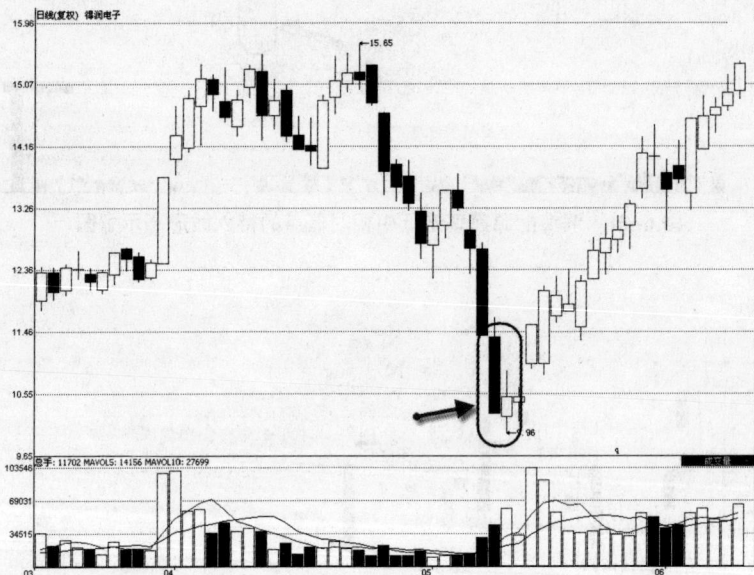

图 6-23　得润电子深幅调整走势后的切入线形态示意图

图 6-24 为鼎盛天工（600335）2009 年 2 月 9 日至 7 月 28 日期间走势图，如图标注所示，此股在低位盘整走势中出现了一个插入线形态，这一形态是预示着个股即将出现阶段性上涨的信号。对比待入线与切入线形态，我们可以看出，在插入线形态中，它后面一根小阳线的开盘价离前面一根大阴线的收盘价要更远一些，但是小阳线的收盘价却进入大阴线实体部分更深一些，从而形成了一种插入状态。

图 6-24　鼎盛天工低位盘整走势中插入线形态示意图

第八节　黑双星

　　"黑双星"是一种由两根十字星所组合而成的 K 线形态，当它出现了在一波涨势后的相对高点时，是一个极为可靠的阶段性反转信号，预示着阶段性下跌走势即将出现。在"黑双星"形态中，若十字星的上下影线越长，则说明它的形态特征越鲜明，所预示的价格反转下跌走势也越准确。

　　图 6-25 为 *ST 博通（600455）2009 年 10 月 30 日至 2010 年 3 月 15 日期间走势图，如图标注所示，此股在一波快速上涨后的相对高点，出现了由两个长十字星所组合而成的"黑双星"形态，并且这两个交易日的上影线较长、成交量较大，这正是空方在当日盘中抛压十分沉重，而多方又无力再度推升个股上涨的标志，这一"黑双星"形态也正是预示阶段性上涨走势结束、短期下跌走势即将展开的信号，在实盘操作中，可以作为指导我们短线卖出的信号。

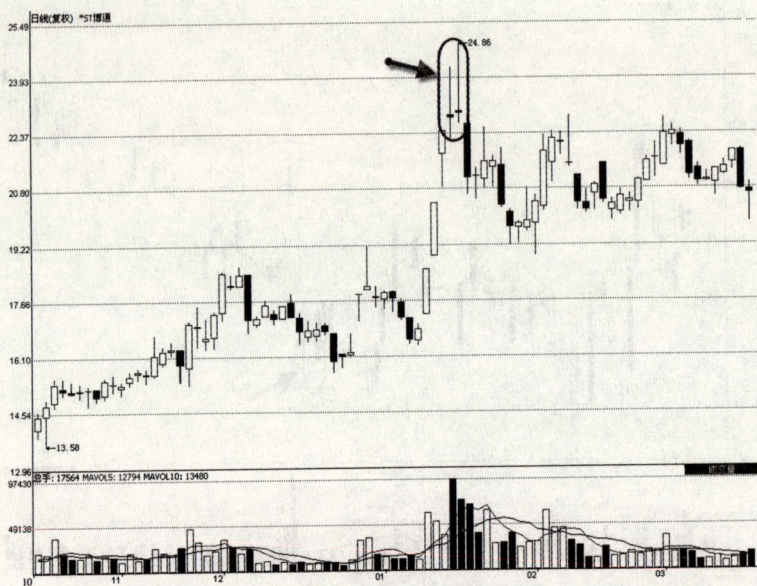

图 6-25　*ST 博通上涨后阶段性高点的"黑双星"形态示意图

　　图 6-26 为中国联通（600050）2009 年 10 月 12 日至 2010 年 2 月 9 日期间走势图，如图标注所示，此股在一波快速上涨后的阶段性高点出现了一个"黑双星"形态，这正是预示着价格阶段性下跌走势即将展开的信号，也是我们短线操作中应卖股离场的信号。

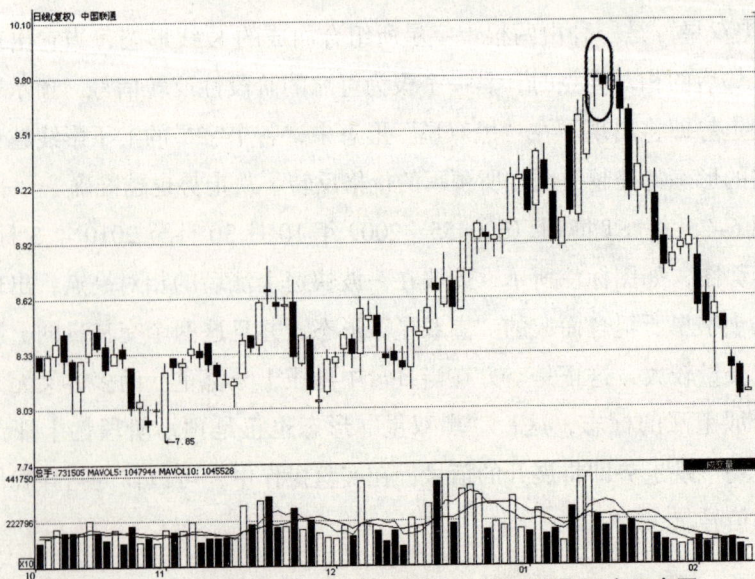

图 6-26　中国联通上涨后阶段性高点的"黑双星"形态示意图

与"黑双星"形态正好相反的是"红双星"形态，它出现在一波下跌走势后的相对低点或是盘整震荡走势中的相对低点时，是空方无力再度打压的标志，如果在"红双星"形态中，价格的阶段性下跌幅度越大，十字星的震荡幅度越明显，则"红双星"反预示的阶段性反转上行走势也就越强烈，个股随后出现的短期上涨力度也就越大。

第九节　升途并排红

升途并排红是指稳健上涨走势中所出现的两根小阳线，这两根小阳线几乎处于同一高度上（一般来说，第二根小阳线是一种低开高走的形态），这种形态表明多方仍旧牢牢地占据着主导地位，是升势依旧的信号，也是我们应持股待涨的信号。

在应用升途并排红形态进行实盘操作时，我们还应关注它所在的位置区，一般来说，出现在一波上涨走势形成之初的升途并排红是更为可靠的阶段性看涨信号，此时的这种形态甚至可以作为我们短线追涨买股的信号。

图 6-27 为 S ST 华新（000010）2009 年 2 月 5 日至 4 月 20 日期间走势图，如图标注所示，此股在突破盘整区后，开始了一波上涨走势，在这一波涨势的初期出现了明显的升途并排红形态，这是多方力量明显占优的体现，预示着阶段性上涨走势仍然会持续下去，既可以作为我们持股待涨的信号，也可以作为我们短线追涨买股的信号。

图 6-28 为武钢股份（600005）2009 年 4 月 23 日至 8 月 3 日期间走势图，如图标注所示，此股向上突破盘整区后，于突破后的相对高点出现了升途并排红形态，这是多方力量强劲的表现，它说明价格的突破上涨走势是成立的，此时，我们可以展开积极的短线追涨操作。

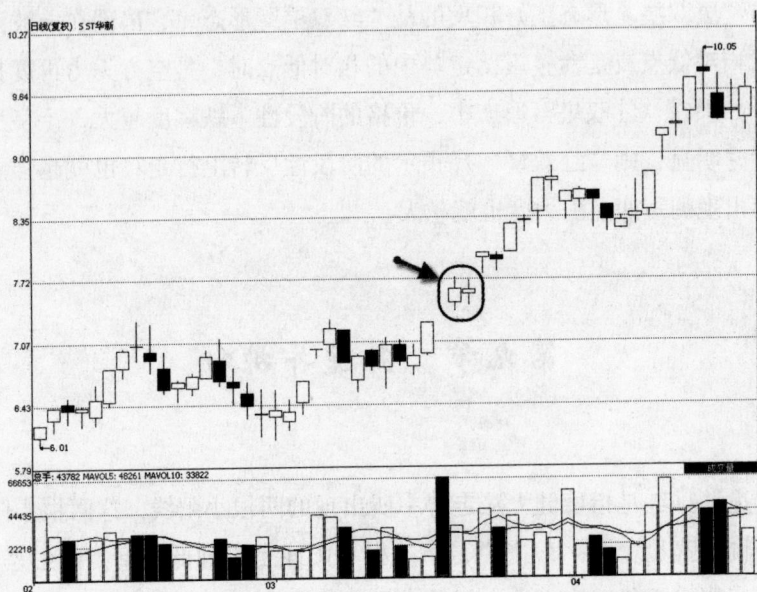

图 6-27　S ST 华新上涨初期的升途并排红形态示意图

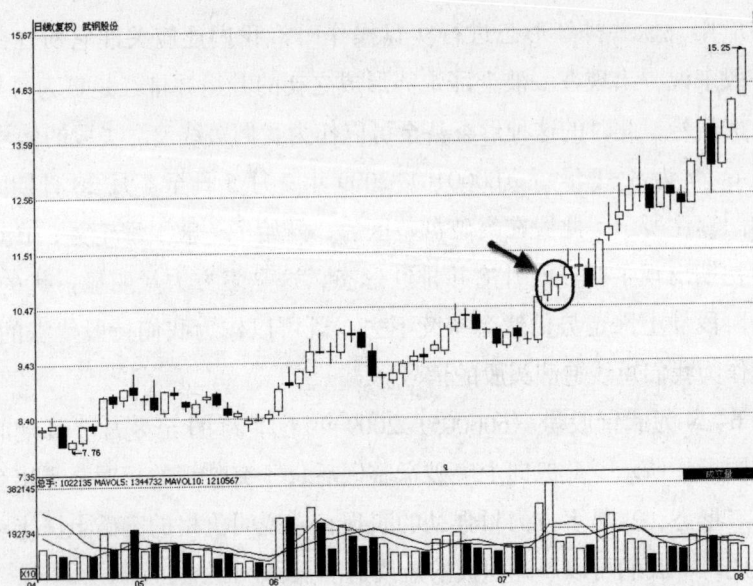

图 6-28　武钢股份突破盘整后阶段性高点的升途并排红形态示意图

第十节　跌途并排黑

跌途并排黑是指下跌走势中所出现的两根小阴线的双日 K 线组合形态，这两根小阴线几乎处于同一高度上（一般来说，第二根小阴线是一种高开低走的形态），这种形态表明空方仍旧牢牢占据着主导地位，是跌势依旧的信号，也是我们应持币观望的信号。

在应用跌途并排黑形态进行实盘操作时，我们还应关注它所在的位置区，一般来说，出现在一波下跌走势形成之初的跌途并排黑是更为可靠的阶段性看跌信号。

图 6-29 为深天地 A（000023）2010 年 2 月 1 日至 2010 年 5 月 20 日期间走势图，如图标注所示，此股在盘整破位区的位置处出现了并排两根小阴线的双日组合形态，这就是跌途并排黑形态，它出现在盘整破位区的位置处时，是空方力量占据明显主动的表现，也是个股即将破位下行的警示性信号。此时，我们宜持币观望，不宜盲目地抄底介入。

图 6-29　深天地 A 盘整破位区的跌途并排黑形态示意图

图 6-30 为世纪星源（000005）2010 年 2 月 1 日至 5 月 20 日期间走势图，如图标注所示，此股在经历了一波下跌走势后，于阶段性的低点出现了一个跌途并排黑的形态，这一形态说明当前市场仍是以空方作为主导力量，而且，跌途并排黑形态正好出现在盘整破位下行的位置处。因而，这一形态是预示着个股破位下行的警示性信号，此时，投资者不可盲目抄底买入。

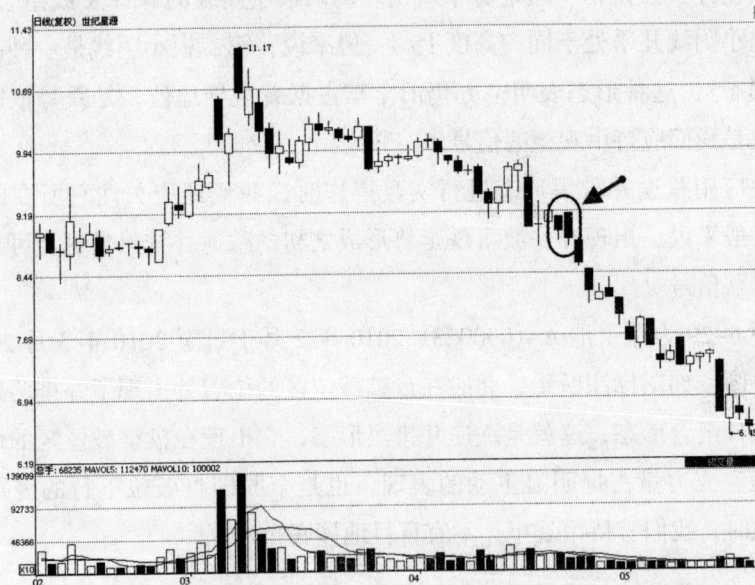

图 6-30　世纪星源下跌后阶段性低点的跌途并排黑形态示意图

第七章　短线形态实战 3
——三日及多日 K 线形态

很多典型的三日 K 线组合形态可以帮助我们很好地把握住个股的短期走势，特别是当这些典型的三日组合形态出现在一波上涨走势后的高点，或是一波下跌走势后的低点时，则它们更是价格阶段性反转走势即将出现的可靠信号，本章中，我们就来介绍如何利用这些常见的三日 K 线组合形态展开实盘操作。

第一节　红三兵

"红三兵"形态是一种极为常见的三日 K 线组合形态，它由连续出现的三根中小阳线组合而成，是一种价格走势看涨的信号。但在实盘操作中，我们仍需价格的阶段性走势情况来具体分析"红三兵"形态是否是看涨信号。一般来说，只有出现在阶段性低点（可以说一波下跌走势后的低点，也可以是盘整震荡走势中的相对低点）的"红三兵"形态，或是出现低位盘整突破位置处的"红三兵"形态，才是较为可靠的看涨形态，此时，它才是我们短线买股的明确信号。

在应用"红三兵"形态时，我们还应关注成交量的变化情况，如果当相对低点位的"红三兵"形态出现的同时，成交量也呈现出温和放大的形态，则这一"红三兵"形态就是更为可靠的看涨信号。因为此时的温和放量并辅以连续三根中小阳线的形态，正是买盘资金开始加速涌入、多方力量稳步增强的标志。

图 7-1 为东风科技（600081）2009 年 11 月 5 日至 2010 年 1 月 22 日期间走势图，如图标注所示，此股在上升途中出现了一波回调走势，并于回调走势后的相对低点出现了由三根中小阳线组合而成的"红三兵"形态，这是多方力量正逐步加强的标志，预示着新一波上涨走势即将出现，可以作为我们短线买股的信号。

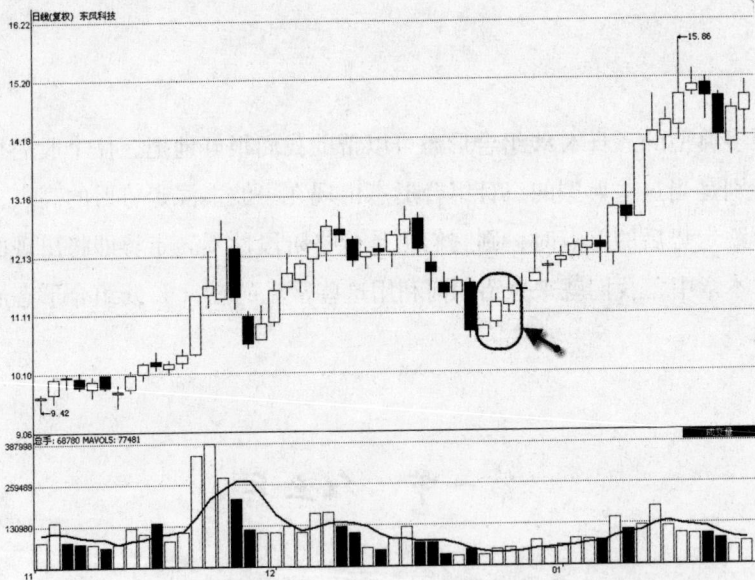

图 7-1   东风科技上升途中回调走势后的"红三兵"形态示意图

图 7-2 为航天长峰（600855）2008 年 11 月 3 日至 2009 年 2 月 25 日期间走势图，如图所示，此股在经历了 2008 年 11 月之前的底部区震荡走势之后，开始步入到上升途中。如图标注所示，在个股累计涨幅不大、低位盘整区的突破位置处，出现了一个温和放量的"红三兵"形态，这是多方力量占优的表现，也是买盘较为充足的标志，预示着一波突破上涨走势的出现，是我们短线追涨买股的信号（注：从个股的中长期走势来看，这时的"红三兵"形态是出现在低位盘整区的突破位置上，因而，它是一个较为可靠的突破上行信号。如果这种"红三兵"形态出现在大幅上涨后的高位盘整区突破位置上，则其所预示的突破上行的准确度就要大打折扣。在分析一种形态是否是预示着价格上涨或下跌的可靠信号时，我们一定要结合它的总体走势特征，只有这样，才能不失偏颇）。

图 7-2 航天长峰低位盘整突破位置处的"红三兵"形态示意图

图 7-3 为紫江企业（600210）2009 年 3 月 26 日至 7 月 15 日期间走势图，如图所示，此股在上升途中出现了较长时间的盘整走势，但随着盘整走势的持续，我们可以看到，此股的股价重心并没有出现下移迹象，这说明其

图 7-3 紫江企业上升途中盘整突破位置处的"红三兵"形态示意图

上升形态依旧保持良好。对这种上升形态保持良好的个股来说，其后期突破上行的概率也就更大，而且此股目前的累计涨幅并不是十分巨大，仍有上涨空间。如图标注所示，在盘整突破区的位置处，此股出现了一个温和放量的"红三兵"形态，这就是个股即将突破上行的明确信号，也是我们短线做多的信号。

第二节　黑三鸦

"黑三鸦"形态也是一种极为常见的三日 K 线组合形态，与"红三兵"形态正好完全相反，它是由连续出现的三根中小阴线组合而成，是一种价格走势看跌的信号。但在实盘操作中，我们仍需结合价格的阶段性走势情况来具体分析"黑三鸦"形态是否是看跌信号。一般来说，只有出现在阶段性高点（既可以是一波上涨走势后的相对高点，也可以是盘整震荡走势中的相对高点）的"黑三鸦"形态或是出现高位盘整向下破位处的"黑三鸦"形态，才是较为可靠的看跌形态，此时，它才是我们短线卖股的明确信号。

在应用"黑三鸦"形态时，我们还可以关注成交量的变化情况，当相对高点的"黑三鸦"形态出现时，如果这三日的成交量也出现了相应的放大，则多说明空方抛压极为沉重，这是一波跌势即将展开的确切信号。但由于"涨需有量，跌可无量"，因而，"黑三鸦"形态并不一定需要放量来支持，只要在相对的高点出现了这种三连阴的组合形态，则它往往就是较为准确预示跌势即将出现的"黑三鸦"形态。

图 7-4 为华夏银行（600015）2009 年 4 月 1 日至 8 月 31 日期间走势图，如图所示，此股在一波快速上涨之后，于阶段性的明显高位出现了由三根中小阴线组合而成的"黑三鸦"形态，这是空方力量正逐步加强的标志；从走势图中可以看到，这三个交易日的成交量也出现了相对的放大，这更是空方抛压强劲的信号，预示着一波下跌走势即将出现，可以作为我们短线卖股的信号。

图 7-4　华夏银行高位滞涨走势中的"黑三鸦"形态示意图

　　图 7-5 为日照港（600017）2009 年 11 月 24 日至 2010 年 5 月 20 日期间走势图，如图标注所示，此股在震荡盘整走势中的相对高点出现了一个形态鲜明的"黑三鸦"形态，这是空方力量较强的信号，同样预示着一波下跌走势的出现。

图 7-5　日照港盘整走势中相对高点处的"黑三鸦"形态示意图

图 7-6 为上海电力（600021）2009 年 12 月 18 日至 2010 年 6 月 11 日期间走势图，如图所示，此股在持续上涨后的高位区出现了较长时间的盘整走势，但随着盘整走势的持续，我们可以看到，此股的股价重心开始呈现下移迹象。当此股在震荡走势中经一波下跌而达到箱体下沿位置处时，出现了一个典型的"黑三鸦"形态，而这一形态是空方占优的体现，因而，这一形态可以说是个股即将破位下行的信号，也是我们短线做空的信号（注：从个股的中长期走势来看，这时的"黑三鸦"形态是出现在高位盘整区的向下破位的位置上，因而，它是一个较为可靠的破位下行信号。但是，如果这种"黑三鸦"形态出现在深幅下跌后低位盘整区的相对低点，则其所预示的破位下行的准确度就要大打折扣。在分析一种形态是否是预示着价格上涨或下跌的可靠信号时，我们一定结合它的总体走势特征，只有这样，才能更为准确）。

图 7-6 上海电力盘整破位处的"黑三鸦"形态示意图

第三节　多方炮

　　"多方炮"是一种价格走势看涨的三日 K 线组合形态，它由两根实体相对较长的阳线和一根实体相对短小的阴线构成，阴线位于两根阳线之间，因而，"多方炮"也可以称为两阳夹一阴的 K 线组合形态。

　　"多方炮"形态是多方力量占优的一种体现，但并非每一种两阳夹一阴的 K 线形态都是价格走势看涨的"多方炮"形态，只有当"多方炮"形态出现在低位盘整走势后的突破位置区，或是一波深幅下跌后的相对低位区时，它才是价格即将展开阶段性上涨走势的可靠信号。

　　图 7-7 为白云机场（600004）2009 年 8 月 5 日至 2009 年 11 月 20 日期间走势图，如图标注所示，此股在一波深幅下跌之后的低位区出现了一个两阳夹一阴的"多方炮"形态，这是多方力量开始占优的表现，且个股正处于一波深幅调整后的低位区，因而，这一多方炮形态是一个较为可靠的看涨信号，也是我们短线买股的明确信号之一。

图 7-7　白云机场深幅调整后低位区的"多方炮"形态示意图

图 7-8 为东风汽车（600006）2009 年 7 月 30 日至 11 月 25 日期间走势图，如图标注所示，当此股运行至突破盘整区的位置处时，出现了两根大阳线夹着两根小阴线的形态，这种形态与"多方炮"形态不仅相似，而且其市场含义也是相近的，当它们出现在低位盘整区的突破位置处时或是一波深幅下跌后的低点时，都是多方力量转强，且有上攻意图的标志。我们可以把这种两根大阳线中间夹着两根小阴线的形态看作是"多方炮"形态的变形，在本例中，它是我们短线追涨买股的信号。

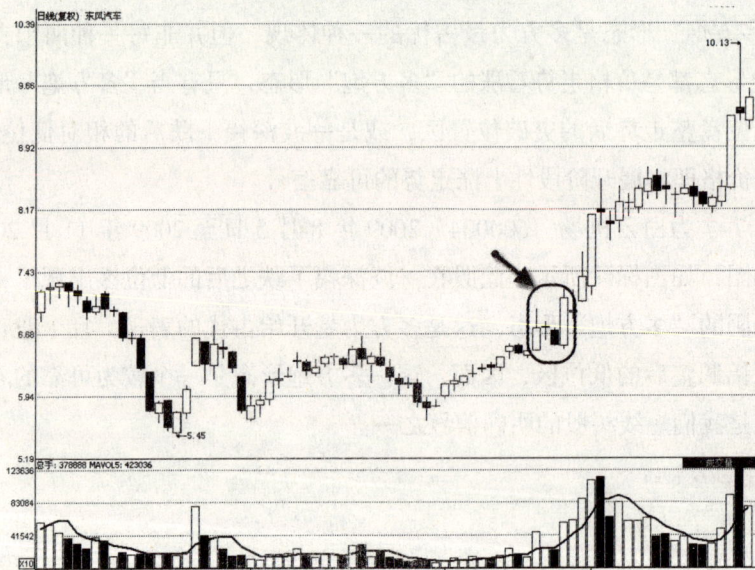

图 7-8　东风汽车盘整突破位置处的"多方炮"形态示意图

"多方炮"是一种两根阳线夹着一根阴线的看涨形态，在实盘应用中，我们还要注意它的形态变化，不能仅仅局限于"两阳夹一阴"这种固有形态。除了我们上面东风汽车中"两阳夹两阴"的这种变形外，多方炮还演变出来一种"三阳夹二阴"的图形，戏称为"叠叠多方炮"，它同样是行情看涨的信号。

图 7-9 为银鸽投资（600069）2009 年 7 月 21 日至 11 月 23 日期间走势图，如图中标注所示，此股在震荡盘整过程中出现了一个"叠叠多方炮"形态，这说明多方仍旧占据着主导的地位；但由于此股的价位从中长线的角度来看是一个较高的位置区，因而，投资者在参与短线操作时应注意仓位的控制。

图 7-9　银鸽投资震荡盘整中的"叠叠多方炮"形态示意图

第四节　空方炮

　　"空方炮"是一种价格走势看跌的三日 K 线组合形态，它由两根实体相对较长的阴线和一根实体相对短小的阳线构成，阳线位于两根阴线之间，因而，"空方炮"也可以称为两阴夹一阳的 K 线组合形态。

　　"空方炮"形态是空方力量占优的一种体现，但并非每一种两阴夹一阳的 K 线形态都是价格走势看跌的"空方炮"形态，只有当其出现在盘整走势后的破位下行位置区或是一波快速上涨后的相对高点时，它才是价格将展开阶段性下跌走势的可靠信号。

　　图 7-10 为凤凰股份（600716）2009 年 10 月 30 日至 2010 年 5 月 21 日期间走势图，如图标注所示，此股在向下跌破盘整区后的下跌走势初期出现了一个两阴夹一阳的"空方炮"形态，这说明空方牢牢地占据了主导地位，是一波跌势正在展开并持续运行的标志，也是我们继续持币观望的信号。由于个股刚刚向下跌破盘整区，而"空方炮"又是空方力量较为强劲的表现，

因而，在操作中，投资者仍应持币观望，不宜盲目抄底入局。

图 7–11 为 *ST 张股（000430）2010 年 1 月 26 日至 5 月 17 日期间走势图，如图标注所示，此股在一波持续上涨后的高点出现了一个形态鲜明的两

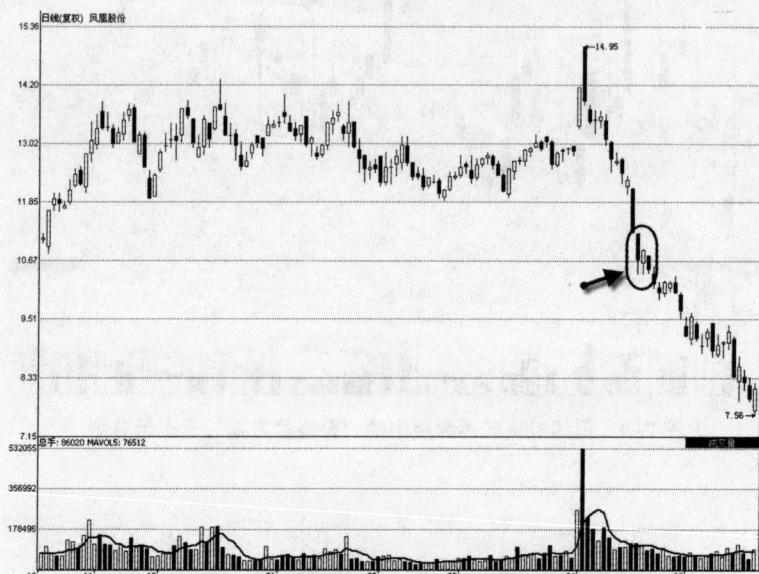

图 7–10 凤凰股份盘整破位处的"空方炮"形态示意图

图 7–11 *ST 张股持续上涨后高点区的"空方炮"形态示意图

阴夹一阳的"空方炮"形态，两根大阴线十分醒目，并且在大阴线出现的当日，此股的成交量也出现了明显的放大，这是空方抛压突然转强的标志，预示着一波下跌走势即将出现，也是我们应短线卖股离场的信号。

基于两阴夹一阳的"空方炮"形态，还演变出了一种"三阴夹两阳"的形态，这种形态更常见于价格的下跌走势中，它同样是空方力量强劲的体现，说明空方仍旧占据着市场的主导地位，是跌势将继续的信号，也是我们应耐心持币观望的信号。

图 7-12 为昆百大 A（000560）2009 年 12 月 30 日至 2010 年 5 月 21 日期间走势图，如图中标注所示，此股在震荡盘整过程中出现了一个"叠叠空方炮"形态，并且在"空方炮"形态中，它的第三根阴线实体较长，这使得此股呈现出破位下行的迹象，说明空方力量较强，是一波跌势即将展开的信号，也是我们不宜盲目抄底入场的警示信号。

图 7-12　昆百大 A 震荡盘整中"叠叠空方炮"形态示意图

第五节　多方反击线

多方反击线是一种三日 K 线组合形态，它出现了阶段性低点的大阴线（或中阴线），随之而来的小阳线（也可是十字星或小阴线）、多方反击的大阳线（或中阳线）组合而成，当这一组合形态出现在价格的一波快速下跌走势后的阶段性低点或是盘整震荡区域的相对低点位时，是多方开始反击的信号，也是价格走势反弹上涨的信号。

我们可以细细解读一下这三根 K 线各自所蕴涵的市场含义，首先是一根出现在阶段性低点的大阴线，这一大阴线虽然表明当日的空方占据了完全的主动，但是，这种出现在阶段性低点位的大阴线也是对短期内空方力量的一种过度释放，它会使得市场短期内的做空动力明显减弱；随后小阳线表明空方抛压明显减轻，而多方力量则开始转强，它相当于一个预示性信号，预示着多方力量的转强，但这一预示信号是否准确，我们还应在下一个交易日来验证它；再随之而来的大阳线则说明多方开始主动，且有强烈的反击意图，考虑到价格正处于阶段性的低点、市场抛压的减轻等因素，因而，这种多方反击线形态是预示着一波涨势即将展开的可靠信号。

图 7-13 为内蒙华电（600863）2009 年 9 月 21 日至 2010 年 1 月 15 日期间走势图，如图标注所示，此股在震荡区域中的一波快速下跌走势后出现一个多方反击线形态，这是多方有意发动阶段性反击的信号，预示着一波反弹上涨走势的出现，是我们短线买股的明确信号之一。

图 7-14 为创业环保（600874）2009 年 10 月 26 日至 2010 年 3 月 2 日期间走势图，如图所示，此股经一波回调走势，从而使得此股处于盘整震荡区的阶段性低点，此时出现了一个多方反击线形态（如图中箭头标注所示），这是多方开始反击的信号，也是多空双方力量快速转变的标志，是我们短线买股的信号。

图 7-15 为江西长运（600561）2009 年 10 月 22 日至 2010 年 1 月 18 日期间走势图，如图标注所示，此股在震荡上涨走势中出现了一波幅度较大的

回调下跌走势，并且在回调下跌后的阶段性低点出现了一个多方反击线形态，这是阶段性回调走势结束的信号，也是另一波上涨走势正在展开的信号，此时，我们可以进行积极的短线买入操作。

图 7-13　内蒙华电快速下跌走势后的多方反击线形态示意图

图 7-14　创业环保盘整震荡区阶段性低点的多方反击线形态示意图

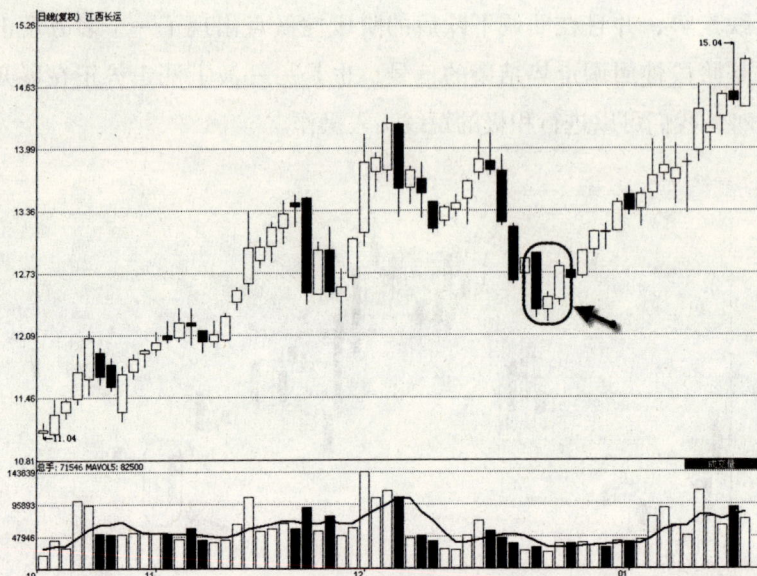

图 7-15　江西长运回调下跌后阶段性低点的多方反击线形态示意图

第六节　空方反击线

空方反击线与多方反击线的形态正好相反，它是由出现在阶段性高点的大阳线（或中阳线），随之而来的小阴线（也可是十字星或小阳线）、空方反击的大阴线（或中阴线）组合而成，当这一组合形态出现在价格的一波快速上涨走势后的阶段性高点或是盘整震荡区域的相对高点位时，是空方开始反击的信号，也是价格走势反转向下的信号。

在空方反击线这种组合形态中，首先是一个出现在阶段性高点的大阳线，这一大阳线虽然表明当日的多方占据了完全的主动，但是，这种出现在阶段性高点位的大阳线也是对短期内多方力量的一种过度消耗，它会使得市场短期内的做多动力明显减弱；随后小阴线表明多方上攻受阻，而空方则蓄势待发，它相当于一个预示性信号，预示着空方力量的转强，但这一预示信号是否准确，我们还应在下一个交易日来验证它；再随之而来的大阴线则说明空方开始主动，且有强烈的反击意图，考虑到价格正处于阶段性的高点，因而，这种空方反击线形态是预示着一波跌势即将展开的可靠信号。

图 7-16 为豫园商城（600655）2009 年 11 月 6 日至 2010 年 3 月 15 日期间走势图，如图标注所示，此股在震荡走势中的阶段性高点出现了一个形态鲜明的空方反击形态，它由一根大阳线、一根小阴线、一根大阴线所组合而成，是空方力量快速增强的标志，预示着一波下跌回调走势即将出现，是我们短线逢高抛售的信号。

图 7-16　豫园商城震荡走势中阶段性高点的空方反击线形态示意图

图 7-17 为 ST 东源（000656）2010 年 1 月 26 日至 5 月 11 日期间走势图，如图标注所示，此股在震荡走势中的相对高点位出现了一个与空方反击线极为相近的形态，它由四根 K 线组合而成，最左侧一根为大阳线、最右侧一根为大阴线，中间两根一根为小阳线、另一根为小阴线。这一形态不仅形似空方反击线，而且其市场含义也与空方反击线基本一致，都反映了多方力量转弱、空方力量转强且有发动攻击意图这种信息。我们可以把本例这种形态看作是空方反击线的一种变形形态，投资者在学习 K 线形态时，一定要把握其实质，把握其所蕴涵的市场含义，只有这样，才能以一当百，以不变应万变，从容应对价格走势中形式多样的 K 线形态。

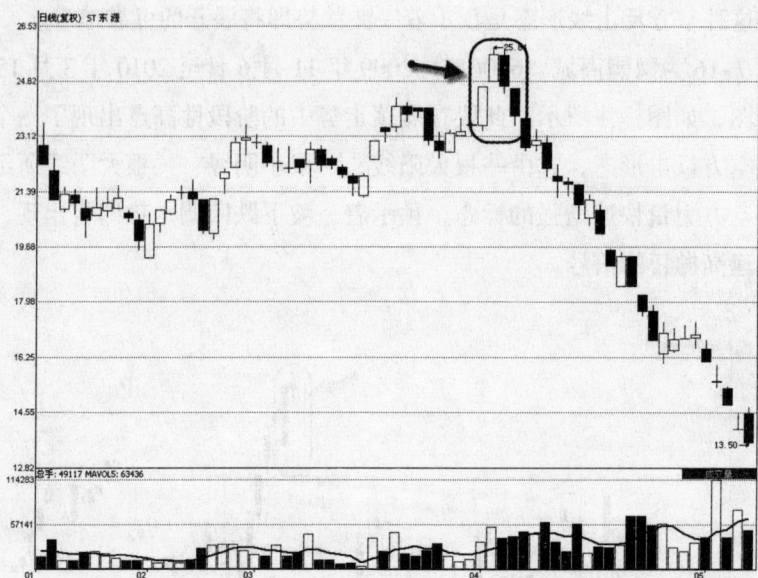

图 7-17　ST 东源震荡走势中阶段性高点的空方反击线形态示意图

图 7-18 为珠海中富（000659）2010 年 2 月 5 日至 5 月 21 日期间走势图，如图标注所示，此股在持续震荡上涨走势后的阶段性高点出现了"一个大阳线、多个小阴小阳线、一个大阴线"的 R 组合形态，它同样是空方反击线这种形态的一种变形。在实盘操作中，我们可以按空方反击线的市场含义

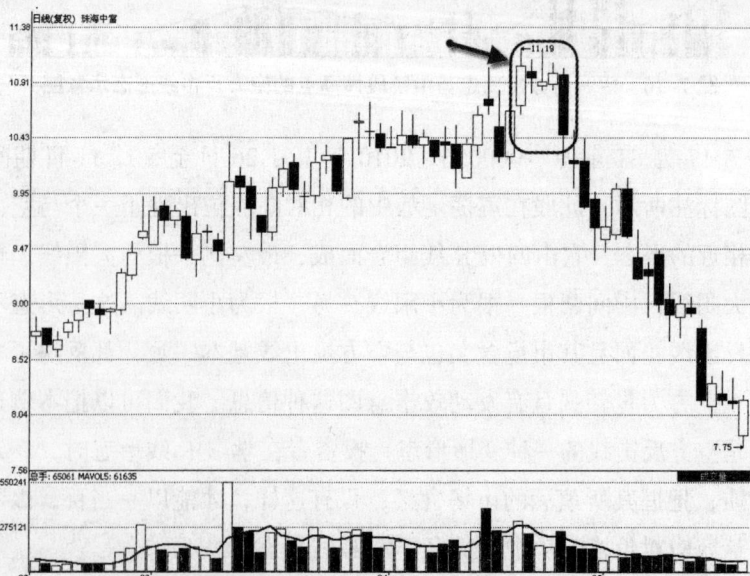

图 7-18　珠海中富持续上涨后阶段性高点空方反击线形态示意图

来解读它，对本例来说，这一形态出现在持续上涨后的阶段性高点，因而它是一个指导我们进行短线卖出操作的指导性信号。

第七节　上升两头红

　　上升两头红是一种出现在上升走势中的形态，它由最左侧及最右侧的两根大阳线及中间的数根小阳线或小阴线组合而成，最左侧及最右侧的大阳线说明多方力量强大且占据着主导地位，中间的数根小阴小阳线说明空方无力打压，这仅仅是多方的暂时性休整，可以说，这种"上升两头红"形态是一种说明多方力量充足、上涨走势仍将延续的信号。若"上升两头红"形态出现在相对低位区（从中长线的角度来看）的稳健攀升走势中或是低位盘整突破区时，则更是表明多方力量充足且价格走势正处于上升之中的可靠信号。

　　图 7-19 为宗申动力（001696）2009 年 8 月 17 日至 2010 年 1 月 12 日期间走势图，如图标注所示，此股在稳健的攀升走势中连续出现了两次"上升两头红形态"，这是多方完全占据主导地位的体现，也是个股升势仍将持续

图 7-19　宗申动力稳健攀升走势中的"上升两头红"形态示意图

下去的信号，此时，我们应耐心地持股待涨，不宜因获小利而中途出局。

图 7-20 为济南钢铁（600022）2009 年 3 月 3 日至 8 月 4 日期间走势图，此股在相对低位出现了较长时间的盘整走势，如图中标注所示，随后，此股以一个"上升两头红"形态完成了这一突破，这说明做多动力较为充足，个股随后将步入升势。此时，由于个股的突破形态明确阶段性上涨走势即将展开，因而，在短线操作中，我们可以采取积极的短线追涨买入操作。

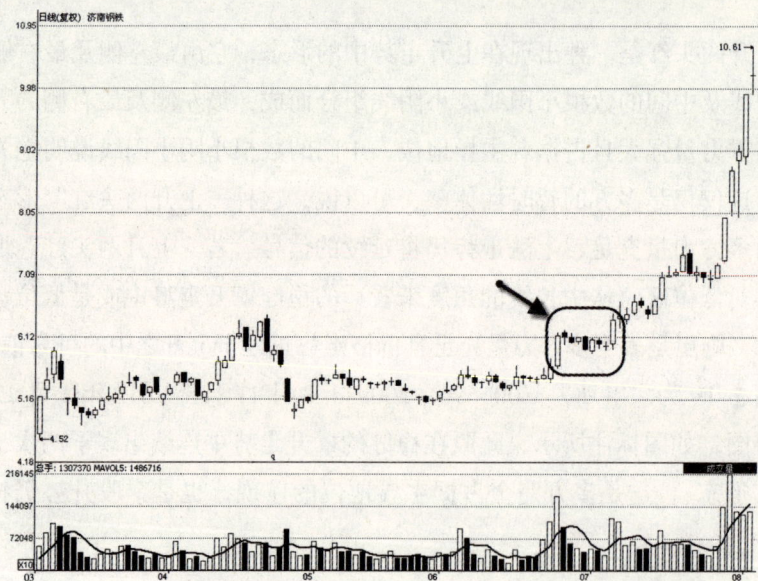

图 7-20 济南钢铁突破低位盘整区的"上升两头红"形态示意图

图 7-21 为东百集团（600693）2009 年 8 月 17 日至 12 月 21 日期间走势图，如图标注所示，此股在突破盘整区而开始步入新一轮涨势时，也是以一个"上升两头红"形态来完成的，这说明这一形态的确是多方力量强劲且有强烈上攻意图的看涨信号。在实盘操作中，我们应积极利用这种形态展开短线追涨的买入操作。

图 7-21 东百集团突破低位盘整区的"上升两头红"形态示意图

第八节 下跌两头黑

与"上升两头红"形态正好相反，"下跌两头黑"是一种出现在下跌走势中的形态，它由最左侧及最右侧的两根大阴线及中间的数根小阳线或小阴线组合而成，最左侧及最右侧的大阴线说明空方力量强大且占据着主导地位，中间的数根小阴小阳线说明多方无力反击，这仅仅是下跌时的一次休整，可以说，这种"下跌两头黑"形态是一种说明空方力量充足、下跌走势仍将延续的信号。若"下跌两头黑"形态出现在相对高位区（从中长线的角度来看）的一波下跌走势中或是高位盘整区的向下破位处，则更是表明空方力量充足且价格走势正处于下跌之中的可靠信号。

图 7-22 为上海机场（600009）2009 年 12 月 30 日至 2010 年 5 月 20 日期间走势图，此股在持续上涨后的高位区出现了盘整震荡走势，如图中标注所示，在向下跌破盘整区的位置处，此股出现了一个"下跌两头黑"形态，这是空方占据主导地位的体现，预示着个股一波破位下行走势正要展开，是

我们卖股离场的信号。

图 7-23 为上柴股份（600841）2010 年 1 月 22 日至 7 月 1 日期间走势图，此股在相对高位区出现了较长时间的盘整走势，如图中标注所示，随

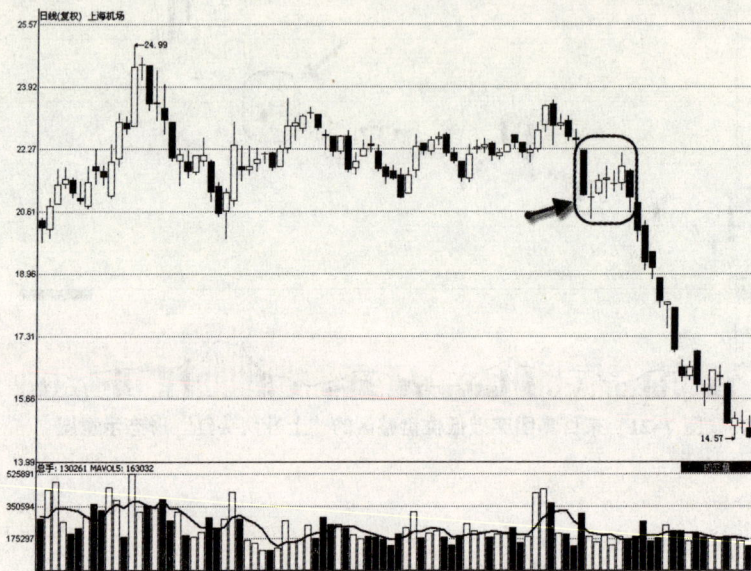

图 7-22　上海机场盘整破位处的"下跌两头黑"形态示意图

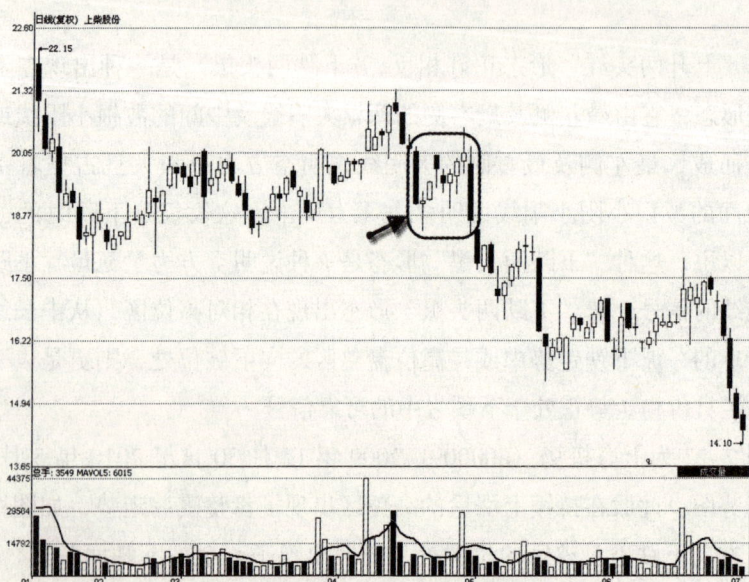

图 7-23　上柴股份盘整破位区的"下跌两头黑"形态示意图

后，在盘整走势的末期，此股出现了一个形态鲜明的"下跌两头黑"形态，这说明经过持续的盘整震荡走势后，空方已经开始占据了主导地位，这预示着一波破位下行的走势即将出现，是我们短线卖股的明确信号。

图 7-24 为海螺水泥（600585）2010 年 1 月 28 日至 5 月 4 日期间走势图，如图标注所示，此股在经一波反弹上涨走势后，于阶段性的高点处出现了一个"下跌两头黑"形态，这是空方抛压开始转强的标志，预示着反弹上涨走势的结束，也是我们阶段性高抛的信号。

图 7-24　海螺水泥反弹上涨走势后高点的"下跌两头黑"形态示意图

第九节　碎步小阳线

碎步小阳线是一种出现在稳健攀升走势中的多日 K 线组合形态，它由多个小阳线或小十字星组合而成，是多方力量明显占优的表现，也是多方攻势不急不缓、稳中有序的体现。当碎步小阳线形态出现时，我们可以采取积极的持股待涨操作策略。此外，在应用这一形态时，我们还可以结合价格的整体走势情况，碎步小阳线出现的量能变化情况等来综合分析，例如：出现在低位盘整区的碎步小阳线说明多方力量明显占优，预示着随后的突破上涨走势出现；出现在一波上涨走势中的碎步小阳线则是多方暂时休整，且空方无力打压的信号，它预示着这仅仅是这一波涨势中的一次短暂停留，随着多方的再次进攻，价格仍将快速上涨。

图 7-25 为 *ST 北人（600860）2008 年 10 月 28 日至 2009 年 2 月 16 日期间走势图，如图标注所示，此股在步入升势后，于一个相对低位区（从中长线角度来看）出现了盘整震荡走势，此时，此股在这一盘整震荡中是以连续的小阳线形态呈现出来的，而且这些交易日的成交量温和放大，这说明买盘在默默吸纳，并且多方力量占据了优势，是个股随后可以突破盘整区向上运行的信号，也是我们应进行短线买入操作的提示性信号。

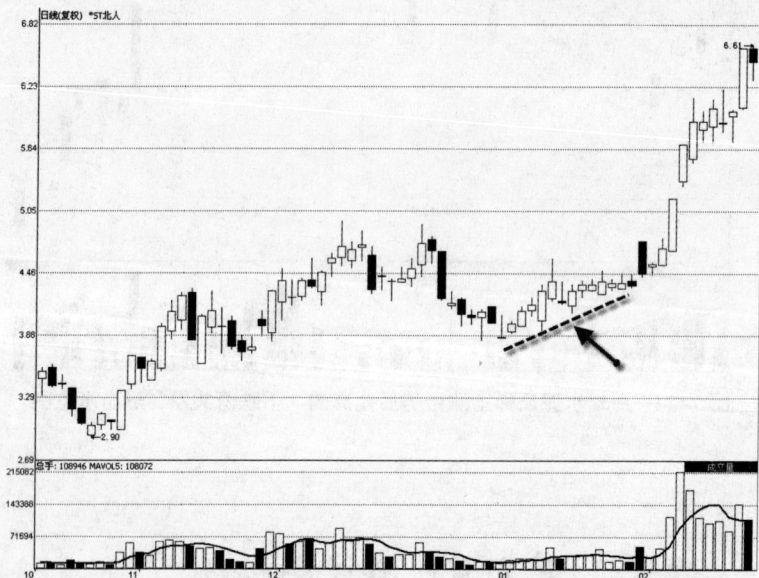

图 7-25　*ST 北人低位盘整走势中的"碎步小阳线"形态示意图

图 7-26 为美利纸业（000815）2008 年 10 月 14 日至 2009 年 4 月 8 日期间走势图，如图所示，此股在经历了 2008 年 10 月前后的底部震荡走势后，开始出现趋势反转上行的走势，如图标注所示，在突破低位盘区时，此股是以连续的小阳线形态（即碎步小阳线形态）来完成的（注：虽然期间出现了两个小阴线，但并不能破坏碎步小阳线的整体形态）。这说明多方力量已完

全占据了主动且上攻力度不急不缓，空方抛压极其羸弱，这是上升行情仍将持续下去的信号，既是我们中长线买入布局的信号，也是我们应持股待涨的信号，透过碎步小阳线，再结合价格的总体运行情况，我们就可以更好地判断出价格的后期走势情况。

图 7-26　美利纸业盘整突破走势中的"碎步小阳线"形态示意图

图 7-27 为天兴仪表（000710）2009 年 8 月 27 日至 2010 年 1 月 19 日期间走势图，如图标注所示，此股在上升途中出现了较长时间的盘整走势，经过持续的盘整震荡之后，此股出现了"碎步小阳线"形态，且这期间的成交量温和放大，这说明经过持续的盘整震荡之后，多方力量开始占据了主导地位，是个股将突破上行的信号，也是我们可以短线买入布局的信号。

图 7-27　天兴仪表持续盘整震荡后的"碎步小阳线"形态示意图

第十节　碎步小阴线

　　碎步小阴线是一种出现在下跌走势中的多日 K 线组合形态，它由多个小阴线或小十字星组合而成，是空方力量明显占优的表现，也是空方打压缓步有序的标志。当碎步小阴线形态出现时，我们可以采取积极的持币观望的操作策略。此外，在应用这一形态时，我们还可以结合价格的整体走势情况来综合分析，例如：出现在高位盘整区的碎步小阴线说明空方力量明显占优，预示着随后的下跌走势出现；出现在一波下跌走势中的碎步小阴线则是空方暂时休整，且多方无力反攻的信号，它预示着这仅仅是这一波跌势中的一次短暂停留，随着空方的再次打压，价格仍将快速下跌。

　　图 7-28 为华北高速（000916）2010 年 2 月 12 日至 5 月 20 日期间走势图，如图标注所示，此股在跌破盘整区后的下跌走势中出现了连续小阴线的"碎步小阴线"形态，这说明在这波下跌走势中，空方力量已经完全占据了主导地位。由于此时的破位下跌走势刚刚展开，因而，这是短期内下跌走势

仍将继续的信号，也是我们应耐心持币观望的信号。

图 7-29 为中信银行（601998）2009 年 12 月 31 日至 2010 年 5 月 12 日期间走势图，如图所示，此股在经历了高位区的震荡之后，开始步入到下跌

图 7-28　华北高速下跌走势中"碎步小阴线"形态示意图

图 7-29　中信银行盘整走势中的"碎步小阴线"形态示意图

走势中，并于下跌途中出现了较长时间的盘整走势。如图中标注所示，在盘整震荡走势中出现了"碎步小阴线"形态，这说明多方并没有在盘整震荡过程中积累能量，目前占据优势的仍是空方，因而这一波破位下跌走势即将展开的信号，是我们短线卖股离场的信号。

图 7-30 为海通证券（600837）2009 年 12 月 21 日至 2010 年 5 月 11 日期间走势图，如图所示，此股在经高位区的一波快速下跌走势后，于跌途中出现了较长时间的盘整走势，如图标注所示，在盘整中两次出现了"碎步小阴线"形态，这使得个股股价重心开始下移，这是空方力量占据主导地位的体现，也是个股将要破位下行的信号。

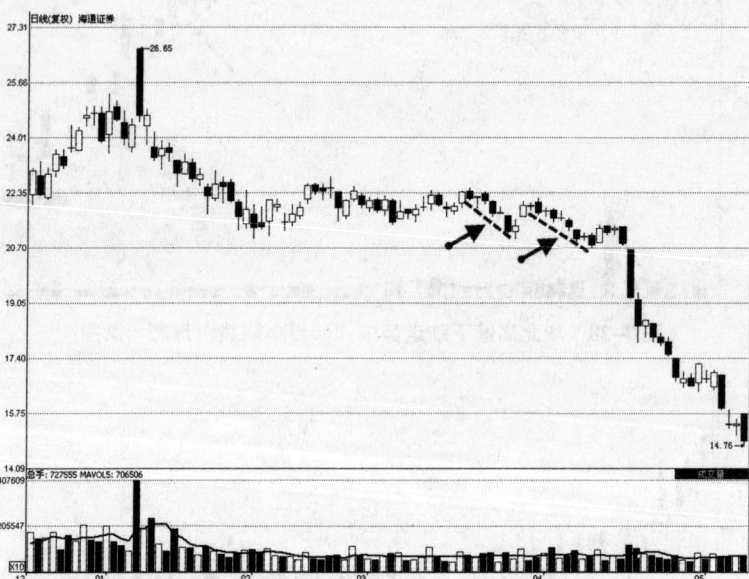

图 7-30 海通证券盘整走势中的"碎步小阴线"形态示意图

第十一节 红黑相间

红黑相间是指大阳线与大阴线交替出现的一种组合形态，这种形态是预示着个股阶段性反转走势即将出现的信号，也是指导我们进行短线买入或卖出操作的明确信号。

当"红黑相间"形态出现在一波涨势后的相对高点时，它是多空分歧加剧的信号，此时，如果阴线的实体较长、阴线出现时的量能放大较为明显，则是多方力量变弱、空方抛压较强的信号，是一波上涨走势即将结束的信号，也是我们短线卖股的信号；当"红黑相间"形态出现在一波跌势后的相对低点时，它同样是多空分歧加剧的信号，此时，如果阳线的实体较长、阳线出现时的量能放大较为明显，则是空方力量变弱、多方承接力度加强的标志，是我们短线买股的信号。

图 7-31 为江苏吴中（600200）2009 年 9 月 14 日至 2010 年 2 月 3 日期间走势图，如图标注所示，此股在经短期内的一波快速上涨走势后，于阶段性的高点出现了一个"红黑相间"形态，在这一形态中，我们可以看到期间的阴线实体很长，且阴线出现时的成交量也明显放大，这说明空方抛压开始明显增强，是一波下跌走势即将出现的信号，也是我们应短线高抛的信号。

图 7-31　江苏吴中一波涨势后高点的"红黑相间"形态示意图

第八章 中长线形态实战 1
——底部反转

在前面的章节中，我们讲解了单日、双日、三日及多日的 K 线形态，但是这种形态仅仅只是一种局部形态，它们可以指导我们进行阶段性的高抛低吸操作，但却难以让我们看清价格的整体运行情况，本章及随后章节中，我们将介绍可以反映价格整体走势的整体 K 线形态。

第一节　V 形底反转

"V 形底反转"形态也常称为"V 形底"形态、"尖底"形态，它如同一个大写的英文字母"V"，该形态的底部只出现一次，而且其在低位停留的时间一般很短，是一种变化较快、转势力度极强的反转形态，也是多空双方力量发生骤然转变的标志（注：由于股市整体的多空双方力量转换有一个过渡，因而，这种转势极快的"V 形底"形态更多地见于个股的走势中）。

一般来说，"V 形底"形态都是出现在深幅下跌后的低位区，是由于恐慌性抛盘的集中涌出导致的，造成大量抛盘集中涌出的原因既有可能是大盘的快速下跌，也有可能是利空消息的突袭。但无论如何，个股的前期累计跌幅已消耗掉了做空力量，此时的这种快速下跌无疑是投资者的一种过度反映，也是买盘没有及时跟上所致。"低位区的暴跌往往伴随着暴涨"，随着利空消息的弱化或是大盘的企稳，多方迅速发动攻势，从而铸就了"V 形底反转"形态的出现。

既然 V 形底是一种转势极快的信号，那么，我们应如何预判它的出现呢？首先，我们应关注个股的前期走势，如果个股前期累计跌幅较大，那么，此时在低位区出现的一波快速下跌走势就极有可能引发"V 形底反转"形态；其次，我们可以关注量能形态的变化，由于 V 形反转是因买盘的加速涌入导致的，因而，在"V 形底"形态左半部的快速上涨走势中，我们可以看到成交量的快速放大，并且这种量能的放大形态可以良好地保持住，这说明买盘介入此股的持续性极好，而这正是主力资金快速大量建仓的典型标志。

图 8-1 为东北电气（000585）2008 年 2 月 14 日至 2009 年 3 月 25 日期间走势图，如图所示，此股在深幅下跌后的探底走势中出现了转势极快的"V 形底反转"形态，并且在"V 形底"形态的反转上涨走势中，此股的成交量也出现了快速地放大。这说明是快速涌入的买盘资金促成了这种 V 形底反转走势的出现，这种放量效果在随后较长一段时间得以保持，说明买盘资金的介入力度、介入持续性较强，是主力资金开始展开持续、快速建仓的标志，当然也预示了底部区的出现，这种 V 形走势就是预示着跌势转升势的"V 形底反转"形态。

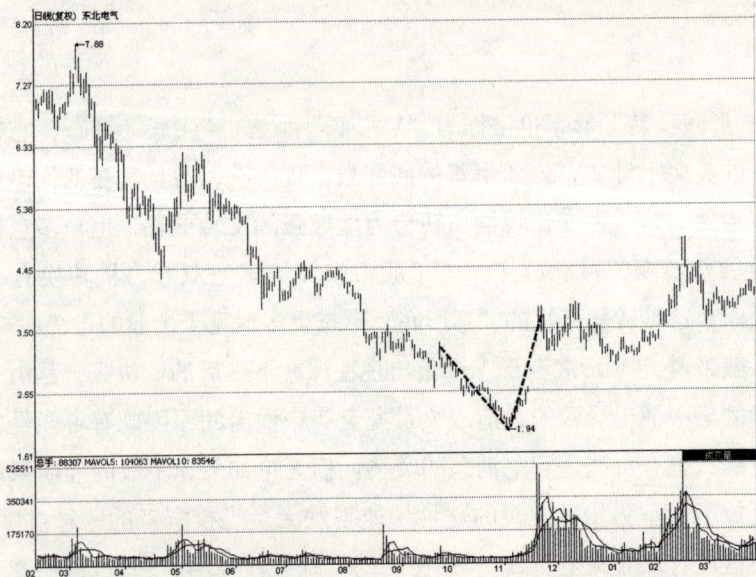

图 8-1 东北电气深幅下跌后的"V 形底"形态示意图

如图 8-2 为东方通信（600776）2007 年 8 月至 2009 年 3 月期间走势图，如图标注所示，此股在深幅下跌后，同样也是在低位区出现了一个"V 形底反转"形态，在这一形态出现时，我们同样看到了价格短线涨势的强劲及量能的快速放大。

图 8-2　东方通信深幅下跌后的"V 形底"形态示意图

当"V 形底"形态出现时，在个股的阶段性快速上涨走势较为明确的时候，我们可以较为容易地判断出这一形态就是预示着价格跌势结束、升势展开的"V 形底"形态；但是，难点在于，当我们明确判断出此走势为"V 形底反转"形态时，它的阶段性涨幅往往已经较大，此时再追涨买入的话，我们将面临着短线可能被套的不利局面，因而，在第一时间内判断出 V 形底的出现就成了首要问题。

如何在第一时间判断出"V 形底"形态呢？我们可以结合个股的累计跌幅、阶段性下跌幅度、这一波快速下跌时的量能变化情况、同期的大盘走势、股市或个股是否有重磅利好消息提振等进行综合分析，以此来确定个股是否具备了出现 V 形反转走势的潜力。

图 8-3 为柳工（000528）2008 年 5 月 26 日至 2009 年 2 月 11 日期间走势图，如图标注所示，此股在深幅下跌后出现了价格走势快速转势的"V 形底反转"形态，与之前的两个例子相比，此股在这一形态中的短期上涨势头更加突出，而且在上涨时的量能放出效果也更为鲜明，这些都充分地体现了

这一形态就是预示着跌势转升势的"V形底反转"形态。更为难能可贵的是，此股在这一"V形底"形态出现后，还出现了一波回调盘整走势，这给了我们充足的时间进行思考，并做出中长线买入布局的打算。

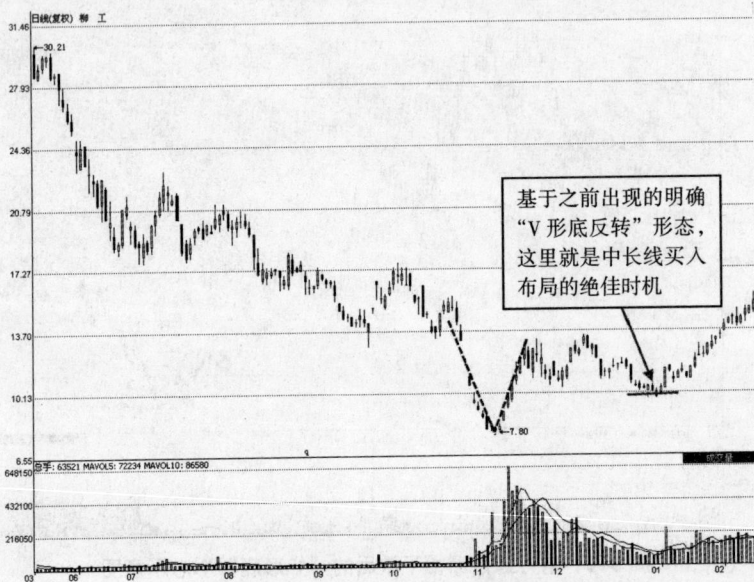

图 8-3　柳工深幅下跌后的"V形底反转"形态示意图

第二节　W形底反转

"W形底反转"形态又称为"双重底"形态，它出现在深幅下跌后的低位区，是价格走势的二次探底所形成的，因其形态与英文字母"W"相近，故得名为"W形底反转"形态。

如图 8-4 为一个标准的"W形底"形态，在这一形态中，两个最低点之间的连续为支撑线，中间反弹时的高点所在位置为颈线，支撑线的出现反映了空方已无力再度打压股价，颈线则是判断多方力量是否会在随后发起上攻的重要位置，也是我们判断双重底形态是否成立的关键所在。

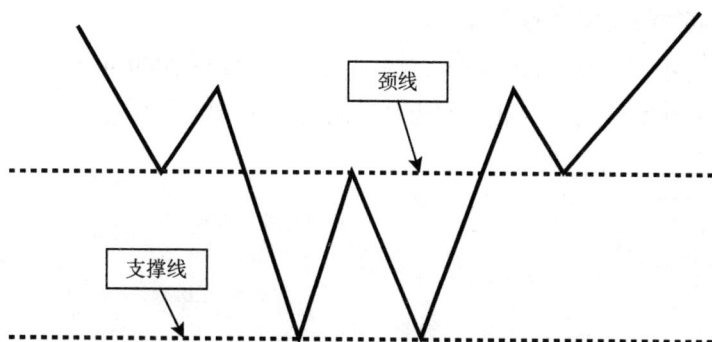

图 8-4 标准的"W 形底反转"形态示意图

我们可以透过"双重底"形态来了解一下这期间的市场多空双方力量是如何发生转变的，首先，是深幅下跌后的再一次快速下跌，探至最低点，此时，股市或个股的前期累计涨幅巨大，但下跌趋势不言底，因而，我们不宜盲目地预测这一次的探底是否预示着真正的"铁底"出现了；其次，出现一波放量上涨走势（注：随之而来的反弹上涨多伴随着成交量的放大），与下跌途中反弹走势不同，这一波反弹上涨走势持续时间相对较长、量能放大效果也较为明显，考虑到前期的巨大跌幅，我们可以认为这是主力资金或是场外买盘的快速建仓所致；再次，一波明显的缩量下跌走势出现（注：反弹之后的再度下跌走势，往往呈现明显的量能萎缩形态），这一波下跌仅仅是源于多方跟进速降低、少量抛盘逢高减仓所致，因而，它并不足以使价格走势再次破位下行；最后，当再次探至前期最低点附近时，我们可以清晰地看到止跌迹象的出现，这说明空方力量已近枯竭，是底部出现的信号，经过短暂的休整后，价格走势再度放量上行，并一举突破颈线位置时，就预示着"W形底"形态已完全成立，这也是多方力量开始占据主动，且有上攻意图的强烈信号。

图 8-5 为华能国际（600011）2008 年 1 月 8 日至 2009 年 2 月 24 日期间走势图，如图标注所示，此股在深幅下跌后的低位区出现了一个形态鲜明的"双重底"形态，伴随着这一形态的出现，个股的下跌形态也被彻底打破，出现了止跌企稳的情况；而且，在双重底形态构筑期间，成交量的缩放也是张弛有度，体现了场外资金正积极吸纳这一市场。在实盘操作中，我们可以提前预判，并在双重底构筑期间展开买股操作，也可以等个股放量突破颈线

使得"双重底"形态完全确立时买入。

图 8-6 为中国石化（600028）2008 年 3 月 24 日至 2009 年 4 月 28 日期间走势图，如图标注所示，此股在深跌后的低位区出现了 W 形的"双重底"

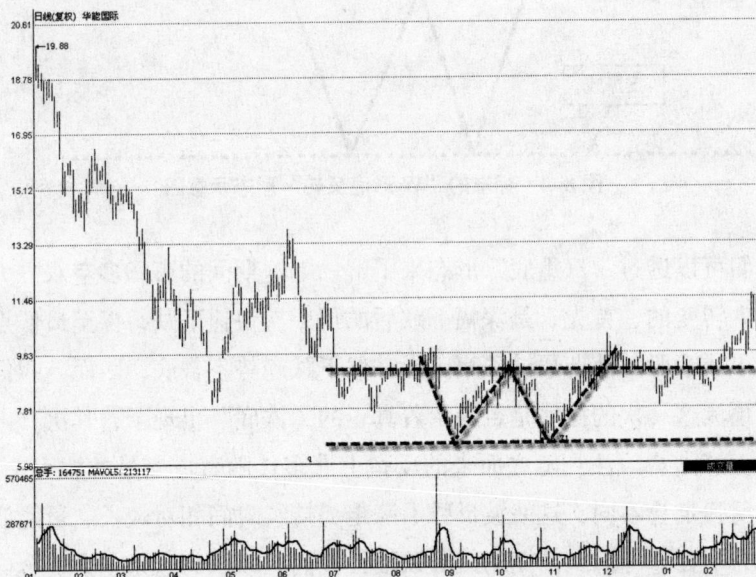

图 8-5　华能国际深幅下跌后低位区的"W 形底反转"形态示意图

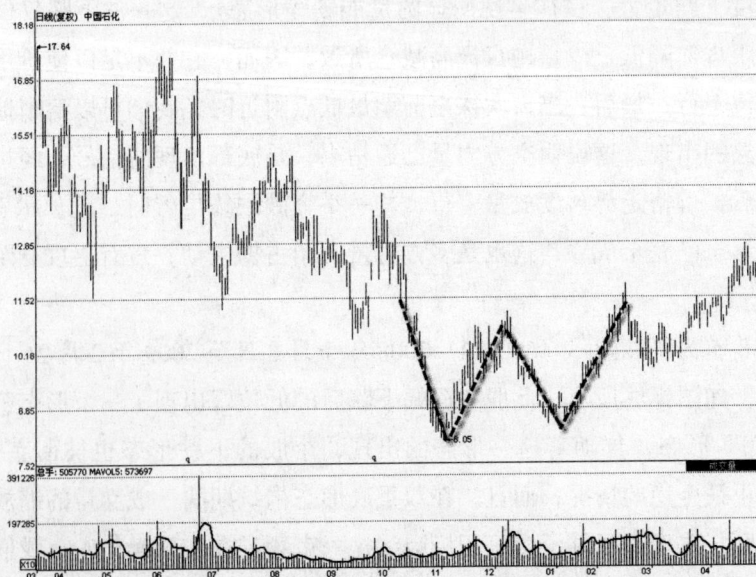

图 8-6　中国石化深幅下跌后低位区的"W 形底反转"形态示意图

形态，而这一形态也准确地预示了此股底部区的出现，是我们进行中长线买股布局的提示性信号。

与"双重底"形态较为相似的是"三重底"形态，它只是比双重底多了一次探底走势而已，由于多了一次探底走势，因而，多方在这一底部区所积累的能量也就更多一些，后期的涨幅往往也会更高一些。

图 8-7 为招商银行（600036）2008 年 5 月 26 日至 2009 年 2 月 13 日期间走势图，如图所示，此股在深幅下跌后的低位区出现了三次探底的"三重底"形态，在三重底的整个构筑期间，有两点要素是值得我们注意的，因为借此要素，我们可以更为准确地验证这一形态就是预示着底部反转走势出现的"三重底反转"形态，一是成交量的温和放大，即在整个"三重底"形态的期间，我们可以看到此股的平均成交量出现了明显的放大，而这正是资金持续流入的迹象；二是股价重心缓缓上移，即止跌企稳回升走势的出现，三重底形态构筑时间较长，而且在震荡过程中是以多方占据主动为结果的，因而，我们可以看到此股股价重心的缓缓上移，这完全不同于下跌途中的盘整震荡走势。

图 8-7　招商银行深幅下跌后低位区的"三重底反转"形态示意图

在详细地了解了"双重底"与"三重底"形态后，我们已经知道了如何辨识这一形态，但是，在实盘操作中，我们又如何把握买点呢？由于这种形态是预示着趋势反转的信号，因而，它后期的上涨空间仍然巨大，如果我们以中长线的角度来操作的话，可以采取分批买入、陆续建仓的方式，这可以使得我们的平均持仓成本就是这一底部区的平均价位；如果我们本着短线操作的原则，则可以考虑在价格走势二次探底时，或是突破颈线又再度回调至颈线附近时买入，因为这两个点位都预示着新一波短线涨势即将展开。

第三节　头肩底反转

头肩底是最常见的反转形态，大多出现在下跌趋势的末期，是行情下跌到底部低点后的一个重要反转信号。图 8-8 为标准的"头肩底"形态，如图所示，它由左肩、头部、右肩三部分组合而成，此时，颈线所在位置充当了整个"头肩底"形态的阻力位。头部的出现是源于深幅下跌后又一股做空力量的集中涌出，而右肩的出现则是因为空方力量已明显趋于枯竭。在关注头肩底这种 K 线形态时，我们还应关注它的量能变化情况。

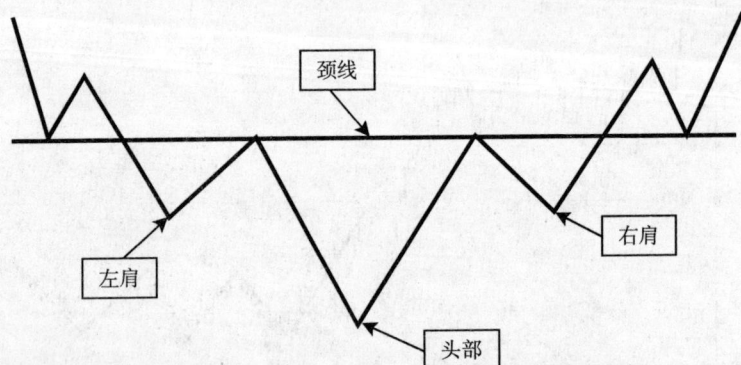

图 8-8　标准的"头肩底"形态示意图

一般来说，在头部至右肩的这一段上涨走势中，以及右肩向上突破颈线的一波上涨中，会出现明显的放量，且在右肩向下突破颈线的这一波上涨走势中的量能放大效果更为明显，这说明是充足的买盘资金和强大的做多力量推动了价格走势的突破上行，而当价格走势以放量突破颈线这种形态呈现出来时，整个"头肩底"形态也宣告构筑完毕。

图 8-9 为武汉健民（600976）2008 年 6 月 12 日至 2009 年 1 月 12 日期间走势图，如图标注所示，此股在深幅下跌后的低位区出现了一个"头肩底"形态，由于这一"头肩底"形态出现在个股深幅下跌之后，并且在整个头肩底的构筑过程中，我们可以看到，从头部至右肩的一波上涨走势，以及右肩整理后的再度向上突破颈线的一波走势，都出现了明显的放量，这预示着资金的持续流入。因而我们可以认为这一形态是预示着底部到来的"头肩底"形态，当投资者在结合个股前期的累计跌幅以及形态形成之初的成交量进行综合判断时，一旦认为它有可能走出"头肩底"形态，就可以在其右肩形成之初积极加仓买入，进行中长线布局。

图 8-9　武汉健民深幅下跌后低位区的"头肩底反转"形态示意图

图 8-10 为芜湖港（600575）2008 年 6 月 10 日至 2009 年 4 月 21 日期间走势图，如图标注所示，此股在深幅下跌后出现了一个"头肩底"形态，整个形态开阔明朗，彻底打破了此股前期惯有的下跌形态，这是多方力量开始积蓄，空方力量明显趋于枯竭的信号。从量能的变化形态中可以看到，买盘资金的介入力度、介入持续性都保持良好，此时，我们可以进行积极的中长

线布局。

图 8-11 为西藏药业（600211）2008 年 6 月 10 日至 2009 年 2 月 23 日期间走势图，如图标注所示，此股在大幅下跌后的低位区出现了一个"头肩

图 8-10　芜湖港深幅下跌后的"头肩底反转"形态示意图

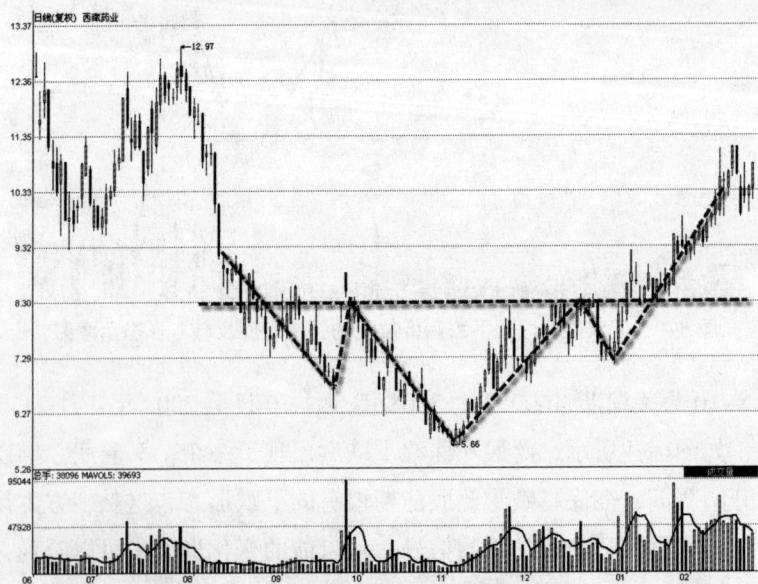

图 8-11　西藏药业大幅下跌后低位区的"头肩底反转"形态示意图

底"形态，这一形态的出现明显打破此股原有的下跌形态，清晰地勾勒出了多空双方实力的转换过程。而且，随着"头肩底"形态的构筑完毕，我们也可以发现，此股的股价重心也呈现出稳步上移的迹象。此外，在构筑整个头肩底的过程中，其成交量是呈现出总体放量形态的，这些都是验证"头肩底"反转形态的可靠信息。

在详细地了解了"头肩底"形态后，我们已经知道了如何辨识这一形态，但是，在实盘操作中，我们又应如何把握买点呢？如果我们以中长线的角度来操作的话，可以采取分批买入、陆续建仓的方式，这可以使得我们的平均持仓成本就是这一底部区的平均价位；如果我们本着短线操作的原则，则可以考虑在头部附近，或是右肩处，或是向上突破颈线时买入，因为这几个点位都预示着新一波短线涨势即将展开。

第四节　圆弧底反转

"圆弧底反转"形态，顾名思义，其形似圆弧，这种形态较为清晰地勾勒出了多空双方力量的转化过程，是我们识别趋势反转的重要形态之一。起初由于空方抛压的减轻使得价格走势从急速下跌转为缓慢下跌，随后在一个位置附近止跌，价格的波动幅度开始收窄并且呈现缓慢爬升、重心微幅上升的迹象，从而形成一个圆弧形；随后股价在多方的推动下继续爬升，上涨的角度也随之抬升，成交量也同步放大，从而出现大幅上升并脱离这一圆弧形态时，此时，便走出了一个完整的底部区"圆弧底"形态。

图 8-12 为大唐电信（600198）2008 年 6 月 16 日至 12 月 19 日期间走势图，如图标注所示，此股在深幅下跌后出现了一个圆弧形的走势，这一形态直观、清晰地体现了多空双方的力量转化过程。图中标注了圆弧底形态中的颈线所在位置区，当价格向上突破颈线后，就预示着"圆弧底反转"形态的构筑完毕，这也是个股随后正式步入上升趋势的信号。

图 8-13 为卧龙电气（600580）2008 年 5 月 13 日至 12 月 11 日期间走势图，如图标注所示，此股在 2008 年 10 月之前受大盘下跌带动，出现了深幅

下跌，当股价从最高点处跌至 2008 年 10 月末的 4 元区间时，走出了一个圆弧底的 K 线形态，此时的大盘走势也出现了止跌企稳。而且，在圆弧底构筑过程中，我们可以看到成交量的温和放大，这是资金持续流入的体现，因而

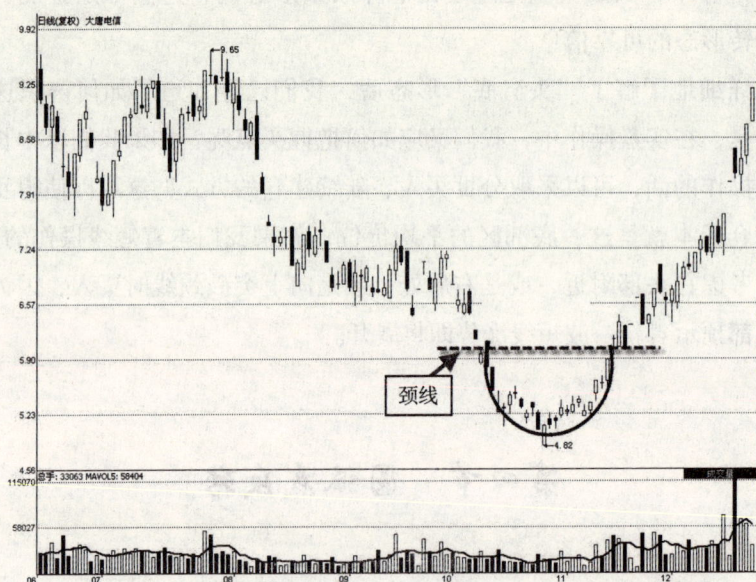

图 8-12 大唐电信深幅下跌后的"圆弧底反转"形态示意图

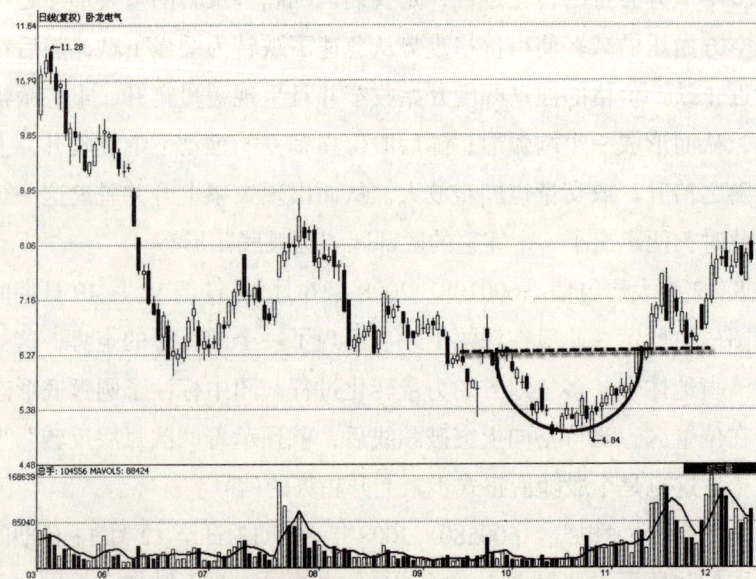

图 8-13 卧龙电气深幅下跌后的"圆弧底反转"形态示意图

我们可以判断出这一形态就是预示着底部反转走势出现的"圆弧底反转"形态。它的出现既预示着底部的出现，下跌趋势的结束，也预示着随后反转行情的出现。出现在深幅下跌之后的"圆弧底"形态，是极为可靠的做多信号，投资者不但要大胆做多，还应坚定中长线持股信心。

图 8-14 为华锐铸钢（002204）2008 年 7 月 29 日至 12 月 8 日期间走势图，如图标注所示，此股在深幅下跌后出现了一个预示着底部反转走势的"圆弧底反转"形态，它体现多方力量已开始占据主导地位，是我们中长线布局买入的信号。

图 8-14　华锐铸钢深幅下跌后的"圆弧底反转"形态示意图

圆弧底形态是预示着底部反转的可靠形态，但它的构筑时间往往是短线双重底或是头肩底，因而，在实盘操作中，我们应注意及时出击，把握好阶段性的买点。一般来说，在结合价格前期累计跌幅的基础之上，我们可以在"圆弧底"形态构筑初期、成交量温和放大时买入，这时的价格止跌迹象已经较为明显，但此时买入仍有抄底之嫌，因而，不宜重仓介入；随后，当放量上涨至颈线附近时，或是在放量突破颈线后再度回调至颈线附近时，我们可以准确地判断出这是预示着底部反转形态的圆弧底，因而，采取重仓买入的操作。

第五节　上三浪反转

　　"上三浪反转"形态是指在深幅下跌后的低位区所出现的三波上涨走势，这三波上涨走势使得均线由原来的空头排列形态转而演变为多头排列形态，这是场外买盘资金持续流入的迹象，预示着趋势反转的出现。

　　图 8-15 为中国国贸（600007）2008 年 7 月 30 日至 2009 年 2 月 9 日期间走势图，如图标注所示，此股在深幅下跌后出现了一个"上三浪的反转形态"，这三波上涨走势虽然显得较为短促，但是却彻底改变了均线的排列形态，使得均线系统由原来的空头排列形态转变为多头排列形态。同时在这三波上涨走势中，我们还可以看到明显的"放量上涨、缩量回调"形态，而这是买盘资金持续流入、空方抛压大大减轻的标志，因而，这种形态就是预示着趋势反转的"上三浪反转"形态。在实盘操作中，我们可于第三浪上涨后的回调低点积极介入。

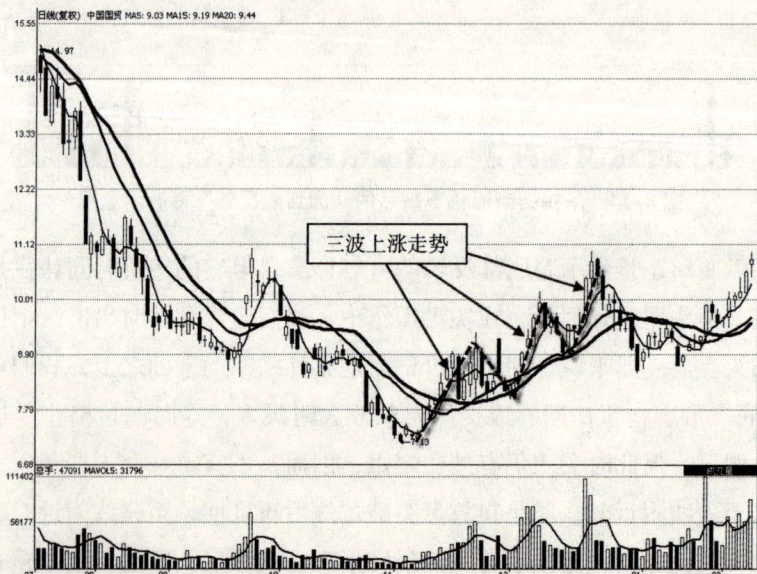

图 8-15　中国国贸深幅下跌后的"上三浪反转"形态示意图

图 8-16 为开滦股份（600997）2008 年 9 月 3 日至 2009 年 3 月 20 日期间走势图，如图标注所示，此股在持续下跌后的低位区出现了"上三浪底部反转"形态，经过三波短暂的上涨走势之后，此股原有的均线空头排列形态开始转变为多头排列形态，这是多方力量开始占据明显主导地位的体现，也是趋势反转的强烈信号，而且，在这个上三浪反转形态的构筑期间，我们还可以看到成交量的温和放大，股价重心缓缓上移的迹象，而这正是买盘资金强劲且持续流入此股的典型的表现。

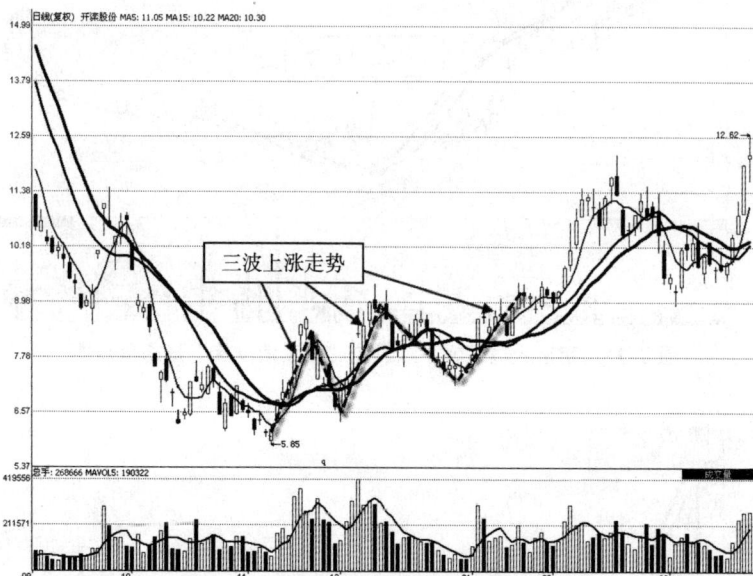

图 8-16　开滦股份持续下跌后低位区的"上三浪反转"形态示意图

图 8-17 为南京中商（600280）2008 年 8 月 18 日至 2009 年 2 月 18 日期间走势图，图 8-18 为威远生化（600803）2008 年 5 月 27 日至 2009 年 2 月 18 日期间走势图，如图标注所示，这两只股票在经历了深幅下跌走势后，均于底部区出现了"上三浪反转"形态，而且，我们都可以看到量能的温和放大与股价重心的缓缓上移，这都是验证"上三浪"形态为可靠的底部反转形态的关键因素。

"上三浪反转"形态有一个股价波浪式震荡上扬的过程，一般来说，当价格走势出现第二波上涨时，基于量能形态的变化及均线排列形态的改变，我们就可以提前预判出底部正在形成，因而，可以在第二波上涨后的回调走势中逢低介入，当然，也可以在随后"上三浪"形态构筑完毕后，于第三波上涨走势后的回调走势中逢低介入。

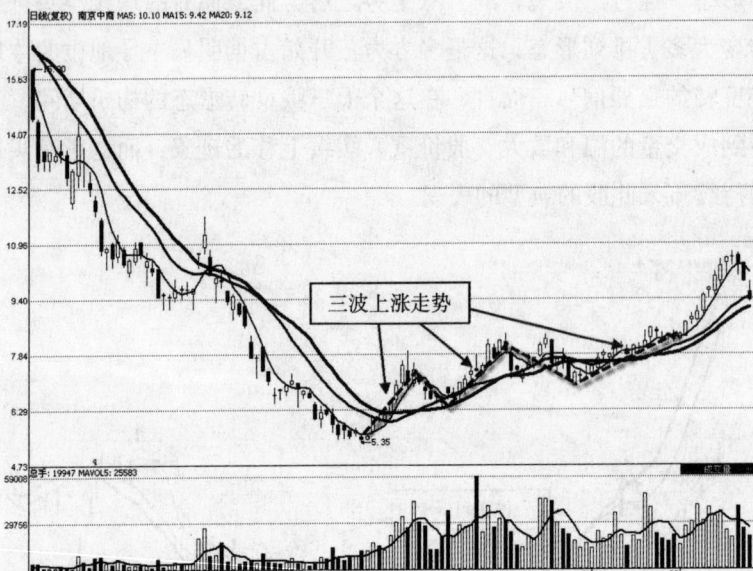

图 8-17 南京中商深幅下跌后的"上三浪反转"形态示意图

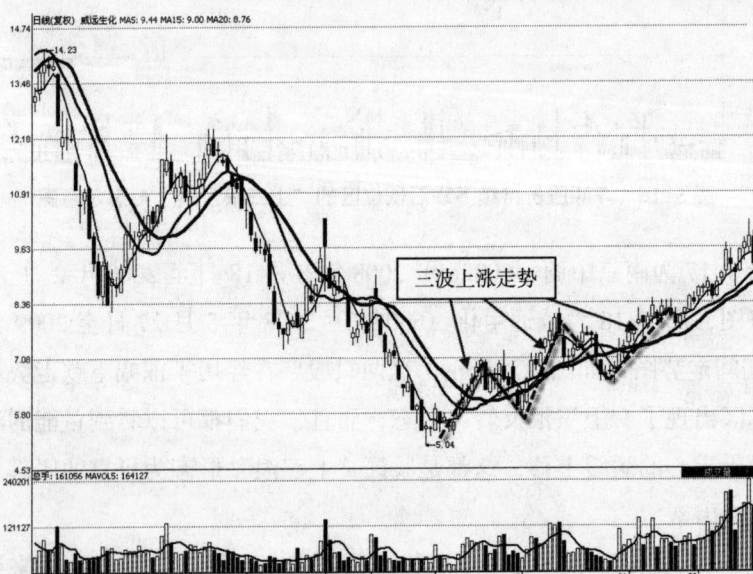

图 8-18 威远生化深幅下跌后的"上三浪反转"形态示意图

第九章 中长线形态实战 2
——顶部反转

第一节 倒 V 形反转

"倒 V 形反转"形态也常称为"尖顶"形态，它如同一个倒过来的"V"字形态，由左半部分的一波快速上涨，随后出现的一波快速下跌（右半部分）所组成，是一种转势极快的信号，多是因高位区的一波快速拔高走势而引发。由于在这一波拔高走势出现前，个股已是累计涨幅巨大，而现在又于高位区出现了一波快速拔高走势，这无疑是对本已不多的买盘资金的一种快速消耗，而且还会使得更多的持股者有强烈的获利出局意愿，随后因买盘的无力跟进，持股者的快速抛出，就出现了这种高位区的倒 V 形反转走势。可以说，倒 V 形反转走势是空方抛压急速增强且大量涌出的信号，也是多空双方实力发生快速转变的信号，当它出现在持续上涨后的高位区间时，多预示着顶部的出现（注：对于股市整体而言，由于其多空双方力量的转化有一个循序渐进的过程，因而，在指数的走势中很少出现倒 V 形反转；倒 V 形反转更多地见于个股的走势中）。

一般来说，倒 V 形反转走势的出现既有可能是因个股涨势过度引起的，也有可能是因为重大利空消息所引起的，但无论是哪一种情况，当倒 V 形反转出现时，我们都可以看到个股前期的累计涨幅往往很惊人。这也提示我们：当个股累计涨幅较大时，如果此时仍于高位区出现了一波快速上涨，我们就应提防倒 V 形反转的突然而至了。正所谓"涨得快、跌得也快"正是这种反转形态的最好写照。

既然倒 V 形反转是一种转势极快的信号，那么，我们应如何预判它的出现呢？首先，我们应关注个股的前期走势，如果个股前期累计涨幅较大，那么，此时在高位区出现的一波快速上涨走势就极有可能引发倒 V 形反转；其次，我们可以关注量能形态的变化，由于倒 V 形反转是预示着趋势转向的信号，而趋势转向又是空方总体占优的表现，因而，若是个股在高位区的一波拔高走势出现前有明显的见顶迹象（如量价背离、长时间的震荡滞涨、K 线图上的牛短熊长形态等），则此时我们就应提防倒 V 形反转的出现。

如图 9-1 为迪马股份（600565）2009 年 9 月 28 日至 2010 年 7 月 2 日期间走势图，此股在持续上涨后的高位区出现了震荡滞涨的走势，并于震荡滞涨走势后再度出现了一波极速上涨走势。由于明显的高估值及前期的巨大累计涨幅，因而，这一波快速上涨走势是属于高位区的拔高走势，这一波的拔高走势也引发了随后价格走势的急速下跌，从而出现了一个"倒 V 形反转"形态。由于个股前期累计跌幅巨大，因而，这正是预示着趋势转向的顶部区倒 V 形反转形态。

图 9-1　迪马股份震荡滞涨走势后的"倒 V 形反转"形态示意图

"倒 V 形反转"形态是一种快速转势信号，在实盘操作中，只要我们稍有迟疑就会处于一种被动局面下，一般来说，我们可以从两方面来把持这种倒 V 形反转形态的出现：一是从个股的累计涨幅着手，如果个股前期累计涨幅较大，目前正处于持续上涨后高位区，则此时出现了一波快速上涨就极有可能引发"倒 V 形反转"形态的出现；二是从这一波快速上涨走势的原因着手，如果个股的快速上涨是源于主力资金炒作其所具有的热点题材，则这种短期内的快速上涨走势一般较为坚挺，出现倒 V 形反转向下的概率较低；反之，如果这一波上涨走势并无热点题材可支撑，那它就难以吸引追涨盘买入，也会更容易因获利抛盘的快速涌出而出现"倒 V 形反转"形态。

图 9-2 为交通银行（601328）2008 年 10 月 31 日至 2010 年 5 月 18 日期间走势图，如图标注所示，此股在持续上涨后的高位区依然出现了一波快速的强势上涨，作为一只众多基金参与的大盘股来说，这种高位区的过快上涨势必引发多空双方力量的明显分歧，这是导致此股随后出现倒 V 形反转走势的重要原因。

图 9-2 交通银行持续上涨后的"倒 V 形反转"形态示意图

图 9-3 为中国船舶（600150）2009 年 1 月 19 日至 9 月 28 日期间走势图，如图标注所示，此股在高位区的一波快速上涨走势也引发了空方抛压的

快速增强，从而使得此股出现了一个倒 V 形的反转走势。

图 9-4 为五矿发展（600058）2008 年 10 月 31 日至 2009 年 10 月 21 日期间走势图，如图标注所示，此股在高位区的一波上涨走势后出现了倒 V 形

图 9-3　中国船舶持续上涨高位区的"倒 V 形反转"形态示意图

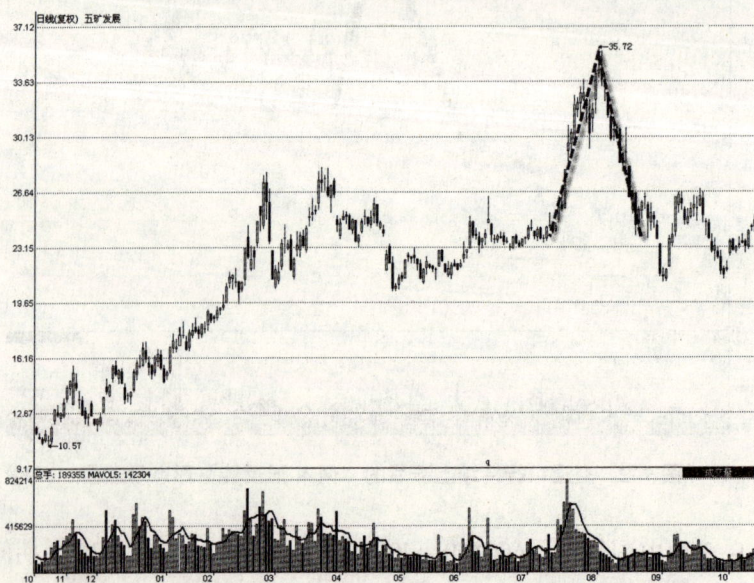

图 9-4　五矿发展持续上涨高位区的"倒 V 形反转"形态示意图

反转，短期的快速上涨被随之而来的短期快速下跌吞噬，这是空方力量急速转强的信号，也是多方力量无力承接的表现，预示着顶部的出现。在实盘操作中，如果我们没能在第一时间内卖股离场，则"倒 V 形反转"形态之后反弹上涨走势就是我们中长线卖股离场的时机。此外，在"倒 V 形反转"形态出现后，个股也许还会在相对高位区出现一段时间的震荡，此时，投资者切不可中长线看做、做多，如果要参与买卖的话，只适宜进行波段式的快进快出操作。

第二节　M 形反转

"M 形反转"形态又称为"双重顶"形态，它出现在持续上涨后的高位区，是价格走势二次探顶所产生的，因其形态与英文字母"M"相近，故得名为"M 形反转"形态。

图 9-5 为一个标准的"M 顶"形态，在这一形态中，两个最高点之间的连续为阻力线，中间一波下跌走势的低点所在位置为颈线，二次探顶的宽幅震荡走势及阻力线的出现反映了多方已无力再度拉升个股，颈线则是判断空方力量是否已完全占据主导地位的重要位置，也是我们判断"双重顶"形态是否成立的关键所在。

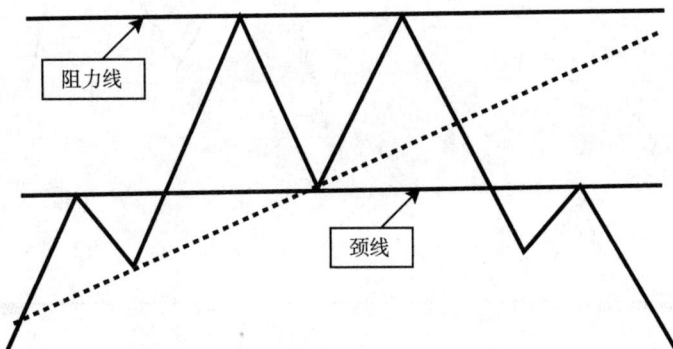

图 9-5　标准的"M 形反转"形态示意图

我们可以透过"双重顶"形态来了解这期间的市场多空双方力量是如何发生转变。首先，是持续上涨后的又一次快速上涨，使得价格探至新高，如果在这一波上涨走势前已出现一定的见顶迹象（如量价背离、累计涨幅巨大、长期滞涨等），则我们可提前预判出这很有可能是个股的最后一波拔高上涨走势；反之，我们则难以判断出这一波上涨走势是否意味着真正顶部区的出现，毕竟狂热的市场情绪完全可以把股市或个股推向一个难以预测的高度，正所谓"牛市不言顶"；随后，出现一波快速下跌走势，这一波下跌走势幅度较大、持续时间较长，其形态完全不同于上升途中的回调整理走势，这说明空方的抛压开始急速增强，多方的承接力度则迅速衰弱，较为明确地预警了多空双方力量的快速转变；接着，短期的快速下跌引发了一波反弹上涨走势，但这一波上涨走势却明显力道不足（其量能大小往往要明显地小于第一次探顶时的平均量能），这是推动价格上涨的买盘资金已处于枯竭状态的表现；最后，当价格反弹至前期高点时，空方打压力度再度增强，从而使得个股出现二次探顶、难以突破上行的走势，随后的再一次下跌走势引发了更多的持股者抛售，从而使得其向下破位，跌破具有重要支撑性质的颈线位置处，这也是空方力量开始占据主动、一轮跌势正在形成的明确信号。

图 9-6 为 *ST 香梨（600506）2009 年 2 月 12 日至 2010 年 7 月 6 日期

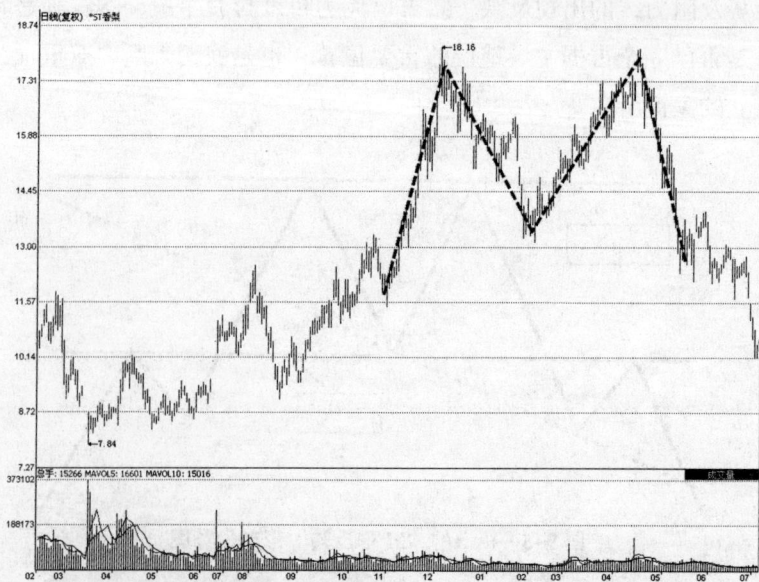

图 9-6 *ST 香梨持续上涨后高位区的"M 顶反转"形态示意图

间走势图，如图标注所示，此股在持续上涨后的高位区出现了宽幅震荡的"双重顶"形态。一般来说，"双重顶"形态越开阔则多空双方力量转换越充分，其预示趋势反转的可靠性也越强，而且，我们可以看到，此股的前期累计涨幅巨大，在"双重顶"形态的构筑期间也呈现出了典型的顶部区量能形态——缩量，种种盘面迹象都表明这预示趋势反转的"双重顶"形态，也是我们应选择中长线卖股离场的明确信号。

图 9-7 为双鹤药业（600062）2008 年 12 月 24 日至 2010 年 7 月 15 日期间走势图，如图标注所示，此股在持续大涨后的高位区也出现了二次探顶的走势，透过此股前期的累计涨幅，以及高位区走势中所出现的量价背离的配合关系，我们同样可以判断出这是一个预示着趋势转向的"双重顶"形态，是我们中长线卖股离场的信号。

图 9-7　双鹤药业持续大涨后高位区的"M 顶反转"形态示意图

图 9-8 为嘉宝集团（600622）2009 年 4 月 14 日至 2010 年 2 月 25 日期间走势图，如图标注所示，此股在大涨后的高位区出现了二次探顶的"双重顶"形态，其也可靠地预示了此股的趋势转向，不失为指导我们把握中长线卖股离场时机的准确信号之一。

图 9-8　嘉宝集团持续大涨后高位区的"M 顶反转"形态示意图

与双重顶形态较为相似的是三重顶形态，它只是比双重顶多了一次探顶走势而已，由于多了一次探顶走势，因而，空方在这一底部区所积累的能量也就更多一些，后期的跌幅往往也会更大一些。

图 9-9 为建发股份（600153）2008 年 7 月至 2010 年 6 月期间走势图，如图标注所示，此股在持续大涨后的高位区出现了三次探顶的"三重顶"形态（注：虽然此股在第三次探顶时的高点相对低于前两次探顶时的高点，但这仍不失为一个完整的三重顶形态）。在三重顶的整个构筑期间，有两点要素值得我们注意，因为借此要素，我们可以更为准确地验证这一形态就是预示着顶部反转走势出现的"三重顶反转"形态：一是成交量的整体萎缩，这一形态说明场外买盘资金已趋于枯竭且无力再度发动攻势；二是股价重心缓缓下移，即震荡滞涨走势的出现，三重顶形态构筑时间较长、空方在震荡过程中占有相对优势，因而，我们可以看到股价重心的缓缓下移，这完全不同于上升途中的盘整震荡走势。

图 9-10 为赛马实业（600449）2009 年 9 月 15 日至 2010 年 4 月 23 日期间走势图，如图标注所示，此股在持续大涨后的高位区出现了宽幅震荡的"三重顶"形态，它的出现既打破了个股原有的上升形态，也是其滞涨的表

现，更是空方力量开始逐步积累能量的过程。透过"三重顶"形态，我们可以清晰地看到多空双方力量的转换过程，因而，我们应及时采取中长线卖股离场的操作策略。

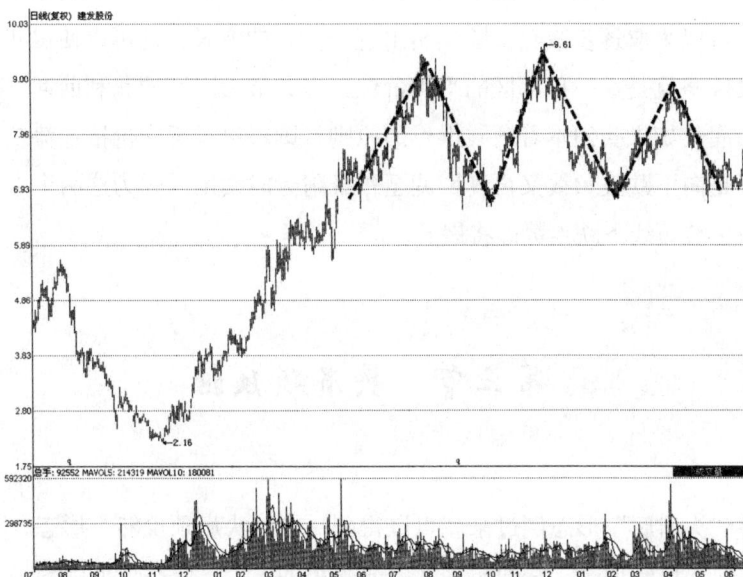

图 9-9　建发股份持续大涨后高位区的"三重顶反转"形态示意图

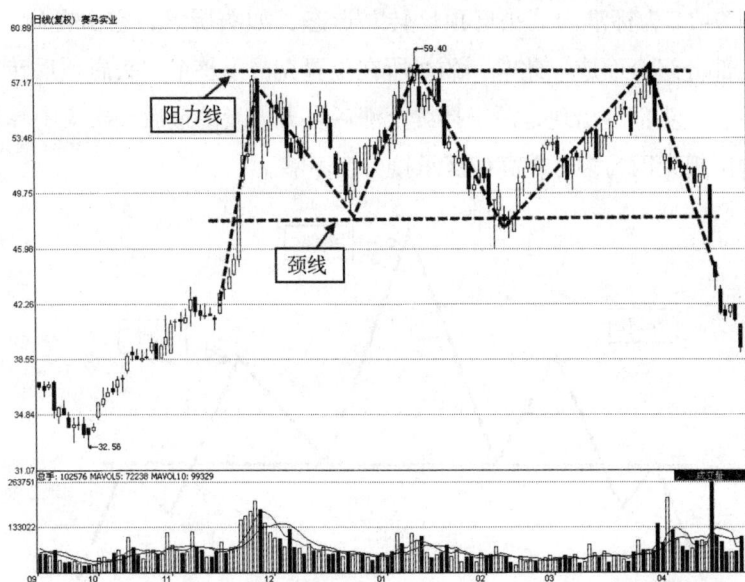

图 9-10　赛马实业持续大涨后高位区的"三重顶反转"形态示意图

通过以上的实例讲解，我们已经知道了如何辨识"双重顶"形态和"三重顶"形态，对于实盘操作而言，在顶部反转形态中准确地把握住卖点是关键所在，那么，我们又如何把握卖点呢？由于这种形态是预示着趋势反转的信号，因而，它后期的下跌空间仍然巨大，如果我们以中长线的角度来操作的话，可以采取逐步减仓、陆续卖出直至清仓的方式，这可以使得我们的平均卖股价格就是这一顶部区的平均价位，以此最大限度地获利前期牛市所带来的利润；如果我们本着短线操作的原则，则可以考虑在价格走势二次探顶时，或是向下跌破颈线又再度回调至颈线附近时卖出，因为这两个点位都预示着新一波短线下跌走势即将展开。

第三节　头肩顶反转

将"头肩底"形态倒过来就可以得到一个"头肩顶反转"形态，它是最常见的顶部反转形态，一般出现在上升趋势的末期，是行情上涨到顶点后的反转信号。

图 9-11 为标准的"头肩顶反转"形态，如图所示，它由左肩、头部、右肩三部分组合而成，此时，颈线所在位置充当了整个"头肩顶反转"形态的支撑位，头部的出现是源于持续上涨后多方力量的最后一次集中释放，而右肩的出现则因为多方在高位区承接力度不够。

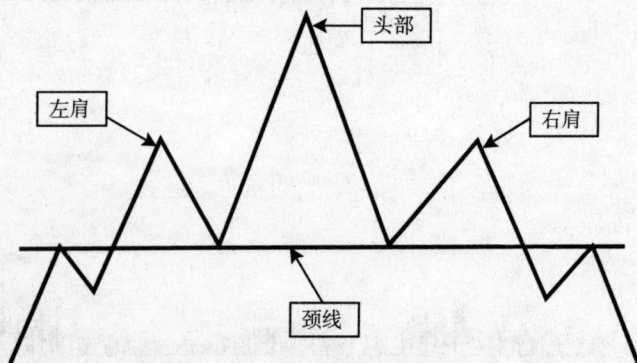

图 9-11　标准的"头肩顶反转形态"示意图

一般来说，首先，在左肩至头部的一段上涨走势中会出现量价背离形态，这说明这一波的上涨走势已不是源于充足买盘资金的推动，而是市场狂热情绪所致，这预示着顶部即将出现；随后，价格由最高点处（头部）开始下跌，这一波的走势较为迅速且幅度较大，完且不同于上升途中的正常回调整理，体现出了空方力量的强大，这次的回落为那些错过了上次上升机会的投资者提供了一个买入的机会，在这些投资者的积极抄底买入之下，股价又从头部的低点反弹，但股价无力升越上次的高时，又掉头下行，形成"右肩"；接着，价格的疲软走势已将市场上的乐观情绪完全扭转过来，空方开始占据市场的主动，随后当价格向下跌破颈线时，就预示着下跌趋势已正式展开。

图 9-12 为亚泰集团（600881）2007 年 2 月 2 日至 12 月 19 日期间走势图，如图标注所示，此股在持续上涨后的高位区出现了一个"头肩顶"形态，在这一形态形成之前，我们可以看到此股的累计涨幅巨大，且在高位区出现了明显的震荡滞涨走势。在整个头肩顶的构筑过程中，可以看到成交量出现了总体缩小的形态，这是买盘明显不足的表现，是顶部区的典型量能形态。因而，我们可以认为这一形态是预示着顶部到来的"头肩顶"形态，当投资者在结合个股前期的累计涨幅以及形态形成之初的成交量进行综合判断

图 9-12　亚泰集团持续上涨后高位区的"头肩顶反转"形态示意图

时，一旦认为它有可能走出"头肩顶"形态，就可以在其右肩形成之初展开中长线的卖出操作。

图 9-13 为华远地产（600743）2008 年 11 月 24 日至 2009 年 9 月 30 日期间走势图，如图标注所示，此股在持续上涨后的高位区出现了一个"头肩顶反转"形态，这一形态体现了多空双方力量的转换过程，是预示着顶部出现、趋势反转的信号，也是我们进行中长线卖股离场的信号。

图 9-13　华远地产持续上涨后高位区的"头肩顶反转"形态示意图

图 9-14 为东华实业（600393）2007 年 1 月 26 日至 12 月 7 日期间走势图，如图标注所示，此股在持续上涨后的高位区出现了一个震荡滞涨的"头肩顶反转"形态，这一形态的出现明显地打破此股原有的上升形态，清晰地勾勒出了多空双方实力的转换过程，而且，随着"头肩顶反转"形态的构筑完毕，我们也可以发现，此股的股价重心也呈现出稳步下移的迹象。此外，在构筑整个头肩顶反转的过程中，我们可以看到，当价格走势运行至头肩顶形态的右肩处时，成交量出现了快速的萎缩，这说明买盘资金已明显趋于枯竭，这些都是验证"头肩顶反转"形态的可靠信息。

图 9-15 为中信证券（600030）2006 年 8 月至 2008 年 3 月期间走势图，如图所示，此股在持续上涨后的高位区出现了一个宽幅震荡的"头肩顶反

转"形态,整个"头肩顶反转"形态开阔明朗,彻底打破了此股前期惯有的
上升形态,这是多方力量转弱、空方力量逐步增强的信号。从量能的变化形
态中可以看到,在形成左肩的一波上涨走势及从左肩到头部的一波上涨走势

图 9-14　东华实业持续上涨后高位区的"头肩顶反转"形态示意图

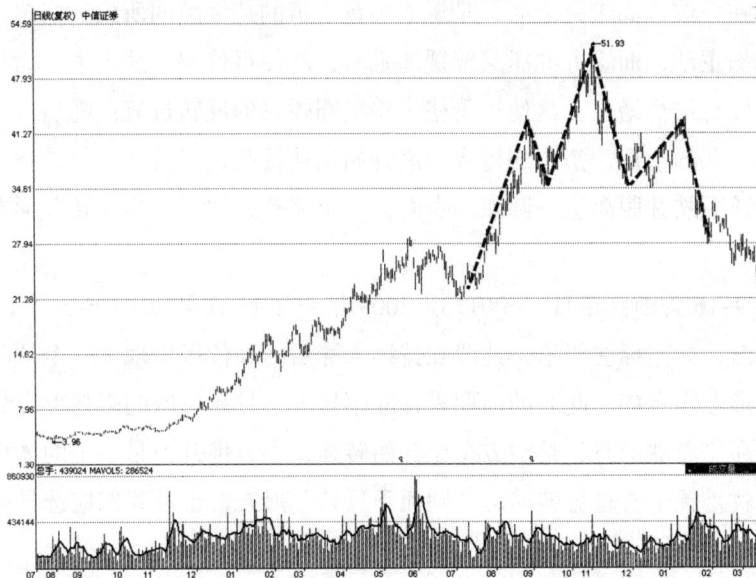

图 9-15　中信证券持续上涨后高位区的"头肩顶反转"形态示意图

中出现了明显的量价背离形态，这正是买盘资金趋于枯竭的信号，预示着顶部的出现。

在详细地了解了"头肩顶反转"形态后，我们已经知道了如何辨识这一形态，但是，在实盘操作中，我们应如何把握卖点呢？一般来说，在形成"头肩顶反转"形态时，往往会有明显的见顶迹象，当价格走势已经在形成左肩的一波涨势中出现明显的量价背离形态时，我们就应做好逃顶准备，若随后的价格走势再度上扬，则可以逢高减仓，或是分批卖出，这样可以最大限度地保住牛市的利润；此外，右肩处及价格走势向下跌破颈线时，也是较好的卖出时机，因为这时我们可以较为明确地判断出顶部的出现，此时选择出局是极为明智的。

第四节　圆弧顶反转

"圆弧顶反转"形态形似圆弧，这种形态较为清晰地勾勒出了多空双方力量的转化过程，是我们识别趋势反转的重要形态之一。"圆弧顶反转"形态多出现在一波拔高走势之后，是源于买盘力道的持续减弱所致。当多方力量不再占据主动，而空方抛压又缓缓增强时，就使得价格上涨乏力，而空方的抛压也没有过快增强，这使得价格走势呈圆弧式的反转过渡。随后"圆弧形反转"形态的出现，空方的抛售力度开始快速转强，当价格走势在空方的推动下快速下跌并脱离这一圆弧形态时，一个完整的"圆弧顶反转"形态便构筑完毕。

图9-16为浙江东日（600113）2009年9月18日至2010年5月17日期间走势图，如图标注所示，此股在持续上涨后的高位区出现了一个"圆弧顶反转"形态的走势，此股的前期累计涨幅较大，且高位区的圆弧形走势又是明显的高位滞涨形态，是空方抛压开始转强，多方推升力量不足的体现，这一形态就是预示着趋势转向的"圆弧顶反转"形态，也是我们应选择高位离场的警示性信号。

图 9-16　浙江东日持续上涨后高位区的"圆弧顶反转"形态示意图

图 9-17 为南京化纤（600889）2009 年 1 月 9 日至 12 月 30 日期间走势图，如图标注所示，此股在经历了长时间的上涨之后，于高位区出现了一个"圆弧顶反转"形态，这一形态出现在此股高位震荡滞涨走势之后，且在圆

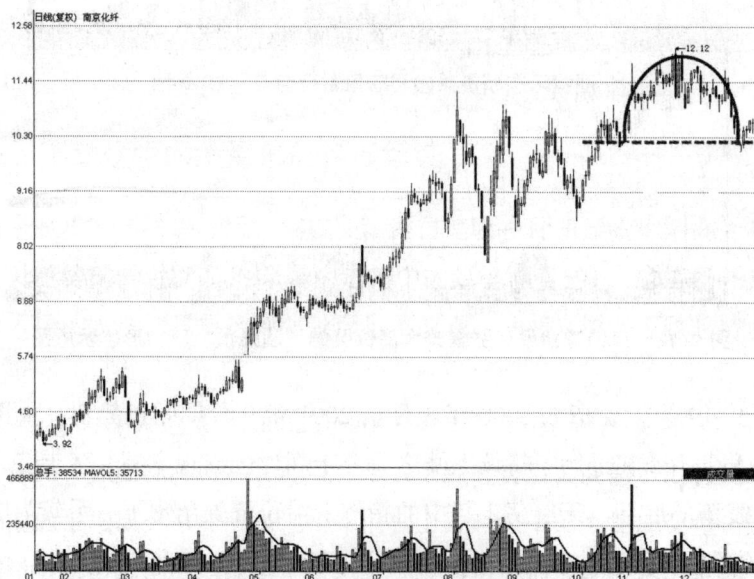

图 9-17　南京化纤持续上涨后高位区的"圆弧顶反转"形态示意图

弧顶的构筑过程中可以看到成交量的明显萎缩，而这正是顶部区的典型量能特征，再结合此股前期的巨大累计涨幅，因而，这一形态就是预示着趋势转向的"圆弧顶反转"形态，是我们高位离场的明确信号。在实盘操作中，我们可以等到股市向下跌破颈线，从而使得"圆弧顶反转"形态完全形成时再择机卖出或进行做空操作，因为此时我们可以确定这一圆弧顶形态是属于顶部区具有反转性质的"圆弧顶反转"形态。

图 9-18 为京能置业（600791）2008 年 11 月 24 日至 2009 年 8 月 28 日期间走势图，如图标注所示，在经过了 2009 年上半年的持续上涨之后，此股在累计涨幅较大的高位区出现了一个明显震荡滞涨的圆弧形走势，这一形态清晰地勾勒出了多空双方力量的转化过程，是上升趋势结束、下跌趋势开始的信号。

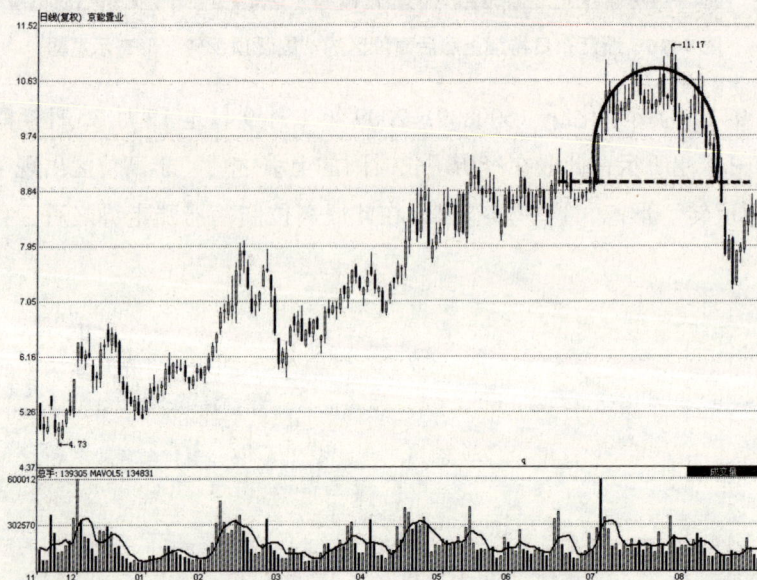

图 9-18　京能置业累计涨幅较大高位区的"圆弧顶反转"形态示意图

图 9-19 为上证指数 2000 年 3 月至 2001 年 9 月期间走势图，如图标注所示，大盘指数在经历了持续上涨之后，于高位区出现宽幅震荡走势，并且在宽幅震荡的后期，于震荡走势中的箱体上沿位置处出现了一个较为明显的"圆弧顶反转"形态，这说明多方力量已经很难再度推升股市上涨，因而它是股市顶部形成的标志。

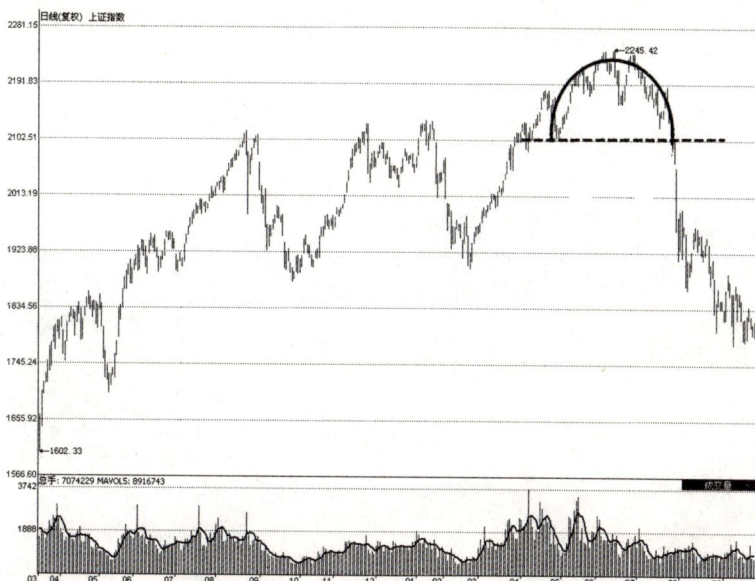

图 9-19　上证指数持续上涨后高位区的"圆弧顶反转"形态示意图

　　"圆弧顶反转"形态是预示着顶部反转的可靠形态，它的构筑时间比双重顶、三重顶、头肩顶等形态要短，因而，在实盘操作中，我们既要准确地识别出这一反转形态是属于阶段性的调整形态，还是属于预示着趋势转向的反转形态。当这一形态出现在个股累计涨不大且个股处于明确的上升通道之中时，它意味着个股的阶段性顶部形成和随后回调走势的出现；当这一形态出现在个股累计涨幅较大的情况下，它多意味着上升趋势的结束和随后下跌趋势的开始，它的出现是明确的顶部信号。此外，还要注意及时出击，把握好圆弧顶走势中的卖点，一般来说，如果价格前期累计涨幅较大，且在高位区的一波上涨走势后有明显的滞涨倾向，股价重心开始缓缓下移时，就可以减仓出局，因为高位区的滞涨走势很容易引发更多的做空盘抛售，从而使得随后出现快速下跌走势。

第十章　中长线形态实战 3
——中继整理

中继整理形态也称之为整理形态，它出现在上升或是下跌途中，是对原有趋势的一个加固过程，出现在上升途中的整理走势可以使得多方力量再一次汇聚，获利抛压也可以得以减轻，这有利于股市或个股的后期再度上涨；出现在下跌途中的整理走势，则是空方力量的再一次汇聚过程。准确地识别出价格的中继整理走势对我们实战有着重要的意义，这可以使我们在上升趋势中不中途出局，尽可能最大限度地获取牛市利润；在下跌趋势中则不盲目抄底，避免出现过早介入被套牢的不利境况。

第一节　矩形整理

"矩形整理"形态是指价格走势在两条平行线之间来回震荡的形态，上面的一条平行线为阻力线，通过将价格震荡过程中的高点连结而得到；下面的一条平行线则为支撑线，通过将价格震荡过程中的低点连结而得到。这种整理形态既有可能出现在上升途中，也有可能出现在下跌途中，因而，我们一定要结合价格的总体走势情况来分析这一整理形态。

图 10-1 为上升途中的"矩形整理"形态示意图，图 10-2 为下跌途中的"矩形整理"形态示意图。如图所示，在矩形走势中，当股票价格上升某一水平时遇到较大的阻力而掉头向下，但股价在某一低点区域又被很快拉回，回升到前一次上升高点处再一次受阻回落，而当股价再次接近前期低点区域时，再次获得支撑。上升途中的矩形整理走势以价格向上突破阻力线为标

志，下跌途中的矩形整理走势则以价格向下跌破支撑线为标志。一般来说，上升途中的矩形整理走势多伴以量能的相对萎缩，这是空方抛压较轻、多方暂且未发动攻势的体现，并且在突破上行的时候会看到量能的明显放大，这是买盘资金充裕、多方力量强劲的体现；下跌途中的矩形整理则多伴以量能的相对放大，这是抄底盘介入、短线交易活跃的体现。

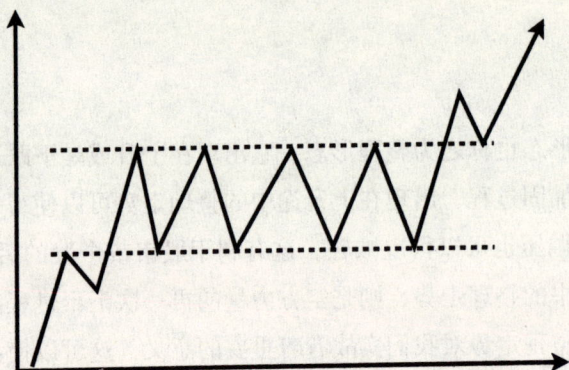

图 10-1 上升途中的"矩形整理"形态示意图

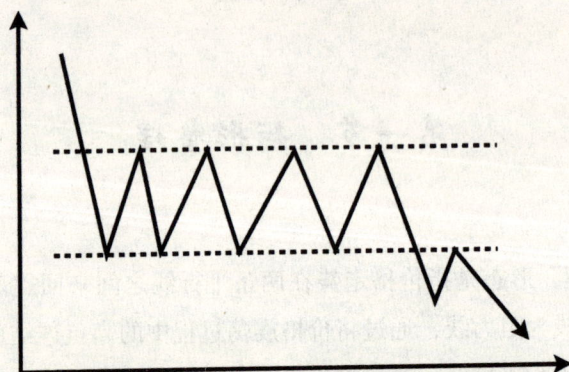

图 10-2 下跌途中的"矩形整理"形态示意图

图 10-3 为新华医疗（600587）2008 年 11 月 11 日至 2009 年 9 月 22 日期间走势图，如图标注所示，此股在上升途中出现了横盘震荡走势，这种横盘震荡的整理形态就是"矩形整理"形态。一般来说，这种形态是空方力量仍未占据主动的表现，也是上升趋势仍将继续的信号。在实盘操作中，"矩形整理"形态对那些缺乏耐心的投资者还是极具影响力的，此时，最好的方法就是耐心持股待涨，若这一"矩形整理"形态出现在上升途中且个股的累

计涨幅不大，则投资者可以进行买入操作；反之，若是这一"矩形整理"形态出现在大幅上涨后的高位区，对于场外投资者来说，为了规避高位风险，即使买入，也只宜轻仓。

图 10-3 新华医疗上升途中"矩形整理"形态示意图

图 10-4 为旭飞投资（000526）2009 年 1 月 20 日至 8 月 28 日期间走势图，如图标注所示，此股在稳健的上升途中出现了矩形整理走势。可以看到，此矩形整理走势出现在个股稳健攀升的过程中，且其整理形态并没破坏个股的上升趋势，随着矩形整理走势的持续，股价重心开始上移，直至放量突破阻力线并结束这一整理形态。由于矩形整理走势仅仅是上升途中的一次整理走势，而非趋势转向的信号，因而，在矩形整理走势持续行进的过程中，市场仍是多方占据主导地位的。因此，矩形整理走势与那些出现在顶部区的滞涨走势是明显不同的，它并没有破坏个股的上升形态。

图 10-5 为中金黄金（600489）2008 年 11 月 28 日至 2009 年 6 月 23 日期间走势图，如图标注所示，此股在上升途中出现"矩形整理"形态，它的出现并没有破坏此股的上升形态。在股市中，不论多么强势的行情，股价不可能不停地上涨或下跌，都会有休息的时候，休息好了后再继续朝原方向发展。在行情休息的时候，就极有可能出现一些常见的整理形态，如果我们不

了解这些中继整理形态，就很有可能因担心利润的消失或是缺乏耐心而错失个股后面的大好行情。

图 10-4　旭飞投资上升途中"矩形整理"形态示意图

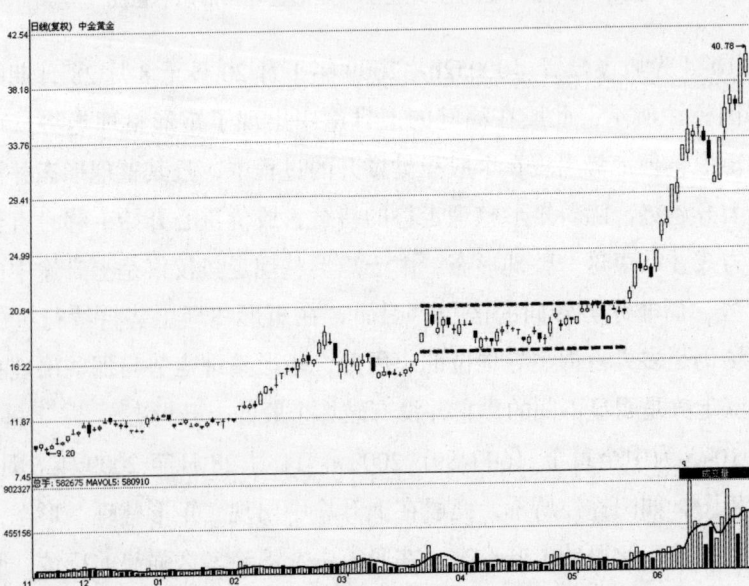

图 10-5　中金黄金上升途中"矩形整理"形态示意图

图 10-6 为大龙地产（600159）2009 年 1 月 14 日至 7 月 28 日期间走势图，如图标注所示，此股在上升途中出现了矩形整理走势。可以看到，此股的这种矩形整理走势并没破坏它的上升形态，而且在矩形整理过程中，成交量也出现明显的缩小，这说明空方抛压并不重，是多方仍旧占有主导地位的体现，也是后期升势仍将继续的信号，随后此股放量突破矩形整理区域时，也就是整理走势结束，新一轮涨势开始的标志。

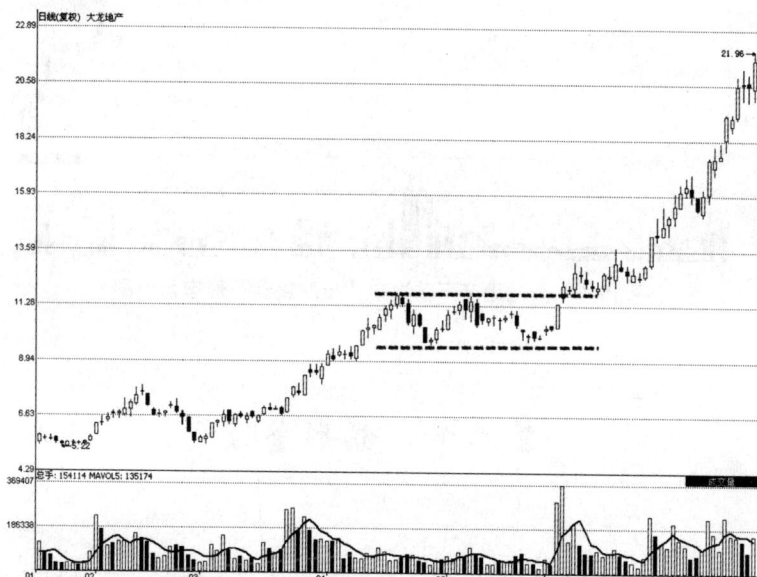

图 10-6　大龙地产上升途中"矩形整理"形态示意图

　　上升途中可以有矩形整理走势，下跌途中同样也会出现矩形整理走势。图 10-7 为大龙地产（600159）2009 年 11 月 24 日至 2010 年 5 月 7 日期间走势图，如图所示，此股在经历了 2009 年的大幅上涨后，于高位区出现了长时间的震荡滞涨走势，随后价格走势反转向下，并步入跌途。如图中标注所示，在下跌途中可以看到此股出现了"矩形整理"形态，这一走势是空方力量再度汇聚的一次过程，当空方力量汇聚完毕后，价格走势就会向下破位，再度步入到下跌走势。此外，由于下跌途中的矩形整理走势多与短线盘的大量参与有关，因而，成交量会相应地放大，这一点也是投资者应格外注意的。

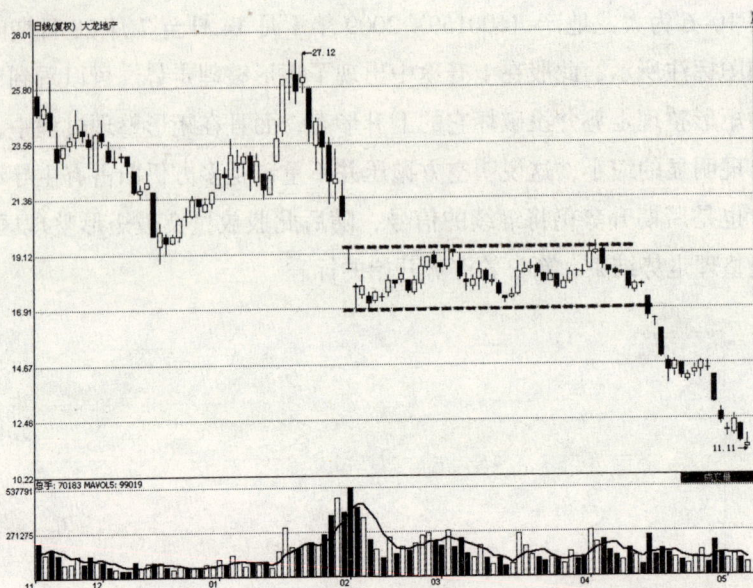

图 10-7 大龙地产下跌途中"矩形整理"形态示意图

第二节 旗形整理

"旗形整理"形态，顾名思义，其形态犹如一面旗帜，它既可以出现在上升途中，也可以出现在下跌途中。

上升途中的"旗形整理"形态称之为"上升旗"形态，我们可以透过它的形成过程来理解它的形态：首先是价格走势出现一波较为快速的上涨，这一波的快速上涨形成了一个"旗杆"；随后出现一波回调走势，这一波回调走势与常见的快速回调不同，它形成了一个紧密、狭窄和稍微向下倾斜的价格密集区域，把这密集区域的高点和低点分别连接起来，就可以得到向下倾斜的平行线，上下两条平行线起压力和支撑作用，波段的振幅大致相当，这一波的回调走势形态就相当于一面"旗帜"。图 10-8 为"上升旗形"整理形态示意图。

下跌途中的"旗形整理"形态称之为"下降旗"形态，它的形成过程与"上升旗"形态正好相反，首先是价格走势的一波快速下跌形成了一根倒着的"旗杆"；随后，在一个位置得到支撑后企稳反弹，反弹走势是以窄幅向上震荡形态来完成的，通过将这窄幅震荡过程中的高点及低点分别连接，就可以得到向上倾斜的两条平行线，从形态上来看，这一波的反弹走势形态就相当于一面"旗帜"。图 10-9 为"下降旗形整理"形态示意图。

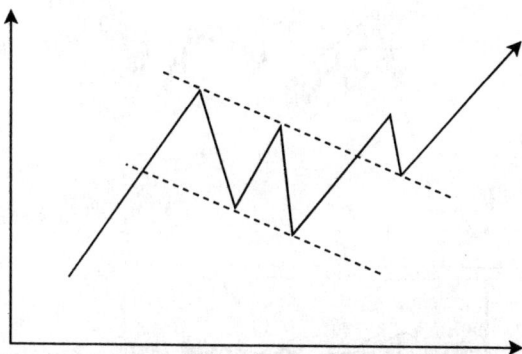

图 10-8　"上升旗形整理"形态示意图

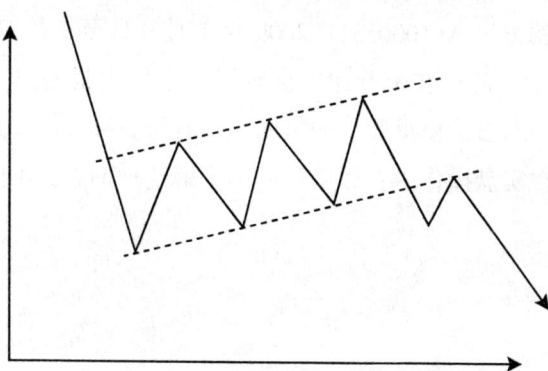

图 10-9　"下降旗形整理"形态示意图

　　图 10-10 为大商股份（600694）2008 年 11 月 21 日至 2009 年 7 月 16 日期间走势图，如图标注所示，此股在上升途中首先出现了一波快速上涨走势，随后出现了一个旗形的回调走势，从而构成了一个完整的"旗形整理"形态。在这一形态出现时，我们可以看到量能出现了明显的萎缩，这说明这一波的震荡回调走势仅仅是因为少量的获利抛盘所致，之前的一波快速上涨也并没有引发大量的抛盘涌出，这说明多方仍旧占据主导地位，空方的抛售也只是暂时的，它预示着旗形整理之后的个股的走势仍是以上行为主的。在实盘操作中，我们可以在个股旗形整理走势中突破上阻力线时介入。

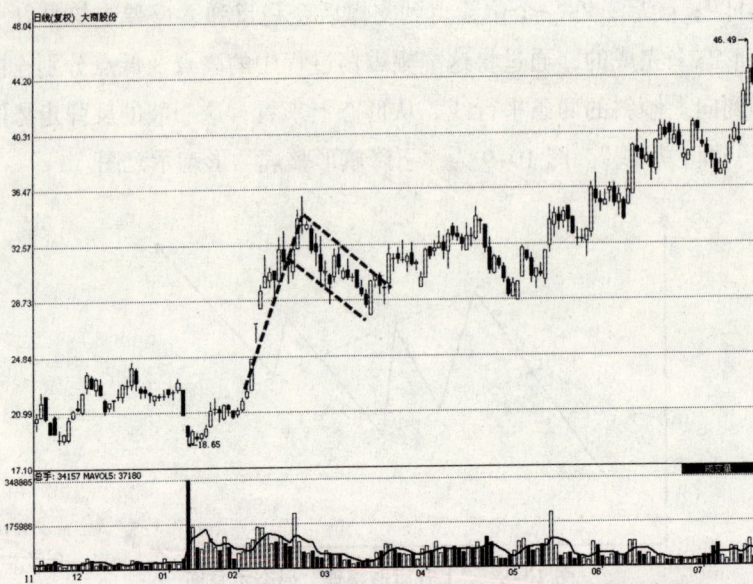

图 10-10　大商股份上升途中的"上升旗形整理"形态示意图

图 10-11 为穗恒运 A（000531）2009 年 1 月 9 日至 7 月 16 日期间走势图，如图标注所示，此股在上升途中出现了形态较为紧缩的"上升旗形整理"形态，这一形态虽然使得股价的短期重心有所下移，但却并没有破坏个股的上升形态。在实盘操作中，如果我们不了解这种形态，不能正确地识别

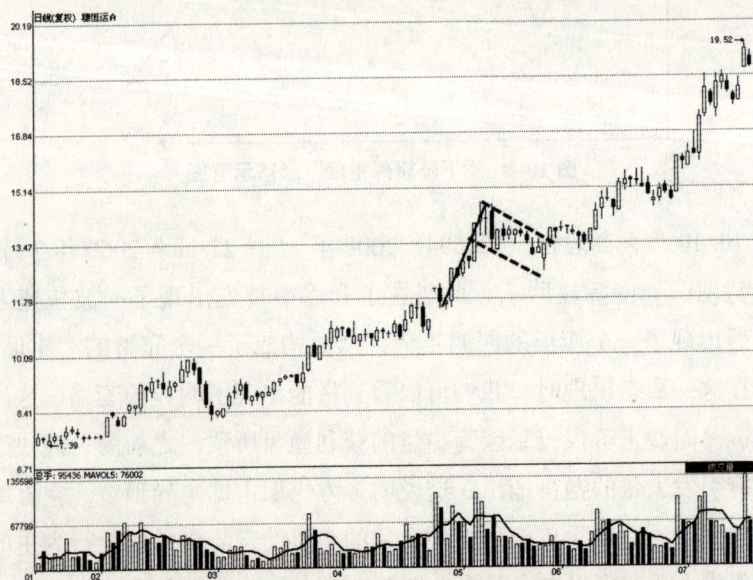

图 10-11　穗恒运 A 上升途中的"上升旗形整理"形态示意图

出这种形态，则很有可能会在上升途中被洗盘出局，从而错过了后面的上升
行情。

图 10-12 ST 金瑞上升途中的"上升旗形整理"形态示意图

图 10-12 为 ST 金瑞（600714）2008 年 9 月 16 日至 2009 年 4 月 17 日
期间走势图，如图标注所示，此股在上升途中出现了一波势头较快的上涨，
随后，出现了一个很显著的向下倾斜的"旗形整理"形态。很好地识别出这
种旗形整理形态有助于我们把握随后上涨走势的出现，从而把握大波段所带
给我们的高额回报。

图 10-13 为莲花味精（600186）2010 年 3 月 2 日至 2010 年 7 月 1 日期
间走势图，如图所示，此股在经历了顶部区的震荡之后，开始反转下行，如
图中标注所示，在下跌走势中出现了一波快速下跌走势，并且这一波下跌走
势引发了随后以平行四边形形式震荡上行的旗形形态，这就是下跌途中的
"下降旗形整理"形态。它仅仅是价格下跌过程中的一次反弹，随着反弹的
结束，价格走势就会再度步入跌途。

图 10-14 为浙江广厦（600052）2009 年 10 月 28 日至 2010 年 6 月 22 日
期间走势图，如图标注所示，此股在下跌途中出现了一个持续时间较长、形
态较为宽阔的"下降旗形整理"形态，这一形态虽然使得股价的短期重心有

所上移，但这并不是多方力量开始占优的表现，它仅仅是由于当时的市况较好、空方抛压阶段性减轻所致，并没有彻底改变多空双方的整体力量对比情况。在实盘操作中，如果我们不了解这种形态，不能正确地识别出这种形态，则很有可能会盲目介入，从而出现随后被套的不利局面。

图 10-13　莲花味精下跌走势中的"下降旗形整理"形态示意图

图 10-14　浙江广厦下跌途中的"下降旗形整理"形态示意图

第三节　楔形整理

"楔形整理"形态与"旗形整理"形态较为相似，图 10-15 为"上升楔形"形态与"下降楔形"形态示意图。可以看到，楔形的震荡整理形态为三角形（上升楔形的整理形态为一个向上倾斜的三角形，下降楔形的震荡整理形态则为一个向下倾斜的三角形），对比图 10-8、图 10-9 可以看出，上升旗形的震荡整理形态为一个向上倾斜的平行四边形，下降旗形的震荡整理形态则为一个向下倾斜的平行四边形。

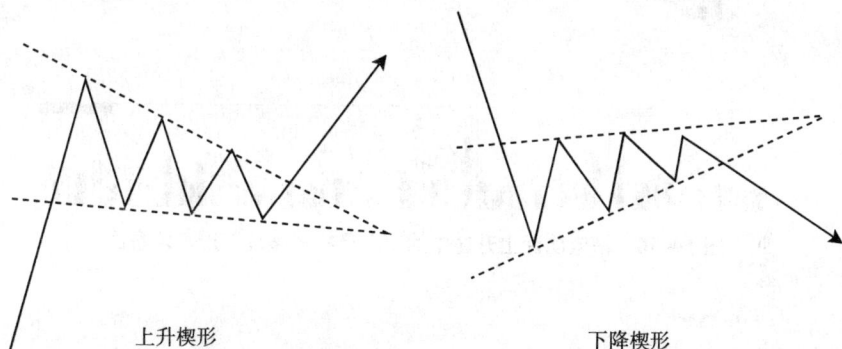

上升楔形　　　　　　　　　　　下降楔形

图 10-15　"上升楔形"形态与"下降楔形"形态示意图

形态上的相似也造成了市场含义上的相近，上升楔形是上升途中的一种常见整理形态，下降楔形则是下跌途中的一种常见整理形态。在实盘操作中，我们应该熟识这两种形态，以便可以更为准确地预测价格的后期走势。

图 10-16 为郴电国际（600969）2009 年 3 月 18 日至 7 月 27 日期间走势图，如图中标注所示，此股在上升途中出现了一个"上升楔形整理"形态，这一形态是消化获利抛压、多方积蓄能量的一个过程，随着楔形整理走势的持续，当多方积蓄到了足够的能量时，就会发起攻势，从而使得价格走势再度步入升途。

图 10-17 为欧亚集团（600697）2009 年 3 月 10 日至 7 月 17 日期间走势图，如图标注所示，此股在上升途中出现了一个上升楔形整理形态，这一形

态出现在个股累计涨幅不大的背景下，且个股前期处于明确的上升趋势之中。在楔形整理过程中，我们可以看到成交量趋于萎缩，这是空方抛压持续减轻、多方休整的表现，预示着当前的市场主导地位仍被多方占据，也是个

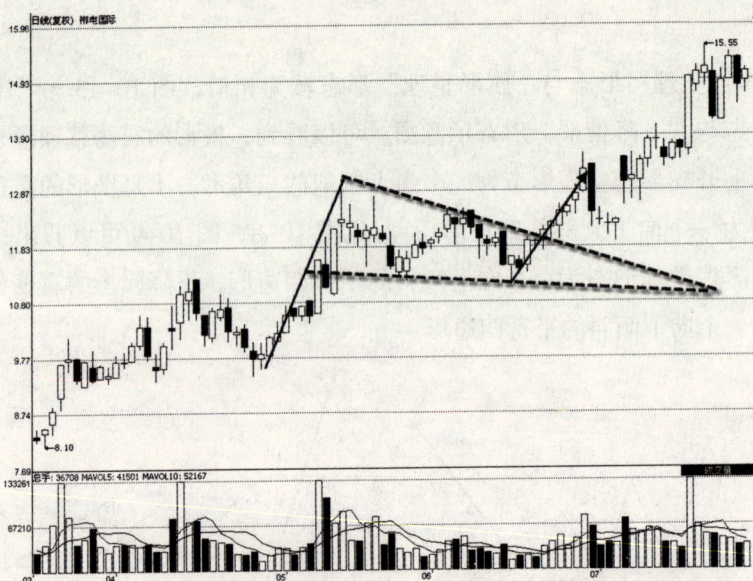

图 10-16　郴电国际上升途中的"上升楔形整理"形态示意图

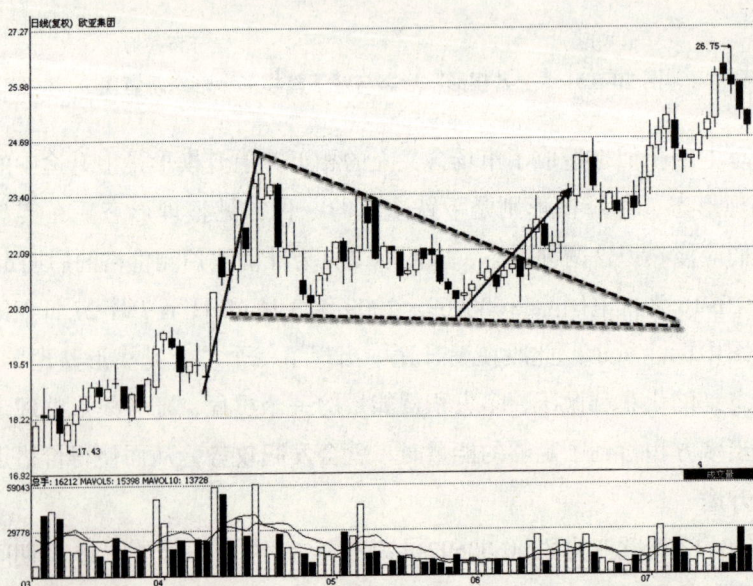

图 10-17　欧亚集团上升途中的"上升楔形整理"形态示意图

股随后可以突破上行的表现，该股的这一走势足以表明，上升楔形是非常可信的短线做多信号，此阶段应逢低坚决进场做多。

第四节　三角形整理

三角形整理是一种最为常见的整理形态，依据其形态特征，我们可以将其分为四种：上升三角形、下降三角形、收敛三角形和扩散三角形，其中上升三角形、下降三角形一般以直角的形态出现，因而也可以称之为直角三角形；收敛三角形和扩散三角形一般以对称形态出现，因而也可以称之为对称三角形或正三角形。

图 10-18 为"上升三角形整理"形态及"下降三角形整理"形态示意图，图 10-19 为"扩散三角形整理"形态示意图，图 10-20 为"收敛三角形整理"形态示意图。上升三角形及下降三角形分别出现在上升途中及下跌途中，扩散三角形及收敛三角形则既可以出现在上升途中也可以出现在下跌途中；而且，在实盘操作中，我们还要注意，如果形态较为宽阔的扩散三角形与收敛三角形出现在明显的高位区或是低位区时，则也很有可能成为预示趋势转向的反转形态，这一点是投资者应格外注意的。

对比这几种不同的三角形整理形态，我们还可以发现，其实上升三角形与下降三角形就是收敛三角形的一种变形，因而，我们可以将上升三角形与下降三角形类归入收敛三角形这一范围。

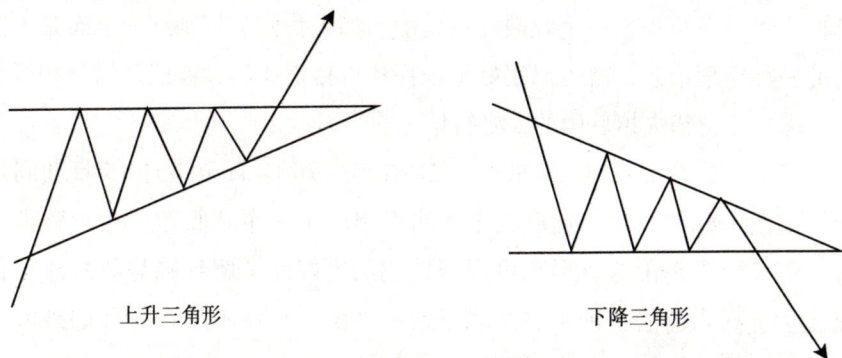

上升三角形　　　　　　　　　　下降三角形

图 10-18　"上升三角形整理"形态与"下降三角形整理"形态示意图

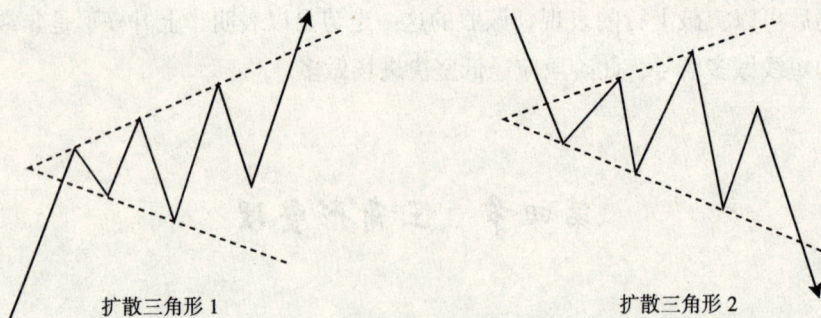

扩散三角形 1 　　　　　　　　　　　　　　　　扩散三角形 2

图 10-19 "扩散三角形整理"形态示意图

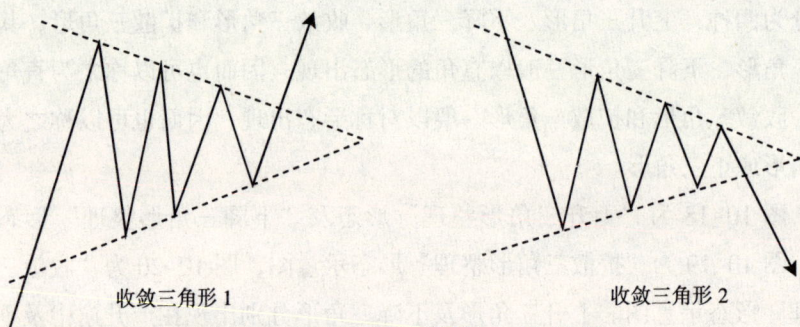

收敛三角形 1 　　　　　　　　　　　　　　　　收敛三角形 2

图 10-20 "收敛三角形整理"形态示意图

图 10-21 为美菱电器（000521）2008 年 11 月 4 日至 2009 年 6 月 9 日期间走势图，如图标注所示，此股在上升途中出现了收敛三角形的整理走势，当价格走势突破三角形的上边时，就是新一轮涨势开始的信号。在短线操作中，我们可以在此点位置处进行积极的买入操作。

图 10-22 为 *ST 沪科（600608）2009 年 2 月 3 日至 6 月 29 日期间走势图，如图标注所示，此股在上升途中出现震荡走势，在震荡过程中，此股的价格走势形态呈现出一个收敛的三角形。如果我们了解到这一形态是上升途中的一种整理形态，就可以很好地把握住价格走势的大波段，做到积极的持股待涨，避免错失掉后面的大好行情。

图 10-23 为北海港（000582）2010 年 3 月 17 日至 7 月 15 日期间走势图，如图中标注所示，此股在下跌途中出现了一个"收敛三角形整理"形态，正确地识别出这一形态可以帮助我们更好地了解到趋势的总体运行情况，了解到当前的整理走势是属于何种性质，从而不进行盲目的抄底买入操作。

图 10-21 美菱电器上升途中的"收敛三角形整理"形态示意图

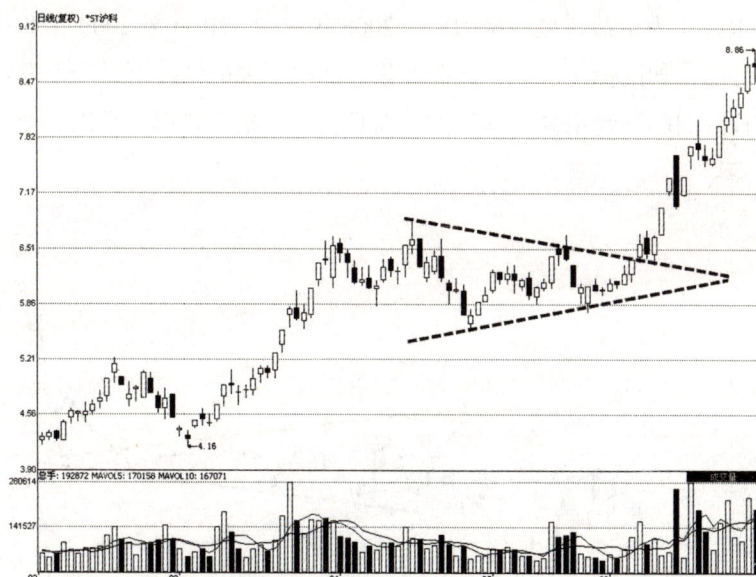

图 10-22 *ST 沪科上升途中的"收敛三角形整理"形态示意图

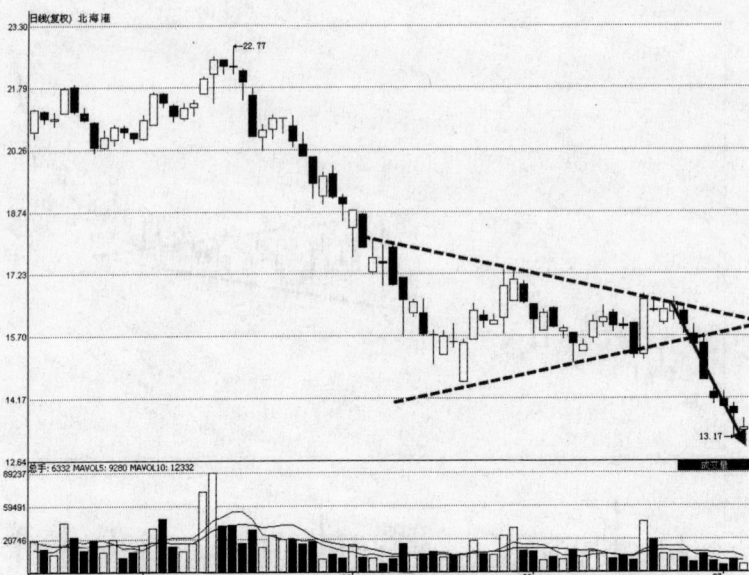

图 10-23 北海港下跌途中的"收敛三角形整理"形态示意图

图 10-24 为生益科技 (600183) 2008 年 12 月 20 日至 2009 年 8 月 5 日期间走势图，如图标注所示，此股在累计涨幅不大的情况下，于上升途中出现了较长时间的横盘窄幅整理形态，而且这一窄幅整理形态是以一个相当标

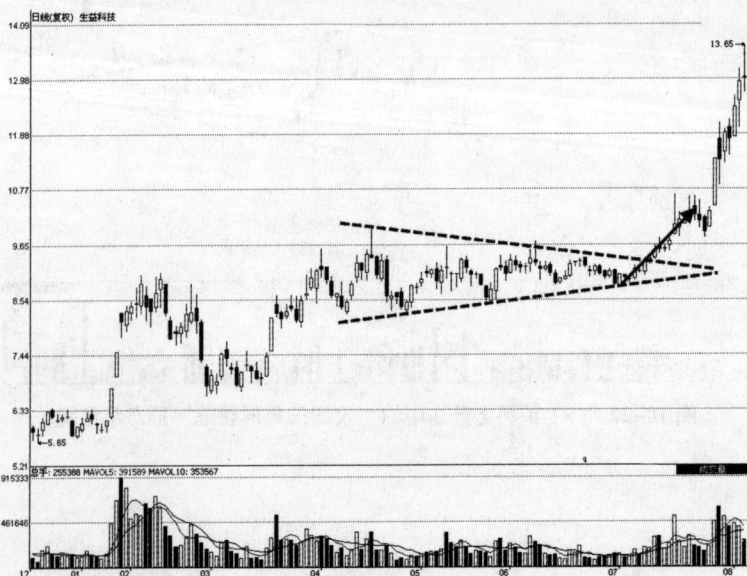

图 10-24 生益科技上升途中的"收敛三角形整理"形态示意图

准的收敛三角形呈现出来的。随着整理走势的持续，价格的波动幅度也逐渐收窄，而且量能也逐步缩小，这说明市场的空方抛压极其有限，当前的市场主导地位仍被多方占据着。因而，透过这种"收敛三角形整理"形态，我们可以准确地预测出价格的后期走势仍以上涨为主基调。

图 10-25 为江泉实业（600212）2008 年 11 月 17 日至 2009 年 4 月 30 日期间走势图，如图标注所示，此股在上升途中出现了一个"扩散三角形整理"形态，这一形态是一种宽幅震荡的整理形态。一般来说，它或是源于大盘的同期震荡，或是源于短期内多空双方分歧加剧而导致的。通常情况下，"扩散三角形整理"形态也是主力资金积极参与的体现，我们可以试想一下，如果没有主力资金的积极参与，价格走势是难以出现这种宽幅震荡的；如果个股在累计涨幅不大的位置区出现了"扩散三角形整理"形态，且同期的大盘处于震荡下跌的弱势状态，则这无疑是主力资金后期将要强势做多的表现，也是我们应积极买入此股的信号。

图 10-25 江泉实业上升途中的"扩散三角形整理"形态示意图

图 10-26 为珠江实业（600684）2008 年 11 月 28 日至 2009 年 7 月 3 日期间走势图，如图标注所示，此股在上升途中出现了一个"扩散三角形整理"形态，在这一形态整理过程中，此股共出现了两次涨停板走势，这是主

力资金强势参与此股的表现，由于此股这时的累计涨幅不大，因而，我们可以预计此股的后期涨势必将在主力资金的积极运行下而明显地强于同期的大盘。

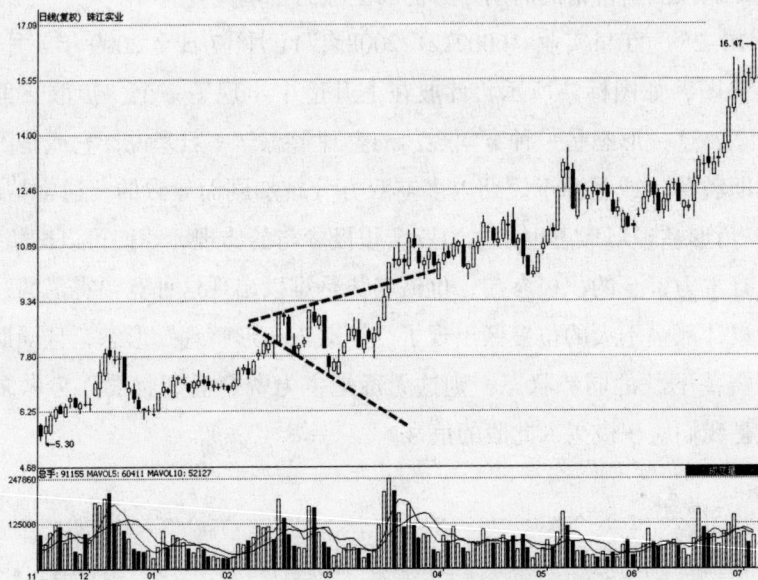

图 10-26　珠江实业上升途中的"扩散三角形整理"形态示意图

第十一章　解读 K 线形态，冲破主力行路

第一节　牛长熊短

"牛长熊短"形态是一种局部形态，它所涵盖的范围是指日 K 线图中的一波上涨走势及紧随而至的一波下跌走势。一般来说，连续的小阳线、中阳线不断地推升价格上涨，使得这一波上涨时间较长，且成交量也出现温和放大；紧随着这一波上涨之后的下跌走势则显得较为短促，多是两三日的中阴线或大阴线快速地将价格打低，而且这几日的成交量也往往出现明显的缩小。

"牛长熊短"形态多出现在主力的建仓阶段，是主力资金持续吸筹的一种表现形式。当然，在分析"牛长熊短"形态是否确切地反映了主力建仓这一市场含义时，我们还应结合价格的总体走势分析，只有出现在低位区的"牛长熊短"形态且伴以量能的放大，才是较为可靠的主力资金建仓信号；而对于那些出现在明显高位区的"牛长熊短"形态，我们只可将其理解为主力资金暂时并没有明显的出货行为。

图 11-1 为德美化工（002054）2008 年 7 月 25 日至 2009 年 3 月 4 日期间走势图，如图标注所示，此股在持续下跌后的低位区出现了牛长熊短的走势，并且，我们可以看到在标注为"牛长"的上涨波段中，其成交量都出现了明显的放大；而在标注为"熊短"的回调波段中，其成交量则出现了明显的缩小。在实盘判断中，出现在这种低位区的牛长熊短走势就是买盘资金介入的标志，也是趋势反转的标志。由于这一阶段可以看作是多方的建仓阶

段，因而，个股的后期上升空间仍然较大，我们可以逢回调后的低点进行积极的中长线布局。

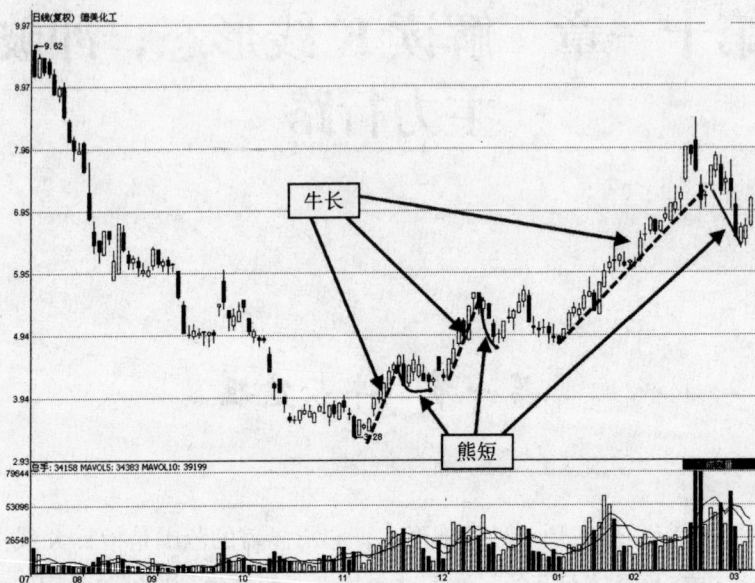

图 11-1　德美化工持续下跌后低位区的"牛长熊短"形态示意图

图 11-2 为中电广通（600764）2008 年 5 月 12 日至 2009 年 3 月 20 日期

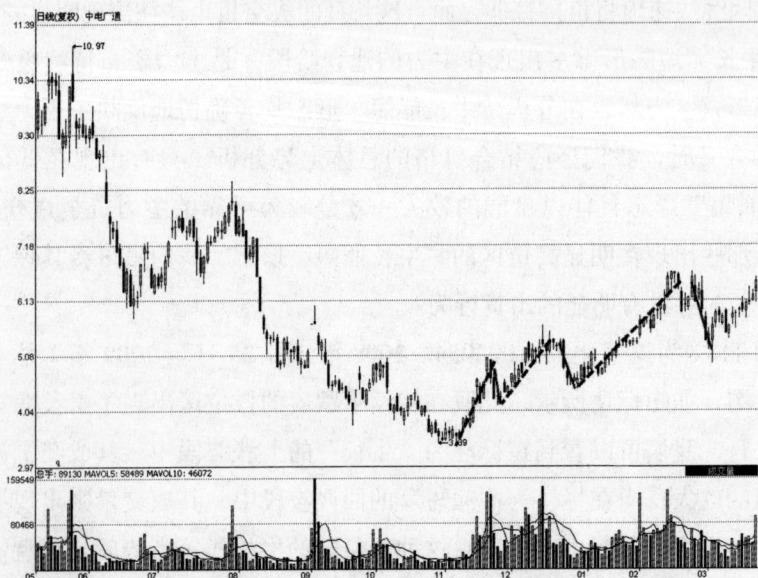

图 11-2　中电广通持续下跌后低位区的"牛长熊短"形态示意图

间走势图，如图标注所示，此股在持续下跌后的低位区出现了牛长熊短的走势，与这一走势一同出现的就是成交量的温和放大，这正是场外买盘资金源源不断流入的迹象，预示着趋势的反转，是我们进行中长线布局的时机。

第二节　慢　牛

牛长熊短是一种局部走势形态，一个完整的"牛长熊短"形态包括了一波上涨走势及紧随而至的一波下跌走势，但是"慢牛"形态却是一种整体走势形态，它是指价格走势呈现出稳步攀升的形态。一般来说，我们可以结合价格的趋势运行情况来分析"慢牛"形态所具有的市场含义。

"慢牛"形态更常见于底部区及上升途中，是多方占据主动的表现，也是多方力量整体占优的表现。当"慢牛"形态出现在持续下跌后的低位区时，它是买盘资金持续流入、多方力量强于空方力量的表现，这预示着底部的出现及趋势的反转，是我们中长线买股布局的明确信号；当"慢牛"形态出现在上升途中时，这是多方仍旧牢牢占据主导地位，且攻势不急不缓的表现，预示着升势仍将继续，是我们持股待涨的明显形态。

图 11-3 为九龙山（600555）2008 年 2 月 13 日至 2009 年 3 月 19 日期间走势图，如图所示，此股在深幅下跌后的低位区出现了股价重心稳步上移的"慢牛"形态（如图中箭头标注所示），这是买盘资金开始持续流入的表现，也是多方开始占据主导地位的体现，预示着跌势已经结束，升势正在形成。

图 11-4 为天业股份（600807）2008 年 3 月 3 日至 2009 年 4 月 10 日期间走势图，如图标注所示，此股在深幅下跌后的低位区出现了"慢牛"形态，这同样是趋势反转的信号，透过这种价格运行的总体形态，我们可以更好地把握住趋势的运行情况，从而做好中长线买卖的操作策略。

图 11-3 九龙山深幅下跌后低位区的"慢牛"形态示意图

图 11-4 天业股份深幅下跌后低位区的"慢牛"形态示意图

第三节 火箭式上冲

"火箭式上冲"形态是指价格走势呈现出急速上升的形态，连续的大阳线使得股价在短时间内犹如火箭发射一般向上冲去，伴随着价格走势的急速上涨，成交量往往也会大幅放出，在盘面上呈现出一种量价井喷的形态。一般来说，"火箭式上冲"形态既有可能是源于主力资金的短时间内大力度的建仓行为，也有可能是主力资金快速拉升手法的一种体现。

当个股于深幅下跌后出现这种"火箭式上冲"形态时，多是因为个股具备了较为突出的热点题材，从而吸引了主力资金的大力介入，在盘面上就呈现出了这种"火箭式上冲"形态，这是主力资金在低位区建仓题材股的常用手法；当"火箭式上冲"形态出现在个股底部区的震荡缓升之后或是上升途中时，多是主力资金借助于良好的大盘环境或是个股的利好消息而进行快速拉升操作的体现。下面我们结合实例来看看"火箭式上冲"形态。

图 11-5 为中路股份（600868）2008 年 6 月 30 日至 12 月 17 日期间走势

图 11-5 中路股份持续下跌后低位区的"火箭式上冲"形态示意图

图，如图标注所示，此股在持续下跌后的低位区出现了连续涨停板的火箭式上冲走势。伴随着价格走势的急速上行，此股的成交量也是急速放大的，其实这种走势是源于此股突然涌现出了可供炒作的"迪斯尼"热点题材，在这一热点题材的号召下，主力资金进行快速的建仓、拉升一体化的操盘手法，从而使得此股出现了连续九个涨停板直接翻倍的"火箭式上冲"形态。通过本例，我们也可以看出，低位区的"火箭式上冲"形态多是主力炒作个股的热点题材所致，正是因为有了热点题材的支撑，个股才能很好地汇聚市场人气，才能获得主力资金的大肆炒作。

图 11-6 为浪潮软件（600756）2008 年 11 月 27 日至 2009 年 4 月 27 日期间走势图，如图标注所示，此股在低位区出现了长时间的盘整走势，随后因为市场挖掘出了此股所具备的"核高基"热点题材，从而在主力资金的大力炒作下出现了十日九涨停的"火箭式上冲"形态。与中路股份略有不同，在主力资金炒作浪潮软件时，主力资金提前布局的迹象更加明显，这从此股在出现火箭式上涨时的量能放大效果并不是十分鲜明就可以看出。因为主力手中已经持有重仓，所以，在快速拉升此股时就不会面临着过多的阻力，因而，成交量的放大效果也不会特别的鲜明、突出。

图 11-6　浪潮软件长期盘整走势后的"火箭式上冲"形态示意图

第四节　波浪式上升

"波浪式上升"形态是一种较为自然的价格运行形态，通过前面对于波浪理论的学习，我们了解到，一轮完整的牛熊交替过程是以"五升三降"的波浪式完成的。虽然在股市或个股的实际走势中，与这种纯理论的阐释有一定差别，但价格走势的波浪运行方式却是不容置疑的。"波浪式上升"形态最常见于个股的上升趋势中，它体现了上涨过程中价格走势的自然律动。

图 11-7 为民生银行（600016）2008 年 10 月 30 日至 2009 年 7 月 17 日期间走势图，如图所示，此股在经历了底部区的震荡蓄势之后，开始步入到上升通道中，在上升过程中，此股正是以波浪式的运行方式来完成的。如图中线条标注，价格走势正是通过这种一浪高于一浪的方式实现了不断上涨。

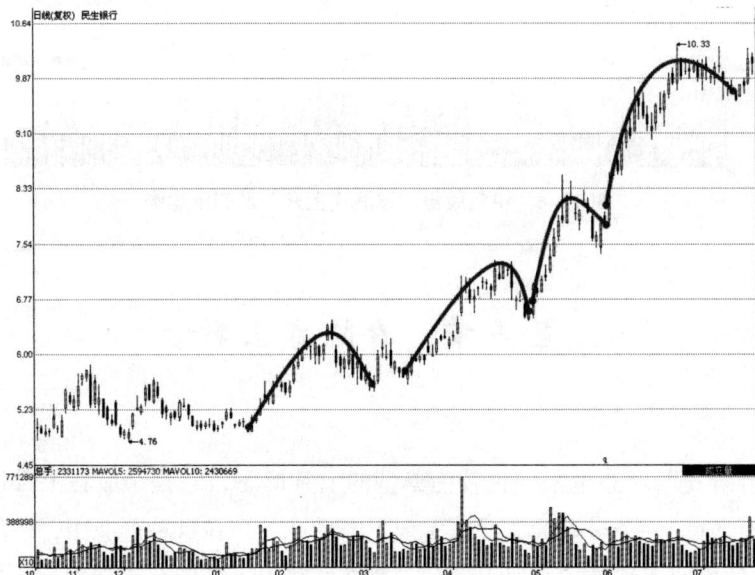

图 11-7　民生银行底部区震荡后的"波浪式上升"形态示意图

图 11-8 为中色股份（000758）2008 年 10 月 8 日至 2009 年 8 月 14 日期间走势图，如图所示，此股的上升走势也是通过一浪高于一浪的"波浪式上

升"形态来完成的。每一个上升浪出现时，我们都可以看到成交量出现了温和的放大，这是买盘资金较为充裕的体现，也是多方力量源源不断的表现；每一个回调浪出现时，我们都可以看到成交量出现了明显的相对缩小，这说明促使个股出现回调的原因只是少量的获利抛售所致，并非是空方力量强大，可以说，"波浪式上升"形态很好地体现出了多方占优、空方较弱这一市场含义。

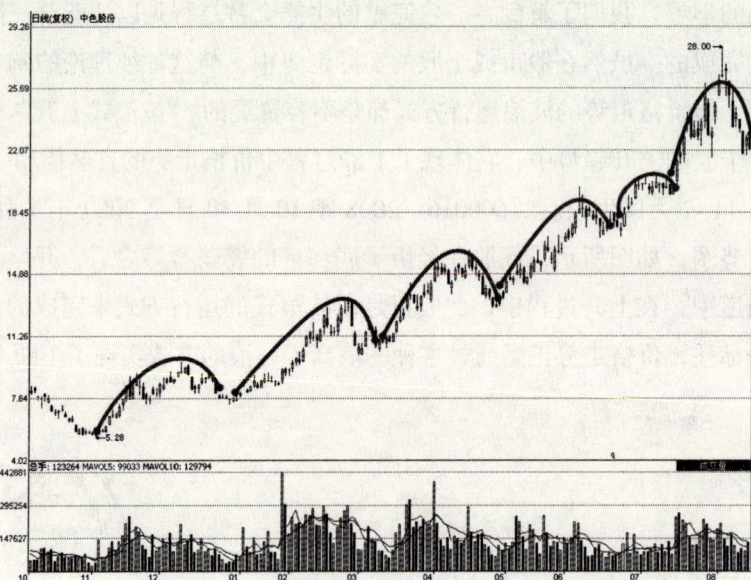

图 11-8 中色股份"波浪式上升"形态示意图

第五节 台阶式上升

"台阶式"形态也是一种较为典型的上升形态，它是个股在上升过程中以一个台阶、一个台阶的方式来实现不断攀升的。在这种形态中，往往是短短数日的快速上涨使得个股上涨到一个新的高点，随后个股就在这一高点位置附近出现较长一段时间的横盘整理，这便形成了一个台阶；整理完毕后，多方就会再度发动攻势，从而使得个股再度向上攀升至一个更高的台阶上。

图 11-9 为中国船舶 （600150） 2006 年 11 月至 2007 年 10 月期间走势

图，如图所示，此股在这一年的时间中实现了持续的上涨，并且累计涨幅巨大，而此股正是以"台阶式"形态来完成整个上升过程的。如图中虚线标注所示，每当个股经短期内的一波快速拉升而上升到一个新的台阶后就会出现横盘的窄幅震荡走势，这种横盘震荡走势也是一个多方积蓄能量、消化获利抛压的过程，经过这样一个横盘整理走势之后，多方的再次拉升就会更从容，拉升后的成果也更容易得以保存。

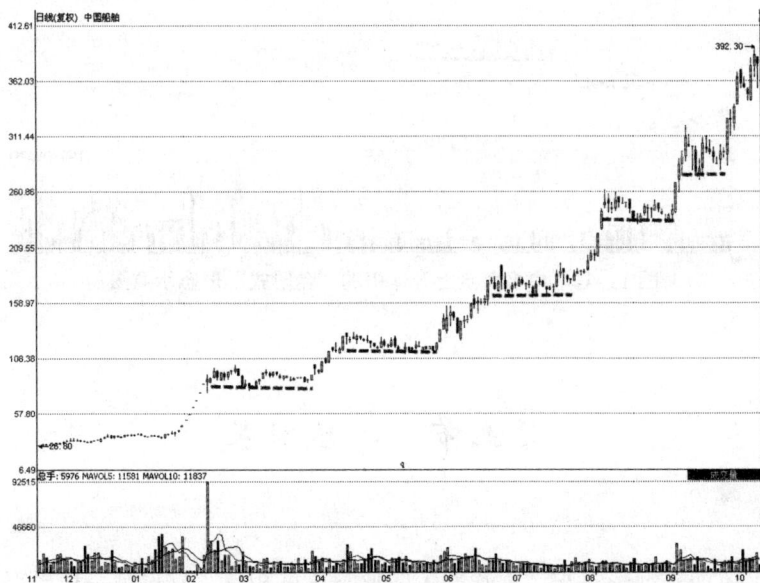

图 11-9 中国船舶上升途中的"台阶式"形态示意图

一般来说，出现这种台阶式上涨走势的个股多是由强控盘的中长线主力运作，这种个股的走势几乎是独立于大盘的，而这类个股一般也多是属于业绩潜力尚未被充分挖掘的个股。个股的每一次台阶式上涨都是其重新估值的一个过程，正是源于业绩的保障，主力资金才会在一个较长的时间跨度内强势运作此股。

图 11-10 为中金黄金（600489）2008 年 10 月 24 日至 2009 年 6 月 2 日期间走势图，如图标注所示，此股在上升过程中也出现了台阶式的上升形态，这一形态是一种极为稳固的上升形态。一般来说，能够在上升途中出现这种形态的个股，其累计涨幅往往都是很惊人的。

图 11-10 中金黄金上升途中的"台阶式"形态示意图

第六节 牛短熊长

"牛短熊长"形态与"牛长熊短"形态正好相反，它也是一种局部形态，其所涵盖的范围是指日 K 线图中的一波上涨走势及紧随而至的一波下跌走势；一般来说，是短短两三根大阳线快速地推升价格上涨，紧随着这一波上涨之后的下跌走势则显得较长，多是持续的小阴线使得股价不断下移。

"牛短熊长"形态多出现在主力的出货阶段，是主力对倒出货手法的体现，主体资金先是通过一两日的对倒拉升来激活个股的市场人气，随后利用追涨盘的介入来实施出货。当然，在分析"牛短熊长"形态是否确切地反映了主力出货这一市场含义时，我们还应结合价格的总体走势分析，只有出现在高位震荡滞涨区的"牛短熊长"形态才是主力出货行为的典型体现；而对于那些出现在深幅下跌后低位区的"牛短熊长"形态，我们只可将其理解为主力资金暂时并没有明显的建仓行为。

图 11-11 为中国软件（600536）2009 年 2 月 20 日至 8 月 21 日期间走势

图，如图标注所示，此股在持续上涨后的高位区出现了多次牛短熊长的走势，这种走势正是主力资金对倒出货手法的体现，它说明个股的升势已经见顶，当前正处于筑顶走势中，随着后期主力资金出货速度的加快或是大盘的走势，此股就会步入到跌势当中。

图 11-11 中国软件持续上涨后高位区的"牛短熊长"形态示意图

图 11-12 为浪潮软件（600756）2009 年 4 月 3 日至 9 月 14 日期间走势图，如图所示，此股在持续上涨后的高位区出现震荡滞涨走势，如图中线条标注所示，在震荡滞涨走势过程中，此股同样也出现了典型的牛短熊长的局部形态。这种局部形态的出现，说明市场当前已是空方占据主导地位，且主力资金有明显的出货意图及出货行为，因而，高位区的这种"牛短熊长"形态是我们应逢高出局的信号。

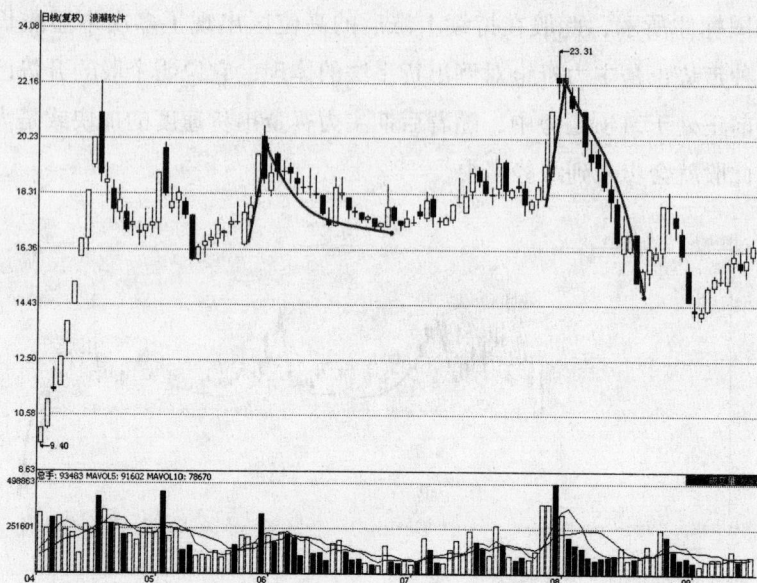

图 11-12　浪潮软件持续上涨后高位区的"牛短熊长"形态示意图